本成果受到中国人民大学“统筹推进世界一流大学和一流学科建设”专项经费的支持。

Operation and Strategic Transformation of Global Media Giants

国际传媒集团

经营发展与战略转型

韩晓宁◎著

中国出版集团公司
世界图书出版公司
广州·上海·西安·北京

图书在版编目（CIP）数据

国际传媒集团经营发展与战略转型 / 韩晓宁著. —广州：世界图书出版广东有限公司, 2018.1

ISBN 978-7-5192-4332-6

Ⅰ. ①国… Ⅱ. ①韩… Ⅲ. ①传播媒介—企业集团—企业经营管理—研究—世界②传播媒介—企业集团—企业发展战略—研究—世界 Ⅳ. ①G219.1

中国版本图书馆CIP数据核字（2018）第031174号

书　　名　国际传媒集团经营发展与战略转型
　　　　　GUOJI CHUANMEI JITUAN JINGYING FAZHAN YU ZHANLUE ZHUANXING
著　　者　韩晓宁
策划编辑　孔令钢
责任编辑　黄　琼
装帧设计　黑眼圈工作室
出版发行　世界图书出版广东有限公司
地　　址　广州市新港西路大江冲 25 号
邮　　编　510300
电　　话　020-84460408
网　　址　http:// www.gdst.com.cn
邮　　箱　wpc_gdst@163.com
经　　销　新华书店
印　　刷　北京市金星印务有限公司
开　　本　710mm × 1000mm　1/16
印　　张　16.25
字　　数　271 千
版　　次　2018 年 3 月第 1 版　2018 年 3 月第 1 次印刷
国际书号　ISBN　978-7-5192-4332-6
定　　价　58.00 元

内容简介

伴随着互联网和新兴传播技术的发展，曾经在全球传媒产业占据统治地位的国际传媒集团遭遇了巨大的挑战，面临着经营发展的困境和生存危机；它们纷纷调整企业战略，进行数字化转型、融媒体发展，发挥优质内容优势、搭建多元数字分发渠道、树立多元盈利增长点。这些传媒巨头的发展实例可以为中国的传媒企业转型发展提供重要借鉴。

本书对2007—2017年国际传媒集团的经营发展和战略转型问题进行了全面梳理和研究。主要涉及新闻集团、时代华纳、华特迪士尼、英国广播公司、维亚康姆、哥伦比亚广播公司等全球知名的国际传媒集团。本书基于来自国际传媒集团的一手素材，既有对不同时期的各传媒集团具体问题进行的专题研究，也有对不同时期各传媒集团共性问题的综合研究和对比研究，剖析了国际传媒集团的企业战略调整、业务结构调整、经营绩效变化、战略转型举措等一系列问题，财务数据丰富，经营案例翔实。

前　言

本书的出版受到中国人民大学“统筹推进世界一流大学和一流学科建设”专项经费的支持。

本书关注的国际传媒集团都是自传统媒体时代就已经在全球传媒市场上占据了统治地位的传媒企业，在全球范围内拥有大量的分支机构、输出大量的内容产品，对全球的政治、经济和文化生活都有着巨大的影响力。研究国际传媒集团，可有助于把握全球传媒产业的发展现状和未来趋势；如以其作为参照，亦可为中国传媒产业发展提供一些经验借鉴。

本书主要研究国际传媒集团在 2007—2017 年间的经营发展和战略转型问题。本书所关注的国际传媒集团，包括新闻集团、21 世纪福克斯、维亚康姆、时代华纳、华特迪士尼（迪士尼）、英国广播公司（BBC）和哥伦比亚广播公司（CBS）等传媒集团，部分章节在进行对比研究时还涉及日本 NHK 和中国 CCTV，部分章节在进行回溯时还会涉及更早的数据和事例。

自新世纪以来，互联网领域的新兴巨头逐渐崛起，这些新兴互联网企业在传媒领域已经培育出深刻影响全球社会的互联网信息平台；如谷歌、亚马逊、脸书等企业已拥有可与上述国际传媒集团匹敌的信息传播能力，只是它们可能更乐于称自己为互联网企业，而不是传媒企业。以传统传媒业务起家的国际传媒集团，在互联网企业的严峻挑战之下，努力进行着企业战略调整、业务结构调整、投资方向调整，全力推进数字化和媒介融合转型，维持自身内容生产优势，做出一系列战略转型举措，为全球传媒业界和新闻传播学界提供了重要的研究样本。

本书对于国际传媒集团经营发展和战略转型研究的基本思路，是关注国际传媒集团的企业战略、业务结构、投资方向以及经营业绩的变化，从中分析国际传媒集团的经营状况、战略调整、转型路径、转型成效，并进行经验总结。研究所依据的资料主要是国际传媒集团直接发布的各种企业报告、财务报告、新闻公告等素材。

关于国际传媒集团企业战略问题。传媒企业在遭遇社会、技术、市场竞争等环境变化时，企业战略会做出相应调整。国际传媒集团每年都会发布企业年度报告、财务报告、各季度报告，这些报告中会对自己的企业战略进行表述。企业战略的表述会随着外部市场环境、竞争环境、技术环境的变化而进行逐步的调整；这些战略调整在多数情况下是微调，比如业务板块名称的修饰语发生变化、集团发展目标的修饰语发生变化；少数情况下会发生较大的调整，比如关于集团核心业务、突破方向的表述发生变化。这些关于企业战略的具体表述的调整，往往是经过集团决策层充分研究，并且有了具体运营规划或已有实际执行成效之后，才会被写入企业战略。企业战略层面的变化是值得研究者密切关注的。

关于国际传媒集团业务结构问题。业务结构是企业战略在业务部门或业务板块层面的外在表现。企业战略要落实到传媒集团的具体经营过程中，战略调整会带来传媒集团业务结构的调整。业务板块调整，有时是集团内部各种业务部门所辖业务的重新组合，有时是因收购而增加了新的业务板块，有时是因拆分、出售或停止运营某些业务而导致业务板块减少或合并。业务结构的调整往往是传媒集团改革发展的重要信号，体现出企业未来发展方向的变化。

关于国际传媒集团投资方向问题。国际传媒集团一般来说企业资产规模体量巨大，营收规模巨大，同时也伴随着大量的投资活动。这些投资活动，既能体现传媒集团日常经营的思路，也能昭示传媒集团未来发展的方向。如果可以对传媒集团进行较长周期的观察，跟踪其投资活动的成效，则可以发现传媒集团哪些投资项目是成功的、哪些投资项目是失败的。结合其企业战略表述的调整，可以发现传媒集团是如何总结自己的成功经验，比如继续在成功方向上进行业务拓展；也可以发现传媒集团是如何吸取自己的失败教训，比如出售业务、及时止损。

关于国际传媒集团业绩变化问题。国际传媒集团的业绩表现是其经营活动成效的直接展示。传媒集团决策层对于集团企业战略的判断，是要以经营业绩为依据的；传媒集团的外部投资者也会密切关注其经营业绩，以决定是否支持其投资项目或是否购买其股票；传媒集团的经营业绩变化也会直接反映到其股市价格的波动上。绝大多数国际传媒集团都是上市公司，少数集团是公营企业，但也要公告披露业绩，其决策层、管理层都要面对业绩披露的压力。企业战略调整、业务结构变化、投资活动变化等等很多可以观察到的运营表现，都跟集团经营业绩变化密切相关。虽然一时的业绩变化并不能直接说明企业发展状况的优劣，但是长期的业绩变化则会引起竞争格局、融资环境的结构性变化，进而带来集团发展的重大调整。财务报表分析将在这个问题领域大量运用。

本书是对著者关于国际传媒集团研究的一系列文章的汇总，既有对国际传媒集团各时期经营发展和战略转型问题的概括性研究，也有对国际传媒集团分集团、分领域、分专题的研究。这些文章成文于 2010—2017 年，部分文章曾蒙学术期刊发表。考虑到素材新旧和读者阅读的方便，在本书编排时，按照对国际传媒集团不同时期研究的年份顺序或成文时间顺序，年份较近者编排于前，年份较早者编排于后。

整体而言，本书是对国际传媒集团 2007—2017 年这十年间的经营发展和战略转型的一次总结。本书第一章“国际传媒集团的困境、路径与经验”，是基于 2017 年各国际传媒集团最新经营数据和运营举措，并回顾之前的数据，对国际传媒集团经营发展的困境和转型路径进行总结。第二章“新时期国际传媒集团的战略调整”，主要是基于 2014—2017 年国际传媒集团的经营数据和实例，分别对各国际传媒集团进行各类专题案例研究。第三章“国际传媒集团的裂变”，主要是基于 2010—2013 年国际传媒集团的经营数据和实例，关注此间新闻集团和时代华纳集团的拆分重组问题。第四章“国际传媒集团的运营实践”，是对 2007—2009 年国际传媒集团在各领域的运营实践进行专题分析。第五章“国际传媒集团经营能力的对比研究”，是以传媒集团的经营能力为研究对象建立指标体系，对 2007—2009 年国际传媒集团经营能力差异进行专题对比研究。

目　　录

表目录

图目录

第一章　国际传媒集团的困境、路径与经验

第一节　国际传媒集团的发展困境及路径探索

传统媒体时代在全球传媒市场掌握统治力的国际传媒集团，在当今时代遭遇到跟中国传统媒体一样的挑战，传统传媒业务受到新兴互联网巨头的冲击，传统的盈利模式、收入结构都面临调整。本节梳理新闻集团、21 世纪福克斯、维亚康姆、时代华纳、迪士尼、BBC 和 CBS 等国际传媒集团最近几个财年的经营现状，分析其面临的发展困境和路径探索。

一、国际传媒集团的经营概况和发展困境

就经营状况而言，2013—2016 财年期间，迪士尼和时代华纳保持稳定增长的态势，其间的营业收入年复合增长率分别为 9.58% 和 0.68%，运营利润增长率分别为 13.19% 和 5.86%；21 世纪福克斯和 CBS 则呈现相对平稳的状态，业绩增减互现，其间的营业收入年复合增长率分别为－ 0.42% 和－ 2.23%，运营利润增长率分别为 1.76% 和－ 2.55%；维亚康姆、新闻集团和 BBC 则呈现持续的下滑态势，其间的营业收入年复合增长率分别为－ 3.26%、－ 1.92% 和－ 1.83%，运营利润增长率分别为－ 10.84%、－ 6.21% 和－ 17.11%。从 2016 财年各集团营业收入和运营利润规模来看，迪士尼的规模均为最高，分别为 556.32 亿美元和 168.85 亿美元；其次是时代华纳、21 世纪福克斯、CBS 和维亚康姆；最后是新闻集团和 BBC；新闻集团 2013 年的拆分重组改变了国际传媒集团之间的规模格局。主营业务为电视、影视娱乐板块的传

媒集团的营业利润率普遍较高，如迪士尼、时代华纳、21世纪福克斯、维亚康姆和CBS，均高于20%；而主营业务为新闻出版的新闻集团，其营业利润率则相对较低，为8.25%；BBC则因一定的公营性质导致其营业利润率仅有7.03%，为各集团中最低。值得一提的是，在本书截稿前夜，2017年11月9日，迪士尼率先披露了2017年财报，自2009年以来一直保持增长的迪士尼集团首次出现了收入和利润小幅度双降的情况。[1]

表1-1 2013—2016年度七大国际传媒集团运营状况

传媒集团	2013年		2014年		2015年		2016年	
	营业收入	运营利润	营业收入	运营利润	营业收入	运营利润	营业收入	运营利润
BBC（百万英镑）	5 102.3	600.4	5 066	611.3	4 805	192	4 827	341.9
新闻集团（百万美元）	8 789	829	8 486	963	8 254	945	8 292	684
21世纪福克斯（百万美元）	27 675	6 261	31 867	6 715	28 987	6 722	27 326	6 597
时代华纳（百万美元）	28 729	6 592	27 359	6 294	28 118	7 140	29 318	7 819
维亚康姆（百万美元）	13 794	4 166	13 783	4 342	13 268	3 540	12 488	2 953
CBS（百万美元）	14 089	3 335	13 806	2 859	12 671	2 799	13 166	3 086
迪士尼（百万美元）	42 278	11 642	48 813	13 828	52 465	15 578	55 632	16 885

（一）困境一：报纸期刊等新闻出版业务持续萎缩

受互联网和数字信息技术的推动以及受众媒体消费习惯的变化等因素影响，当前报刊的经营状况面临着巨大挑战，普遍呈现营业收入和运营利润双下降的状况。以新闻集团和时代出版公司为例，作为新闻集团的主要收入和利润来源的新闻和信息服务业务（2013—2016年该项业务收入分别占总收入的64%、69%、72%和76%），整体发展态势不容乐观，呈现出持续萎缩态势；相比2012年，公司2016年该业务的营业收入和运营利润已分别下降了20.70%和73.08%。同样的，时代出版公司自2011年以来，公司的营业收入和运营利润就一直呈现下滑态势，数据显示，

[1] 2017年11月9日华特迪士尼披露2017年财报，其财报周期是2016年10月2日—2017年9月30日。

公司 2015 年和 2016 年实现运营利润分别为－8.23 亿美元和 0.02 亿美元，盈利能力面临巨大困境，这也是为什么时代华纳集团于 2014 年将其剥离出去的主要原因。

表 1-2　2013—2016 年各传媒集团的报刊业务经营业绩

传媒集团	业务收入（百万美元）				运营利润（百万美元）			
	2016 年	2015 年	2014 年	2013 年	2016 年	2015 年	2014 年	2013 年
新闻集团（新闻和信息服务）	5 338	5 731	6 153	6 731	214	603	665	795
时代出版公司	3 076	3 103	3 281	3 354	2	－823	180	330

由此可见，面对互联网技术的冲击，尽管国际传媒集团在报纸期刊业务方面，也积极实现了纸质印刷向电子版演进，但其经营效果较为一般，网上盈利的增加远不足弥补网下盈利的下降。

（二）困境二：广播电视网业务相对稳定，广告收入增速趋缓，收入结构面临调整

相对于报刊业务的持续下滑，各传媒集团的广播电视网业务目前则呈现相对稳定的态势，数据显示，2013—2016 年，除 CBS、BBC 未单独列出广播电视网业务贡献的整体收入和运营利润外，仅有维亚康姆在电视网业务因经营不善而导致运营利润出现一定的下滑，21 世纪福克斯、时代华纳、CBS 等国际传媒集团均实现营业收入和运营利润的双增长，显示出广播电视网业务依然保持稳定增长态势。

但具体到该业务的收入构成部分，广告收入增长速度明显放缓，并且开始呈现逐步下滑的态势，而内容收入（授权费、订阅费、加盟费等）则都呈现出上升的趋势，广告收入的增长远逊于内容收入。数据显示，维亚康姆 2016 年广播电视网业务实现内容收入 45.56 亿美元，相比 2013 年增长了 7.33%；实现广告收入 48.09 亿美元，相比 2013 年增长了－0.95%。时代华纳公司相应业务板块 2016 年实现内容收入 110.14 亿美元，相比 2013 年增长了 19.07%；而其间广告收入的增长速度为 3.66%。迪士尼 2016 年实现内容收入 122.59 亿美元，相比 2013 年增长了 22.37%；而其间广告收入的增长速度为 8.03%。21 世纪福克斯则因于 2014 年出售直播卫星电视业务、CBS 因于 2017 年出售无线电广播业务，而导致其广播电视网业务收入构成出现调整。从

调整后的经营数据来看，21 世纪福克斯 2016 年实现内容收入 112.11 亿美元，相比 2014 年增长了 23.20%；实现广告收入 76.59 亿美元，相比 2014 年增长了－2.68%。而 CBS 2016 年实现内容收入 29.78 亿美元，相比 2014 年增长了 26.08%；而其间的广告收入增长速度为5.97%。由上可以看出，除了以执照费为主要营业收入的BBC外，维亚康姆、时代华纳等五家以广播电视网业务为主要营业收入和运营利润来源的国际传媒集团，均表现出广告收入增长速度明显低于内容收入的增长速度，并且其间维亚康姆和 21 世纪福克斯的广告收入增长速度呈现负增长的状况。

表 1-3　2013—2016 年各传媒集团广播电视网的业务收入构成

传媒集团	内容收入（百万美元）				广告收入（百万美元）			
	2016 年	2015 年	2014 年	2013 年	2016 年	2015 年	2014 年	2013 年
21 世纪福克斯（广播电视网）	11 221	10 396	9 108	——	7 659	7 503	7 870	——
维亚康姆（广播电视网）	4 556	4 908	4 660	4 245	4 809	5 007	4 953	4 855
时代华纳（广播电视网）	11 014	10 153	9 945	9 250	4 696	4 569	4 502	4 530
迪士尼（广播电视网）	12 259	12 029	10 632	10 018	8 649	8 499	8 094	8 006
CBS（广播电视网）	2 978	2 724	2 362	——	6 288	5 824	5 934	——

由此可见，当前广播电视网业务虽然受到互联网和新型媒体的影响与冲击，但总体依然保持着相对稳定的势头，是各大国际传媒集团的骨干业务和主要盈利来源。但具体到各业务的收入构成部分，广告收入的增长速度明显放缓甚至出现负增长状况，使得广播电视网收入也逐渐呈现增速略微放缓的状况，该业务板块的收入结构面临调整。

（三）困境三：电影娱乐业务不稳定、波动明显、出现分化

国际传媒集团的电影娱乐业务往往因电影的成本高低或票房高低而出现较大的波动，呈现出不稳定的状态；集团之间在该业务领域出现分化，迪士尼逐年上升、维亚康姆逐年下降。

一般而言，电影娱乐的业务收入主要分为四大板块：①影院收入，院线放映或影片的分销；②家庭娱乐产品收入，包括影片的 DVD、蓝光碟或其他形式产品的销售；③其他平台播放许可费，向世界范围内授予第三方在付费电视和有线电视网、广播电视台、数字媒体平台等播放影片所收取的费用；④辅助业务收入，如视频游戏等。

数据显示，2016 年，21 世纪福克斯电影娱乐业务实现营业收入 85.05 亿美元，同比下降 10.71%；运营利润 10.85 亿美元，同比下降 24.91%，营业收入和运营利润的下滑，主因为当期推出的热门电影数量不如 2015 年。维亚康姆电影娱乐业务实现营业收入 26.62 亿美元，同比下降 7.67%；运营利润为－ 4.45 亿美元，同比下降 5.01 倍，营业收入和运营利润的下滑，主要系《忍者神龟 2》等电影票房业绩的不佳。时代华纳在这期间推出了《蝙蝠侠大战超人》《X 特遣队》等电影，致使营业收入同比增长 23.04%，至 105.96 亿美元；运营利润增长 22.46%，至 17.34 亿美元。迪士尼则推出了《美国队长 3》《海底总动员 2》《疯狂动物城》《奇幻森林》等电影，促使公司电影娱乐业务营业收入同比增加 28.17%，至 94.41 亿美元；运营利润同比增长 37.00%，至 27.03 亿美元。

关于迪士尼集团，还需要指出的是，根据其 2017 年 11 月 9 日披露的 2017 年财报，该集团自 2009 年以来首次出现收入和利润双降的局面[1]，主要原因之一亦是来自于电影娱乐业务的不稳定，其 2017 年推出的电影《汽车总动员 3》《银河护卫队 2》等票房表现不如 2016 年大卖的几部电影，导致该板块收入为 83.79 亿美元，比上年的 94.41 亿美元下降 11%，利润 23.55 亿美元比上年的 27.03 亿美元下降 13%。

表 1-4 2013—2016 年各传媒集团的电影娱乐业务经营业绩

传媒集团	业务收入（百万美元）				运营利润（百万美元）			
	2016 年	2015 年	2014 年	2013 年	2016 年	2015 年	2014 年	2013 年
21 世纪福克斯（电影娱乐）	8 505	9 525	9 679	8 642	1 085	1 445	1 358	1 308
维亚康姆（电影娱乐）	2 662	2 883	3 725	4 282	— 445	111	205	234

[1] 2017 财年迪士尼总收入由 2016 年的 556.32 亿美元降至 551.37 亿美元，营业利润由 2016 年度的 157.21 亿美元降至 147.75 亿美元，增长率分别为－ 1% 和－ 6%。这一结果由媒体网络、影视娱乐、消费品和互动娱乐三大业务部门业绩下滑所致，折射出广告收入下滑、收入结构亟待调整、影视业务受票房波动影响较大等国际传媒集团普遍面临的困境。

续表

传媒集团	业务收入（百万美元）				运营利润（百万美元）			
	2016 年	2015 年	2014 年	2013 年	2016 年	2015 年	2014 年	2013 年
时代华纳(电影娱乐）	13 037	10 596	12 526	12 312	1 734	1 416	1 159	1 324
迪士尼（电影娱乐）	9 441	7 366	7 278	5 979	2 703	1 973	1 549	661

具体到电影娱乐的业务构成部分，受互联网因素的影响，DVD、蓝光碟等家庭娱乐产品受冲击程度要远远大于其他板块。在2013—2016年的年报中，时代华纳、迪士尼、维亚康姆均提及家庭娱乐产品收入增加对本年度收入的影响，21世纪福克斯则未明确提及该类产品对公司业务的影响。2016年，维亚康姆的家庭娱乐收入为7.83亿美元，已连续四年下降，相比2013年已下降了39.77%，而其间影院收入、许可证费和辅助业务分别下降51.17%、8.56%和26.58%。时代华纳2013—2016年家庭视频和电子支付收入下滑30.08%，其间影院收入、电视许可费、辅助业务分别增长1.02%、－1.33%和68.06%。迪士尼因电影票房的大卖，使得家庭娱乐收入同比增长20.36%，但同样低于影院收入96.36%、电视许可费55.19%的增幅。

表1-5　2013—2016年各传媒集团的电影娱乐业务收入构成

传媒集团	家庭娱乐收入（百万美元）				影院收入（百万美元）			
	2016 年	2015 年	2014 年	2013 年	2016 年	2015 年	2014 年	2013 年
维亚康姆（电影娱乐）	783	871	872	1 300	605	841	1 209	1 239
时代华纳（电影娱乐）	1 481	1 717	1 913	2 118	2 180	1 578	1 969	2 158
迪士尼（电影娱乐）	2 108	1 799	2 094	1 750	3 672	2 321	2 431	1 870
传媒集团	其他平台播放收入（百万美元）				辅助收入（百万美元）			
	2016 年	2015 年	2014 年	2013 年	2016 年	2015 年	2014 年	2013 年
维亚康姆（电影娱乐）	1 100	980	1 092	1 203	174	191	237	——
时代华纳（电影娱乐）	1 630	1 579	1 686	1 652	321	269	271	191
迪士尼（电影娱乐）	3 661	3 246	2 753	2 359	——	——	——	——

由此可见，国际传媒集团的电影娱乐业务仍表现出周期性明显、分化严重等特点。且从最近四年的趋势来看，家庭娱乐收入中的重要部分即DVD和蓝光碟的销售，因受互联网网络视频业务的冲击，呈现逐渐下降态势，其下降幅度要大于影院收入、

第三方平台收入业务。

（四）困境四：互联网业务成长性较高，但同时存在高风险

互联网业务领域，伴随着技术的迅速发展与应用而呈现出产业高速发展的态势，国际传媒集团也纷纷介入互联网业务领域，有成功案例，但也存在更多的失败教训。

投资新兴互联网业务，最具典型特征的是新闻集团和迪士尼。新闻集团介入的领域主要为数字房地产领域和数字教育领域。2016 年，新闻集团的数字房地产业务实现营业收入 8.22 亿美元，同比增长 31.52%，相比 2013 年的 3.45 亿美元增长了 1.38 倍；对应的运营利润 3.44 亿美元，同比增长 71.14%，相比 2013 年的 1.68 亿美元增长了 1.05 倍，初显增长成效。而在数字教育领域，由于长期以来该项业务处于亏损状态，并且 2015 年新闻集团旗下子公司 Amplify 投资 10 亿美元打造的学生平板电脑计划又遭遇失败，使得公司于 2016 年第一季度决定停止该领域的运营活动，将其列为持有待售业务。

而迪士尼则主要围绕手机游戏和社交游戏领域。在经历前几年内部游戏研发失败的基础上，如今迪士尼在游戏领域更多地依赖于第三方的授权开发。2015 年，由于主机游戏“Disney Infinity”的疲软，使得公司当期互动媒体的营业收入为 11.74 亿美元，同比下降 9.62%；实现运营利润 1.32 亿美元，同比增长 13.79%，主要系手机游戏“Tsum Tsum”“Star Wars Commander”等的推广。2016 年 5 月 10 日，迪士尼集团则宣布取消对游戏“Disney Infinity”的更新维护，并对旗下游戏开发与发行部门——迪士尼互动转变为纯授权模式，不再进行开发游戏；同时在 2016 年年报中将该项业务与消费者产品业务（consumer products）进行合并，不再单独呈现。

表 1-6　2013—2016 年各传媒集团的互联网业务经营业绩

传媒集团	业务收入（百万美元）				运营利润（百万美元）			
	2016 年	2015 年	2014 年	2013 年	2016 年	2015 年	2014 年	2013 年
新闻集团（数字房地产）	822	625	408	345	344	201	214	168
新闻集团（数字教育）	——	109	88	102	——	− 93	− 193	− 141
迪士尼（互动业务）	——	1 174	1 299	1 064	——	132	116	− 87

由此可见，在互联网产业领域，尽管近年来该产业伴随着技术的发展与应用而

得到了快速的发展，但国际传媒集团直接接入该领域的成功案例较少，且存在着较多的失败教训。

二、国际传媒集团战略转型的路径探索

因不同行业受数字化影响的深浅程度差异，导致国际传媒集团目前面临的数字化转型压力也有所不同，具体表现为：报刊出版业转型压力最大、广播电视业次之、影视娱乐再次之。对此，各大国际传媒集团也纷纷进行了路径探索，大体呈现出以下三个方面的特点：一是对旗下盈利能力差的业务板块，如新闻出版业务等，采取收缩战略；二是对旗下盈利能力较强的业务板块，如电视网、影视娱乐业务等，采取扩张战略，并注重对全球市场的布局；三是积极向数字化媒体转型，不仅拓展与内容相关的新媒体渠道和终端，而且注重向一些新兴媒体技术领域进行投资。

（一）剥离或出售新闻出版、户外媒体等盈利能力较差的业务板块

随着互联网媒体的崛起，国际传媒集团的新闻出版业务特别是报纸期刊业务呈现出大幅下滑，与其影视娱乐业务在盈利能力方面表现出差距愈来愈大、协同效应不明显等特点。面对这一现状，新闻集团、时代华纳、CBS 等国际传媒集团近年来持续对其旗下盈利能力较差的业务板块进行了整合与剥离，以提振自身经营业绩。

例如，原新闻集团在分拆前的主营业务包括有线电视网络、电影娱乐、电视网、直播卫星电视和出版业务等，随着出版业务盈利能力的下滑，该集团于 2013 年 6 月拆分为新新闻集团和 21 世纪福克斯。拆分之后的新新闻集团继续于 2013 年 9 月 4 日将旗下盈利能力较差的道琼斯本地媒体集团（8 家日报和 15 家周报）出售给纽卡斯尔投资公司。时代华纳集团在分拆前的主营业务为电视网、影视娱乐和出版；2014 年 6 月 10 日，时代华纳集团将时代出版公司进行剥离。CBS 于 2013—2014 年出售了盈利状况不佳的欧洲和亚洲户外广告业务、剥离了北美户外广告业务，2017 年又计划将其旗下持续亏损的无线电广播业务出售给 Entercom 传媒公司。

（二）加强广播电视网、影视娱乐骨干业务和盈利能力较强的传统业务

与对待新闻出版等业务不同，由于广播电视网、影视娱乐业务的良好盈利表现，各大国际传媒集团对该业务板块均采取了相对积极的策略。例如，21 世纪福克斯在

原新闻集团拆分后主要继承了其影视娱乐资产，并继续加大对该领域的投资。2013年收购拉丁美洲付费电视公司并控股；2014年收购洋基娱乐和体育网络电视网并控股；2016年底提出完全收购英国天空广播公司。迪士尼和时代华纳继续加大投资影视娱乐衍生品业务——主题公园，大力推动在中国的迪士尼乐园、梦工厂建设。

（三）努力发展数字化业务，增加多元数字化内容分发渠道，内容产品全面数字化

面对新媒体技术的冲击，各大国际传媒集团除了积极拓展主营业务的经营规模外，还积极向数字化媒体转型，具体表现在：第一，注重将数字化技术与自身的内容产品相结合，重塑数字化的媒体业务。第二，不断投资具有较高成长性的新兴互联网领域，为公司拓展新的盈利渠道。例如，新闻集团继2013年对爱尔兰社交新闻公司Storyful的收购、2014年对出版企业禾林公司的收购，同时继续加大对欧美数字房地产企业的收购或增资控股。

（注：本节各国际传媒集团对应的2016财政年度，BBC为2015年4月1日—2016年3月31日；新闻集团、21世纪福克斯为2015年7月1日—2016年6月30日；时代华纳和CBS为2016年1月1日—12月31日；维亚康姆为2015年10月1日—2016年9月30日；迪士尼为2015年10月4日—2016年10月1日；其他年度依此类推。）

第二节　国际传媒集团战略转型的经验教训

通过对近年来国际传媒集团战略转型的考察，其带给中国传媒企业的经验可以归纳为以下三点。

一、战略聚焦、巩固主营业务优势

在中国的传媒组织纷纷以资本手段进行并购扩张、跨界融合、做大做强的时候，西方的国际传媒集团领域却频频传来企业拆分的消息。新闻集团于2013年进行了拆分，时代华纳集团则于2014年6月完成拆分，向全球传媒业者展示了国际传媒集团

在应对市场环境变化时的战略选择。单纯规模扩张、力求大而全的直线思维并不能适应技术和资本因素深刻影响下的市场竞争，拆分业务、规模收缩、优化组合、重点聚焦也是传媒集团转型的重要战略选项。

以时代华纳集团为例，该集团曾经向各个领域大规模扩张，涉及互联网基础接入、有线电视、网络视频、影视制作发行、新闻出版、视频游戏等大量的领域，增加了管理成本，却没能使各项业务获得协调发展。近年，时代华纳集团反向而行，多次收缩业务范围，同时对旗下各个业务部门之间进行纵向整合和产业链构建，逐渐使得异常多元繁杂的业务结构清晰起来。2009 年，时代华纳集团相继与时代华纳有线电视公司和美国在线公司拆分；彼时，集团内部有多组有线电视业务，但盈利水平不一。其中业绩最好的时代华纳有线电视公司高管希望获得更大自由空间，主动提出独立出去；而美国在线公司则是在 2000 年与时代华纳合并之后就持续业绩下跌，拨号上网时代的王者没能及时适应宽带时代，未达预期的合并终致分手。2013 年，综合传媒集团时代华纳又开始酝酿新的拆分，此次要拆分出去的资产是其从事出版业务的子公司时代公司（Time Inc.）。本次拆分完成之后，时代华纳集团的业务结构进一步聚焦于影视娱乐和新媒体领域，如今业务部门只剩下影视娱乐新媒体、电视网和付费电视三个板块；围绕着影视娱乐领域，构建了包括影视剧制作、影视剧发行、音视频网站、视频游戏和其他衍生品开发等在内的一系列产业环节，产业链完整且缜密；三大业务部门之间可以深度协调内容流动、人才流动和渠道共享，优化配置资源。

因此，对于传媒组织来说，战略聚焦的重要性要大于组织规模的扩张；特定情况下，拆分重组也是组织发展过程中需要考虑的重要选项。早期中国传统传媒集团的组建，多是行政力量主导大于市场力量主导，造成集团内部结构、业务板块存在诸多不合理之处；近期随着国内传媒组织跨界投资动作的频繁，各集团的业务结构进一步复杂，因此将长期面对业务结构调整的任务。由于数字化技术的快速发展，全球传媒市场正经历着重大变迁，传统传媒领域的业务增长普遍出现分化的情况，整体上影视行业成长预期强于出版行业，出版行业内部的图书出版又强于报刊出版。为了提升资本市场的估值空间和降低内部管理成本，传媒组织应敢于剥离盈利水平较低的业务，集中资源做强盈利水平较高的优势业务，而且也能够给非优势业务独立发展的空间。拆分式重组作为企业重组的一种方式，能够为传媒组织带来内部资源配置的优化，也能有效提升传媒组织的市场价值。

二、加强优质内容开发，不断挖掘衍生价值

在中国，随着互联网媒体特别是自媒体的蓬勃发展，传统媒体的盈利能力正面临巨大困境；为扭转这一形势，部分媒体为减少内容生产成本和迎合读者口味，开始一味地降低内容生产质量和追求娱乐化。而与之形成鲜明对比的是，优质内容产品的生产与开发，一直是国际传媒集团的重点工作。

（一）强化优质内容，自制内容和 UGC 内容并重

信息技术的发展同时也带来了信息量爆炸式的增长，作为专业化的国际传媒集团，它们始终致力于生产优质的内容资源，以扩大自身的品牌影响力。以 BBC 为例，该公司长期以来特别注重对于公共利益和价值的坚守，于 2011 年专门启动了 DQF（Delivering Quality First）计划，以保证 BBC 内容和服务的质量和排名。与此同时，BBC 还特别强调其内容的优质化和独特性，不断加强内容层面的创新，并通过更新节目设备和制作手段提升节目质量丰富节目形式，以强化其一直以来的定位和在受众心目中的品牌形象。

时代华纳基于当前互联网技术下的“人人都是传播者”现实环境下，一方面继续坚持让专业的人做专业的事，一方面积极吸纳热心用户参与内容生产。例如，旗下的 HBO 积极发掘影视剧制作天才、为天才的创意团队发挥才能提供环境，大量生产自制剧，如《权力的游戏》即是 HBO 自制产品；而 CNN 除了生产专业的优质内容外，于 2006 年便开通了 iReport 互动业务，吸纳用户分享身边的新闻故事、视频和图片。2012 年 8 月，时代华纳集团收购 Bleacher Report，后者是美国知名的体育博客网站，每月独立用户超过 1 000 万，有大量用户上传的 UGC 内容。

（二）深度开发版权，挖掘衍生价值

优质内容的版权开发和衍生价值的挖掘，能够保证内容资源的经济价值最大化，为国际传媒集团带来巨大的增值空间。以迪士尼为例，游戏与影视同属文化娱乐产业链条中的重要内容，影视作品可以为游戏提供蓝本，游戏则能为影视作品提供素材，从而形成影视与游戏彼此联动、相互促进的格局。该集团通过生产《怪兽大学》

《雷神》《美国队长》《冰雪奇缘》等大量优秀内容作品，不仅直接带动了影视娱乐业务板块营业利润的整体增长，而且带动了版权分发、广告份额、休闲度假以及零售业务的提升。除此之外，迪士尼还积极利用数字平台衍生出手机游戏、教育应用等多种产品形式，通过对内容的多次利用和开发进一步丰富数字娱乐和互动业务。

同样的，时代华纳旗下主打影视娱乐业务的华纳兄弟公司，依托丰富的影视资源，将电影、电视剧等娱乐内容与游戏相结合进行深度开发，对数十年来积累的影视剧经典形象如蝙蝠侠、超人、乐高、闪电侠、绿灯侠、哈利·波特等进行衍生品授权，在世界各地相继开发落成了乐高主题公园、蝙蝠侠主题公园、哈利·波特的魔法世界、正义联盟探险主题公园等。华纳兄弟在伦敦的哈利·波特拍摄基地也成了哈迷们的经典旅行站点，“华纳兄弟好莱坞电影工作室之旅”已经被开发为对游客开放的项目。

三、强化数字化技术引领战略，不断开发多元化渠道

在重塑数字化的媒体业务方面，相比国内传媒组织，西方国际传媒集团起步相对较早。其在数字化方面的探索可以提供很多经验：

第一，在内容的生产层面，目前各大传媒集团均已成立专门的数字媒体部门，如 BBC 的“未来媒体与技术部”、新闻集团的新数字媒体公司、迪士尼的互动媒体集团等。这些部门的建立，逐渐模糊了传统的各业务部门、各频道之间的界限，通过整合集团已有的内容资源，以完成数字内容的生产，并提高内容资源的利用率。譬如 BBC 的新闻中心，通过整合原属于广播、电视和网络的三个新闻团队，不仅可以针对性地生产出数字化内容，而且能够有效避免公司内部的恶性竞争。

第二，在内容的分发层面，进行多渠道、多终端的内容提供。譬如 BBC 的 iPlayer、时代华纳的 HBO GO 业务，通过全渠道（广播、电视、卫星电视网络、互联网等）、全终端（PC、平板电脑、手机、游戏平台等）的覆盖，让用户能够在“任何时间、任何地点、以任何方式、在任何终端”上收看自己喜欢的节目内容并进行互动。与此同时，在平台建设方面，存在自建平台和对外寻求合作两种模式。例如，为了能够适应用户群体使用习惯的改变，CBS 不仅拥有自建平台 CBS AllAccess，用户可以通过这项服务对 CBS 的所有节目内容任意进行点播；同时，还与奈飞、亚马

逊等公司合作搭建视频订阅服务，与苹果、微软等公司合作实现了数字内容的付费下载业务等，以扩大自身的传播力，挖掘和维护更多的忠实用户。

但与此同时，作为传统媒体在介入数字化业务领域方面也面临着巨大风险。以新闻集团为例，2005 年收购社交网络 Myspace，随后 2011 年低价售出；2011 年推出全球第一份 iPad 日报“The Daily”，接着 2012 年关闭；2015 年 6 月，新闻集团旗下子公司 Amplify 投资 10 亿美元打造的学生平板电脑计划又遭遇失败，产品将停产停售。同样的，为了提高整体运营的数字化水平、降低生产成本，BBC 于 2008 年开始数字媒体计划（DMI）投资项目，旨在取消录像带，在 BBC 内部形成可供员工访问、下载的集中式数字资源库；该项目耗时 5 年，耗资近 1 亿英镑，但至今未能研发成功。BBC 已于 2013 年宣布放弃继续投资该项目。

四、小　结

新的信息技术正在持续地改变社会各行各业的面貌和人们的生活消费习惯。人们对信息产品的接触或者服务的消费，以后可能会因生活习惯的改变而转移到新的产品和服务领域，业务结构相对传统的国际传媒集团已经面临着数字化时代带来的巨大挑战。国际传媒集团的业务结构调整和数字化转型是持续进行的，需要有传统业务的支撑。传统业务是大型传媒集团进一步发展的基础，电视网络业务继续承担着为国际传媒集团提供主要现金流和利润来源的任务，必须保证该业务板块持续稳定的发展。影视娱乐业务板块也是较大的现金来源，但易受到业绩波动的影响，业务发展模式亟需创新。报刊等传统出版业务难以继续增长，应及时收缩调整或发展能够跟上数字化步伐的数字图书业务。

新的产品和服务的市场随时都在酝酿或发展，大型传媒集团必须有足够的勇气和决心来进行转型创新。新业务，可以来自于资本推动的收购并购，也可以来自于集团支持的项目孵化。中国的传媒集团应积极借鉴国际传媒集团经营发展和战略转型实践的经验教训，关注周边产业环境和市场竞争态势的变化，开拓新业务领域；利用已有的资本优势，在做好科学决策和风险评估的前提下，介入新兴融合产业领域。

第二章　新时期国际传媒集团的战略调整（2014—2017）

第一节　跨界融合与战略聚焦：新闻集团数字化战略的执行与调整

2013 年拆分重组之后，以新闻出版业务为主的新闻集团进入新的发展阶段。2016 财年新闻集团出售了曾经作为数字化业务明星的数字教育业务板块，承认了跨界融合数字化道路上的一次挫折，但其另一项跨行业数字化业务数字房地产服务则实现了巨大突破；伴随着新闻业务领域几个历时多年的诉讼赔偿终告一段落，虽然 2016 财年业绩数据表面看起来整体并不理想，但能显示着新闻集团已对数字化业务布局做出了适应性调整，理清了未来发展的方向。本节以 2013—2016 年新闻集团数字化战略的执行和调整为考察对象，梳理新闻集团数字化业务布局调整路径，评估其数字化运营成效并总结其带来的启示，以期为其他传媒组织的数字化发展提供借鉴。

一、新闻集团数字化战略的执行和调整

在 2014—2016 年连续三年的年度报告中，新闻集团 CEO 罗伯特·汤姆森将新闻集团的年度发展成果分别表述为“全球化和数字化显著进步”、“转向更全球化和数字化的方向”和“数字化和全球化的首要目标取得清晰进步”；可见新闻集团的战略目标是数字化和全球化，而且逐渐把数字化提升到更为优先的战略位置。

2013 年 6 月，原来的新闻集团把旗下 21 世纪福克斯公司拆分出去，新的新闻集团聚焦新闻出版领域业务，确立了“通过有机成长、产品导入、战略兼并”的手段实现数字化和全球化目标的发展路径。2013 年以来，新闻集团一方面在传统业务中持续推进数字化改造，另一方面调整新兴数字业务跨行业融合的战略方向、寻找新的突破口。

（一）数字教育领域跨界融合运营失败并被出售

2016 财年新闻集团终止了在数字教育领域的跨界融合尝试。2013 年拆分重组之前，由于影视业务在集团中具有较大的资产和收入规模，新闻集团的数字教育和数字房地产服务等新兴跨界融合业务并不是集团业务重点，仅被划归于“其他类”业务板块；拆分重组后，新闻集团变为以新闻出版业务为主的传媒集团，新兴数字业务的战略地位明显上升，数字教育和数字房地产服务两项业务分别成为集团内独立的业务板块。2014 年之后，数字教育和数字房地产服务的业绩出现了明显分化，前者走低、后者走高。数字教育业务在 2013、2014 和 2015 财年，分别实现收入为 1.02、0.88 和 1.09 亿美元，但在利润（税息折旧及摊销前利润）方面则是连续亏损 1.41、1.93 和 0.93 亿美元，成为新闻集团唯一连续三年亏损的业务板块，最终于 2016 财年被出售。

1. 数字教育业务被出售对集团整体业绩的影响

数字教育业务的出售，对新闻集团的整体业绩表现也带来了巨大的影响。该业务被出售前，新闻集团在 2013—2015 年的整体利润呈现增长态势，但这种增长实际是数字教育业务的亏损状况收窄带来的；该业务出售之后，集团修正了过去两年的业绩数据，于是 2014—2015 年整体利润转为下降。此外，2015—2016 年集团利润出现了巨大降幅，则是因为新闻信息服务领域的子公司 News America Marketing 终结一项涉垄断诉讼而支付巨额赔偿金所致。扣除汇率变动和业务出售等影响，新闻集团 2016 年度收入与 2015 年相比还是基本持平的。虽然集团修正后的业绩表现乏善可陈，但也可认为新闻集团跟过去的一些负面因素已做告别。

表 2-1　2013—2016 年新闻集团收入和利润情况（数额单位：百万美元）

出售数字教育业务板块后修正的历年数据							
	2016	同比增幅	2015	同比增幅	2014	同比增幅	2013
集团年度总收入	8 292	− 2.72%	8 524	0.45%	8 486	—	—
税息折旧及摊销前利润	684	− 27.62%	945	− 1.87%	963	—	—
出售数字教育业务板块前的历年数据							
	2016	同比增幅	2015	同比增幅	2014	同比增幅	2013
集团年度总收入	—	—	8 633	1.24%	8 527	− 4.09	8 891
税息折旧及摊销前利润	—	—	852	10.65%	770	11.92%	688

2. 数字教育业务的发展与失败

新闻集团的数字教育业务在五年间经历了大起大落，从最初的高调进入，到最终黯然收场。2010 年，拆分重组前的新闻集团斥资 3.6 亿美元收购教育科技公司 Wireless Generation 的 90% 股份进入数字教育市场。在 2011 年报告中，新闻集团预测，仅仅在美国，数字教育领域的市场总额即可高达 5 000 亿美元；新闻集团提出，要成为 K-12 市场先进的数字解决方案的领导者。2012 年，新闻集团联手美国运营商美国电话电报公司（AT&T）推出了名为 Amplify 的数字教育业务，专注于向从幼儿园到 12 年级的学生提供数字学习材料、工具和系统。2014 年，新闻集团将数字教育业务列为集团的独立业务板块。

但是，新闻集团数字教育业务对于硬件设备的依赖，变成了业务发展的障碍。数字教育业务的核心硬件 Amplify 平板电脑，在美国学校中的接受度不佳，销售增长陷入迟滞。2015 年新闻集团 CFO 贝蒂 • 阿杰伊 • 辛格承认数字教育市场发展不及预期和令人失望。2015 财年第四季度新闻集团对数字教育业务的前景进行了重新评估，并于当季停止销售 Amplify 平板电脑。2016 财年第一季度新闻集团彻底放弃数字教育业务板块并将其对外出售。

（二）数字房地产服务领域跨界融合运营取得阶段性成功

新闻集团数字房地产服务业务在 2016 财年实现 71% 的利润增幅，与数字教育业务的失败形成了鲜明的对比。

数字房地产服务业务在新闻集团拆分重组前，归属于集团“其他类”业务板块下的数字媒体业务，在整个集团内位置并不显著。2013 年后，数字房地产服务被列为新闻集团的独立业务板块，市场潜力很被看好，成为了集团资本扩张的主要方向之一。

2014 年，新闻集团以约 9.5 亿美元的价格收购了美国著名房地产网站运营商 Move 公司，其旗下拥有 realtor.com 等多个著名房地产网站；2015 年，新闻集团在澳大利亚的控股子公司 REA 集团进一步收购东南亚房地产门户网站运营商 iProperty 集团，以付出 5.78 亿澳元的代价使己方股权从 23% 提高到 100% 控股。

表 2-2　2014—2016 年新闻集团收入情况（数额单位：百万美元）

业务板块	2016 年收入			2015 年收入			2014 年收入	
	数额	占比	增幅	数额	占比	增幅	数额	占比
新闻与信息服务	5 338	64.38%	− 6.86%	5 731	67.23%	− 6.86%	6 153	72.51%
图书出版	1 646	19.85%	− 1.26%	1 667	19.56%	16.25%	1 434	16.90%
数字房地产服务	822	9.91%	31.52%	625	7.33%	53.19%	408	4.81%
有线网络节目	484	5.84%	− 3.20%	500	5.87%	1.83%	491	5.79%
其他类	2	0.02%	—	1	0.01%	—	—	—
合计	8 292	100%	− 2.72%	8 524	100%	0.45%	8 486	100%

表 2-3　2014—2016 年新闻集团税息折旧及摊销前利润情况（数额单位：百万美元）

业务板块	2016 年利润			2015 年利润			2014 年利润	
	数额	占比	增幅	数额	占比	增幅	数额	占比
新闻与信息服务	214	31.29%	− 64.51%	603	63.81%	− 9.32%	665	69.06%
图书出版	185	27.05%	− 16.29%	221	23.39%	12.18%	197	20.46%
数字房地产服务	344	50.29%	71.14%	201	21.27%	− 6.07%	214	22.22%
有线网络节目	124	18.13%	− 8.15%	135	14.29%	5.47%	128	13.29%
其他类	− 183	− 26.75%	—	− 215	− 22.75%	—	− 241	− 25.03%
合计	684	100%	− 27.62%	945	100%	− 1.87%	963	100%

新闻集团高层非常认可数字房地产服务业务目前所取得的成就，并对未来发展

持比较乐观的态度。CEO 罗伯特・汤姆森在评价 2015 财年经营业绩时就认为新闻集团“已经成为数字房地产领域的国际领先企业”，2016 财年他更是把数字房地产服务业务评价为“收入有望成为集团最大的税前利润贡献者，成就是不可超越的”。汤姆森表示，以 REA、Move 和 iProperty 为代表的数字房地产服务将成为集团未来业绩的最大驱动力，该业务板块正在重塑新闻集团的增长前景。

（三）传统新闻出版业务数字化改造持续进行

在拓展跨行业融合的新兴数字业务的同时，新闻集团也在持续对其传统新闻出版业务进行数字化改造，努力推动报纸图书等印刷媒体业务向可盈利的数字媒体业务转变。经过数字化改造之后的传统新闻业务，数字化收入达到两成左右的水平。

1. 新闻与信息服务的数字化

新闻与信息服务业务板块贡献了新闻集团六成以上的收入和三成以上的利润，是新闻集团营收规模占比最大的业务板块。在新闻产品数字化与信息服务数字化的双重助推下，新闻与信息服务业务板块的数字化收入在 2015 和 2016 财年分别占该业务板块收入的 19% 和 23%。

其数字化改造主要体现为新闻产品的数字化和信息服务的数字化。

在新闻产品数字化方面，新闻集团旗下报刊的数字化订阅比例获得了持续的提高。集团大多数报纸都建立起了数字化平台，部分报纸推行数字化订阅获得成功。从 2016 年 3 月 28 日到 2016 年 7 月 3 日，《华尔街日报》平均销量为 234.1 万份，其中纯数字订阅 94.8 万份，占比 40.5%。《巴伦周刊》平均销量为 43.8 万份，其中纯数字订阅 13.3 万份，占比 30.4%。截至 2016 年 6 月 30 日，《泰晤士报》付费数字订阅用户 15.6 万，《星期日泰晤士报》付费数字订阅用户 17 万；数字订阅已占据了新闻集团新闻产品订阅总量的约 45%。

在信息服务的数字化方面，新闻集团重点开发数字化的营销服务，以及数字化的新闻与广告分发服务。关于营销服务数字化，比如新闻集团旗下的 News America Marketing 公司，为超市等商家提供促销服务平台，推出商家可以自由入驻并提供购物优惠券的网站，为商业客户提供数字营销方案和渠道。关于数字化新闻与广告分发服务，新闻集团主要是为媒体客户和广告客户提供相关新技术支持下的内容和咨询服务。比如新闻集团 2013 年收购的从事信源核实的公司 Storyful，开发了新闻素材的筛选、抓取和供应服务，可帮助媒体客户从海量的用户原创内容中筛选出有价值的新闻素材，并经过自动编辑，再供应给新闻终端；新闻集团 2015 年收购的提供社交视频广告监测服务的公司 Unruly，通过追踪传统互联网和移动互联网等跨平台、多终端的视频播放情况来对视频广告的效果进行综合评估。

2. 图书出版的数字化

图书出版业务是新闻集团第二大业务板块，贡献了集团近两成收入和近三成利润。在 2015 和 2016 财年，数字图书销售收入分别占该业务板块总收入的 22% 和 19%。

新闻集团的图书出版业务主要由其旗下的哈珀 • 柯林斯出版集团承担；过去几年间，新闻集团收购了一系列出版企业，基本都归入哈珀 • 柯林斯出版集团。2010 年，新闻集团收购了一家提供电子书制造技术的 Skiff 公司，该公司可以帮助新闻集团的数字图书内容在更多数字终端设备上呈现。2014 年新闻集团收购全球最大言情小说出版机构禾林公司，CEO 罗伯特 • 汤姆森公开表示禾林公司将会帮助新闻集团数字图书平台的大规模扩张。

哈珀 • 柯林斯出版集团作为新闻集团的图书出版业主的旗舰公司，数字图书业务得到快速发展；在继续传统纸质图书出版的同时，还开发了支持平板、电子阅读器等设备的电子书和支持智能手机、MP3 播放器的音频书。截至 2016 年 6 月 30 日，哈珀 • 柯林斯出版集团提供约 10 万本出版物的数字格式版本；近年其出版的全部新书和大部分经典图书都同时提供数字版本进行销售。随着消费者对数字图书的广泛接受，哈珀 • 柯林斯出版集团正在优先发行图书的数字格式版本；有的图书甚至仅发行数字格式版本。例如，哈珀 • 柯林斯出版集团在其情感类图书品牌“Avon”之下推出的数字版本优先出版的子品牌“Avon Impulse”，每周发布一本短篇小说的电子书；自数字优先项目启动以来，有 15 本电子书登上了《纽约时报》最畅销电子书榜单。

二、新闻集团数字化战略的业绩评价

互联网时代，受众对数字化传媒产品的消费增加、对传统传媒产品的消费减少；

曾经在传媒业占据优势地位的跨国传媒集团，遭遇了新兴互联网传媒企业的严重挑战。为了保持竞争优势、抓住新的产业机遇，传统传媒业务起家的跨国传媒集团必须执行数字化战略，对传统业务进行数字化改造，同时积极介入新的数字化领域。2013 年之前，新闻集团的影视娱乐领域业务仍能保持增长，但新闻出版领域业务则出现了明显下滑；新闻出版领域业务的数字化发展水平和盈利能力落后于影视娱乐领域业务，成为原集团的短板。2013 年新闻集团进行重新定位和战略聚焦，盈利能力较强的影视娱乐业务板块被拆分出去，新的新闻集团可以集中力量对剩余业务领域进行数字化转型改造。

（一）抓住新兴数字业务机遇，跨界融合运营成为盈利增长点

虽然数字教育业务黯然收场，但新闻集团收获到了数字房地产服务业务的阶段性成功。这也是传统传媒集团进行跨界融合发展时经常遇到的现象；类似于风险投资，多个投资新方向当中如果能够有一个方向成功，跨界融合的整体尝试也可被视为是成功的。

1. 数字房地产服务收入高速增长

数字房地产服务业务在跨行业新兴数字业务中脱颖而出，收入规模迅速扩大，且盈利能力可观，为新闻集团未来的发展带来希望。在扩张性资本运作下，数字房地产服务业务在 2014、2015 以及 2016 财年分别实现 18%、53% 和 32% 的收入增幅。数字房地产服务业务收入规模在集团中的占比也迅速扩大，2014 财年数字房地产服务业务收入仅占新闻集团总收入的 4.7%，但在 2016 财年数字房地产服务业务是新闻集团唯一取得收入增长的部门，收入占比已经达到 9.9%，成为新闻集团第三大收入来源。

2. 跨行业媒介融合运营成为新的盈利增长点

数字房地产服务业务的盈利增长同样引人瞩目。2014 财年，数字房地产服务业务的息税折旧摊销前利润实现 27% 增长；2015 财年因收购 Move 公司导致运营费用增加，息税折旧摊销前利润亏损 0.13 亿美元；但在 2016 财年，数字房地产服务业务的息税折旧摊销前利润增长 1.43 亿美元，增幅达到 71%，贡献了新闻集团 50.3% 的息税折旧摊销前利润。数字房地产服务业务已经取代新闻与信息服务业务，成为新

闻集团最大的利润来源业务板块，承担起新闻集团在未来发展中的盈利“引擎”的重任。

3. 乐观的同时保持对跨界融合运营的谨慎评估

虽然数字房地产业务实现了阶段性成功，但仍然需要谨慎评估跨行业新兴数字业务的前景。数字教育业务领域的昔日明星 Amplify，业务市场潜力巨大却快速陨落，新闻集团数字房地产服务业务发展中可能出现的威胁因素始终不容忽视。值得重视的是，目前数字房地产业务收入增长主要来源于资本支持下的版图扩张。2016 财年，数字房地产服务 32% 收入增幅中，最大的贡献是新收购的 Move 公司首次计入集团年报的 1.69 亿美元营收；原有业务 REA 集团仅贡献了 5% 的增长；该业务板块税息折旧及摊销前利润增长 1.43 亿美元，其中 1.22 亿美元则来源于 Move 公司从诉讼对手 Zillow 公司获取的和解赔偿金。如果不考虑并购资产和赔偿金偶然所得，来源于持续经营业务的收入增长和盈利增长实际并不高。

（二）新闻出版领域业绩未能扭转，传统业务数字化任重道远

新闻集团对于新闻与信息服务、图书出版等传统业务，虽然继续积极进行数字化改造，但这些业务的收入和利润仍出现下滑。传统业务的数字化改造速度和效果远不及预期。

1. 新闻出版领域业务收入和利润双双下降

2016 财年新闻与信息服务业务收入比上年减少 3.93 亿美元，降幅 7%，扣除汇率波动等因素的调整后收入实际降幅 3%；广告收入比发行收入有更大的降幅，广告收入降幅 11%，发行订阅收入降幅 2%。利润方面，2016 财年新闻与信息服务业务的税息折旧及摊销前利润与上年相比减少 3.89 亿美元，降幅 65%；表面利润出现巨大降幅并不全是日常业务经营所致，还与新闻集团旗下营销公司 News America Marketing 因反垄断诉讼而支付了一笔 2.8 亿美元巨额赔偿金有关；扣除诉讼支出和汇率波动等非日常业务经营因素后，调整后利润实际降幅为 10%。

传统业务领域中一直表现较好的图书出版业务，在连续两年超过 10% 的增长之后，2016 财年也出现了收入和利润的下降；收入比上年减少 0.21 亿美元，降幅 1%；税息折旧及摊销前利润比上年减少 0.36 亿美元，降幅 16%。图书出版业务业绩下降

的原因之一是畅销图书的销售波动对整个业务板块的业绩造成了较大幅度的影响。与热卖电影同名的图书《分歧者》和《美国狙击手》，分别为新闻集团2014财年和2015财年贡献了数千万美元的传统图书和电子书销售额；而2016财年新闻集团并没能新推出等量级的畅销书，连带着电子书销量额也比上年降低了15%。原因之二是汇率波动，美元升值、其他国家货币贬值等因素导致图书业务汇率损失为0.39亿美元。

2. 传统业务数字化任重道远

新闻集团虽积极推进传统业务的数字化，但数字化改造速度远慢于印刷媒体和平面广告业务的衰退速度。数字化收入已占新闻与信息服务、图书出版业务板块收入的五分之一左右，成为这些传统业务部门的重要营收来源，但是占比还有非常大的可提升空间。新闻集团的新闻与信息服务、图书出版的数字化转型和市场价值变现还有很长的路要走。

目前，新闻集团传统业务的数字化主要是将内容从印刷媒介迁移到数字媒介，订阅与广告等传统创收方式仍是数字媒体的主要盈利来源，传统的纸质形式的报刊、图书等仍是新闻集团的砥柱性产品。新闻集团应开拓更多数字信息服务，如其收购的Storyful的突发事件社交媒体信源核实和筛选服务，或者Unruly的社交视频广告监测服务等，构建数字媒体资产的多元盈利渠道，开辟除数字订阅、数字广告之外更多的收入来源，使数字收入成为传统业务部门营收的中坚力量。

三、新闻集团数字化战略执行和调整的启示

新闻集团数字化战略执行和调整的过程，堪称是大量传统传媒集团进行数字化转型的缩影。在巨大的努力之下，新闻集团找到了新兴跨行业数字化领域拓展的成功方向；在传统业务领域的数字化虽仍然进展艰难，但至少昭示了一定希望。对新闻集团数字化运营经验进行总结，可以为其他传统传媒组织制定和执行数字化战略提供借鉴。面对不可逆的传媒数字化潮流，传统传媒业务必须坚定不移地执行数字化改造以提升业务生存能力和延续品牌影响力；同时也必须要把握机遇，主动在新领域中培育盈利增长点，借助自身长期积累的资本运营实现战略方向的聚焦。

（一）延续品牌，坚持数字化改造传统业务，提升数字化质量

对于传统传媒业务起家的传媒组织来说，面对互联网的冲击和受众媒介接触习惯的转变，一项重要任务是保持受众对自身媒介产品的忠诚，为受众提供可选择的数字化产品，维护长久积累的传媒品牌影响力，而这一切都建立在传统业务数字化改造的基础上。新闻集团认识到媒体资产数字化是延续品牌影响力的必然要求；虽然投入巨大但效果并不显著，但传统业务的数字化改造不能放弃。

传统业务数字化包括内容数字化和平台数字化。然而，数字内容分发与数字平台建设绝非新闻出版业务数字化的全部，新闻出版业务数字化的更高要求是盈利数字化。盈利数字化不仅包含数字产品的订阅收入和广告收入，还包括对数字信息服务的新需求的满足、对新型盈利模式的技术支持和价值实现，比如围绕着数字化内容，提供数字营销、新闻筛选定制、广告监测与定向投放等服务，逐步拓展新的盈利模式和商业模式。

（二）跨界运营，坚持跨行业媒介融合，寻求发展新空间

传统新闻媒体式微，广告业务下滑，传媒组织不能局限于传统业务之中，而应积极开拓跨行业媒介融合的发展空间，寻求新的增长点。新闻集团高度重视跨行业媒介融合业务，把数字教育、数字房地产服务列为单独部门，分别扶持重点发展；多点并进，分散了运营风险。在数字教育业务失败的情况下，数字房地产服务取得了阶段性成功。

数字化在颠覆社会各行各业，这为传媒组织借助品牌影响力进入其他产业提供了契机。在跨行业媒介融合领域，传统传媒组织与其他行业的竞争对手都是处在相同的起跑线上； 而传统传媒组织往往具有信息优势和公信力优势，可以在细分市场中结合已有的数字媒体和资本优势通过自建业务或者收购有前景的企业来实现跨行业发展的新空间。

以新闻集团为例，数字房地产服务业务就是依托旗下房地产网站进入在线房地产经纪行业，向房产代理人和开发商收取接入目录广告的费用，承接与房地产密切相关的贷款、保险、家装等行业广告，还通过向房地产专业人士提供最优的客户关系管理软件获得服务订阅收入。值得一提的是，传媒组织在开展新型数字业务时

并非完全从零开始，可以用资本置换资源。新闻集团通过收购 Wireless Generation 公司以切入数字教育市场，这启发着传媒组织在跨行业融合时可以收购兼并为起点。

当然，传媒组织进入新领域时的风险是需要审慎对待的，但也不能因风险而因噎废食。新闻集团在数字教育领域所遭遇的失败，警示传媒组织在拓展新数字业务时，要考察自身的资源禀赋，并详尽考察新领域的市场前景，在评估风险之后做出战略选择。

（三）战略聚焦，坚持资本运营扩张，树立重点优势业务

传媒组织在进行传统业务数字化转型中拓展新兴领域的跨界融合数字业务，这是一种多元经营战略，但这并不妨碍传媒组织通过资本运营实现战略聚焦。传媒组织的多元业务在重要程度上存在差异，由于传媒组织的资源是有限的，这就需要传媒组织必须明确战略重点。

传媒组织可以通过在重点优势业务中实施扩张性资本运营策略，在其他业务中收缩资本运营，以此实现战略聚焦。新闻集团在这一点上表现得非常突出；新闻集团在这一点上表现得非常突出。自拆分后，新闻集团的图书出版、数字房地产服务业务在资本支持下持续进行版图扩张；新闻集团 2014 年收购禾林图书公司和数字房地产运营商 Move 公司、2015 年收购东南亚房地产门户网站运营商 iProperty 集团，积极推动图书出版的数字化和新兴数字业务。而新闻与信息服务部门却大量出售传统报纸资产，2013 年将旗下分支 Dow Jones Local Media 的 23 家报刊出售，2014 年将社区报纸业务出售；仅在数字媒体资产方面进行小额收购，资本运营的战略收缩非常明显。因此，新闻集团在这一点上表现得非常突出。这样，既能维持业务稳定，较为平稳地实现数字化转型；又可以充分集中资源发展重点业务，提升资本的利用效率。

四、小　结

当前传媒竞争环境下，数字化是每个传统传媒组织都绕不开的命题。中国新闻出版领域的传统业务整体上面临着较为严重的经营困境，数字出版成为重点增长点。

根据国家新闻出版广电总局2017年7月发布的新闻出版产业分析报告，2016年中国报纸出版营业收入降低7.6%，利润总额降低15.7%；期刊出版营业收入降低3.6%，利润总额降低2.2%；图书出版营业收入增长1.2%，利润总额增长7.2%；数字出版营业收入增长29.9%，利润总额增长27.9%。在此背景下，以新闻出版为主要业务的中国传媒组织对数字化战略的执行更为迫切。然而，新闻集团数字化战略执行和调整的实践说明，传媒组织数字化转型是不可能一蹴而就的；在坚持进行数字化改造传统业务的同时，还应该寻找跨行业媒介融合的可能性，通过资本运营实现新兴数字化业务和传统优势业务的战略聚焦，以便在未来获得生存和发展的空间。

第二节　数字内容与全球运营：时代华纳新时期新战略

2016年10月22日美国电信运营商美国电话电报公司（AT&T）宣布拟以854亿美元的价格收购时代华纳集团，相较于当日时代华纳市值溢价20%；不论该笔交易能否最终达成，既展示了电信业与传媒业可能深度整合的前景，也突显了以内容生产为优势的时代华纳集团被资本市场极度重视的现实。时代华纳集团2014年拆分出时代公司之后业绩和市场估值不断提升，本节以时代华纳集团为例，对时代华纳在新时期的企业战略进行分析。

时代华纳集团在1990年由以新闻出版内容为主的时代公司和以影视内容为主的华纳公司合并而成；时代华纳1996年收购特纳广播公司，2000年与美国在线合并，又于2009年与其拆分，2009年与时代华纳有线电视公司拆分，2014年再将时代公司拆分出去，最终从一个集新闻出版和影视娱乐为一体的综合传媒集团转型成为专注于影视娱乐内容的媒体和娱乐集团；资本市场也因2014年这次拆分重组而更看好时代华纳集团的市场价值。

2014年以来的时代华纳，主要有三个业务板块，分别对应三个主要的子公司；按照收入规模从大到小的顺序，这三个子公司分别是以电影电视制作发行、游戏和新媒体业务为主的华纳兄弟娱乐公司，拥有CNN、TNT等著名新闻和娱乐频道的特纳广播公司，以及拥有HBO和Cinemax系列频道的以付费电视业务为主的HBO公司。2016年6月发布的2015年财报显示，截至2015年12月31日，集团总资产

638.48 亿美元。

时代华纳集团整体收入来源主要是内容和用户订阅，对广告收入的依赖持续下降。2014 年以来集团收入结构相对稳定，内容及其他收入连续三年占集团总收入的 48%，订阅收入从 35% 提高到 36%，广告收入则从 17% 下降到 16%。时代华纳在 2015 年报中明确，其新时期的战略目标是成为世界领先的视频内容公司，具体战略表述为四个部分：优质内容战略、数字化引领战略、国际扩张战略、资本高效运营战略。

表 2-4 2015 年时代华纳集团收入结构（数额单位：百万美元）

	订阅		广告		内容及其他		收入合计	占集团收入比重
华纳兄弟	——	——	——	——	12 992	100%	12 992	45%
特纳广播网	5 306	50%	4 637	41%	653	7%	10 596	36%
HBO	4 748	85%	——	——	867	15%	5 615	19%
时代华纳集团	10 153		4 569		13 396	48%	28 118（内部冲销 1 085）	100%

表 2-5 2013—2015 年时代华纳集团收入结构（数额单位：百万美元）

	2015 年		2014 年		2013 年	
订阅	10 153	36%	9 945	36%	9 250	35%
广告	4 569	16%	4 502	16%	4 530	17%
内容及其他	13 396	48%	12 912	48%	12 681	48%
总收入	28 118（内部冲销 1 085）		27 359（内部冲销 961）		26 461（内部冲销 724）	

一、优质内容战略

时代华纳集团在 2015 年报中强调其致力于“为正确的用户提供最好的内容”，其愿景是“讲述世界上最好的故事”。在时代华纳集团的战略规划里，内容被置于核心地位；2013 年以来每年在内容领域的投资均超过百亿美元且逐年上升。时代华纳的优质内容战略主要体现在内容的生产方式、生产流程、深度开发和内容合作四个方面。

（一）生产方式不拘一格，自制内容和用户生产并重

在如今的媒介环境下，个人被激活被赋权，主动性和参与性得以提升，“人人都是传播者”已然是现实，这对专业的传播机构是挑战，更是机遇。时代华纳革新内容生产方式，一方面继续坚持让专业的人做专业的事，另一方面积极吸纳热心用户参与内容生产。

HBO对自制剧生产非常重视，坚持“让专业的人做专业的事”；其CEO理查德·普莱普勒（Richard Plepler）的用人理念是“遇到天才别放过”，积极发掘影视剧制作天才、为天才的创意团队发挥才能提供环境。近年HBO自制剧频频获得市场成功，全球走红的电视剧《权力的游戏》即是HBO自制产品。

特纳广播公司旗下CNN非常重视吸引用户进行内容生产，早在十年前的2006年就开通了iReport互动业务，吸纳用户分享身边的新闻故事、视频和图片。2012年8月，时代华纳集团收购Bleacher Report，后者是美国知名的体育博客网站，每月独立用户超过1 000万，有大量用户上传的UGC内容。时代华纳收购Bleacher Report，不仅弥补了自身体育节目内容的不足，也更新和拓展了自身的内容生产方式。

（二）再造生产流程，统筹流水化作业

仍以特纳广播公司旗下的CNN为例。CNN为了优化生产流程，实现集约化、高效率内容生产，采取了流水化作业。CNN新闻节目生产的中枢是主新闻编辑室（CNN Newsroom），主要功能是统筹人员调配，并随时收集、更新来自记者及美联社、路透社等的消息，同时监测卫星平台接收到的最新信息。新闻编辑室将收集到的新闻素材送入媒体运作中心（Media Operation），新闻素材可在媒体运作中心共享；各部门编辑人员对素材进行编辑制作，编辑制作后的初步作品被送进“消化站”（Digest Station）进行其他格式数字化转换、处理成为各种最终成品；成品进入资料库（Media Source）供CNN各部门人员查询和提取使用。

CNN各部门也可以“共享”记者，主新闻编辑室会根据需要调配记者供不同的部门、频道使用。这种高效的信息采编流程与共享机制实现了CNN内部优势资源最大限度的利用，同时优化了信息传播的速度和效果。

（三）深度开发版权，挖掘衍生价值

游戏与影视同属文化娱乐产业链条中的重要内容，影视作品可以为游戏提供蓝本，游戏则能为影视作品提供素材，从而形成影视与游戏彼此联动、相互促进的格局。时代华纳旗下主打影视娱乐业务的华纳兄弟公司，依托丰富的影视资源，将电影、电视剧等娱乐内容与游戏相结合进行深度开发，对数十年来积累的影视剧经典形象如蝙蝠侠、超人、乐高、闪电侠、绿灯侠、哈利·波特等进行衍生品授权，在世界各地相继开发落成了乐高主题公园、蝙蝠侠主题公园、哈利波特的魔法世界、正义联盟探险主题公园等。华纳兄弟在伦敦的哈利·波特拍摄基地也成了"哈迷"们的经典旅行站点，"华纳兄弟好莱坞电影工作室之旅"已经被开发为对游客开放的项目。

（四）广泛内容合作，扩大内容价值和影响范围

时代华纳为了拓展内容的广度、深度以及呈现形式，广泛与相关行业开展内容资源合作和内容分发合作。时代华纳拥有海量影视剧版权，建立了世界上最大的电影片库、电视剧片库、动画片库；还不断购入最有吸引力的内容资源，如 NBA、MLB、NCAA 等备受欢迎的赛事转播权，同时与其他影视企业合作投资和制作大量内容。为了实现其"内容无处不在"（Content Everywhere）的理念，通过多个平台不同渠道对内容版权进行多次售卖。除了自建渠道，时代华纳在全球范围内广泛开展内容分发合作；比如，在社交网站脸书推出影片租赁服务，授权谷歌旗下视频网站 YouTube 播放其影视内容，在中国的优酷土豆网推行点播式流媒体服务等。

二、数字化引领战略

时代华纳一直坚持改进数字化视频服务在媒体和娱乐产业引领创新，升级自身的数字加工和存储设备，以无处不在的数字入口对接用户，覆盖所有类型终端设备。

（一）数字化内容存储

时代华纳集团每个子公司都建有自己的数据中心，2015 年以来通过集团层面的数据管理平台，建立数据云服务（Data Cloud），将各子公司的数据中心整合起来，使各子公司之间的数字化资源可以通过云端共享。子公司华纳兄弟自 2005 年即开始

积极推进影音娱乐的数字化转型，力求从影视生产到发行销售全部实现数字化，比如采用数字 IMAX 技术拍摄电影，使用 4K 数字技术提升分辨率，改进蓝光技术存储影视内容，对影视剧进行 UV 格式改进等等。2014 年 4 月，特纳宣布与 Sony 和 IBM 合作，将其旗下 CNN 过去 21 年中 11.5 万小时的节目录像带转换为更便于新闻剪辑查询和使用的电脑数据库。CNN 也因此成为第一个在电视行业完成全数字新闻档案库的媒体。

（二）数字化内容分发

时代华纳在内容分发领域积极投入，各子公司都拥有多类型多层级的数字内容分发平台，覆盖了当前传媒技术可以实现的各种媒介领域。子公司 HBO 旗下最有代表性的重要数字化平台是 HBO GO 和 HBO NOW，这也是时代华纳“内容无处不在”数字化实践的重要产品。HBO GO 面向既有付费订户，2008 年 2 月推出 PC 版，2011 年 4 月推出移动版 APP。HBO NOW 则面向非付费订户，2015 年 4 月上线，采用 OTT 模式提供流媒体服务，不经过有线电视运营商，直接面向互联网用户。子公司特纳旗下的数字化平台有 TBS.com、TNTDrama.com、PGA.com、Thesmokinggun.com 等网站，TBS、TNT、CNN、HLN、Cartoon Network、Adult Swim 等移动客户端，以及 truTv 实时直播平台；2015 年 8 月特纳收购了流媒体和云视频技术服务商 iStream Planet，以提升企业整体数字化处理能力。华纳兄弟的数字化平台有 DCComics.com、DCNation.com、TMZ.com 及其对应客户端；此外还拥有电影社交网站 Flixster。

时代华纳除了自主开发数字化服务之外，还与全球其他数字化服务提供商合作。比如，2014 年 4 月，时代华纳与亚马逊公司和 Hulu 公司签署内容合作协议；2014 年 5 月，华纳兄弟与腾讯合作，为腾讯视频的“好莱坞影院”板块提供视频；2015 年 1 月，华纳兄弟与新加坡电信和索尼影业合作，在亚洲推出在线流媒体视频服务。

三、国际化战略

时代华纳旗下有众多世界知名品牌，一直利用自身的优势不断拓展地理边界，在全球范围内通过特许经营或授权、合资或并购等措施来实现国际化扩张。时代华纳 2014 年在美国之外的收益占其总收益的 32%；欧洲为集团贡献了 17% 收益，拉丁美洲和亚太地区各占 6%，中东和泛非洲地区占 3%。

（一）华纳兄弟：尤其重视亚太地区

华纳兄弟是时代华纳集团国际化业务中最主要的贡献者，在 170 多个国家和地区用英语和当地语言制作、发行电影和电视节目。2014 年，华纳兄弟海外收益达 32 亿美元，占 2014 年时代华纳集团海外收益的近一半。

华纳兄弟近年来尤其重视亚太地区尤其是中国的市场拓展。在印度、菲律宾和泰国，华纳兄弟将电影和原创电视剧授权 SVOD 服务运营商 HOOQ 进行发行。在中国，早在 2004 年，华纳兄弟影业公司就与中国电影集团公司、横店集团共同投资成立中影华纳横店影视有限公司，是中国首家中外合资电影娱乐公司。2014 年 11 月，华纳兄弟和 HBO 开始为腾讯视频提供内容；2015 年 9 月，华纳兄弟和中国的文化传媒投资运营机构“华人文化”共同出资成立“旗舰影业”，联合生产全球大片。

（二）特纳：广泛布局新闻网和娱乐网

特纳旗下业务覆盖 200 多个国家 30 多种语言，在全球范围内拥有 180 多个频道。遍布最广的是特纳旗下以 CNN 为代表的新闻节目品牌，截至 2015 年底，特纳旗下的 CNN 国际频道在美国本土之外有 30 个新闻分支机构，在全球超过 200 个国家和地区制作和传送节目，有 3 亿的家庭用户。

在欧洲和中东，特纳运营的地区性娱乐网有 TCM、TNT、TNT Glitz、Cartoonito、Star、Silver、Showtime 和 TNT7 等。此外，特纳还在意大利、法国、西班牙的数字地面电视播放儿童娱乐品牌节目 Boing。在拉丁美洲，特纳的服务覆盖了阿根廷、巴西、智利、哥伦比亚、墨西哥和委内瑞拉，是多频道电视节目的头号供应商。2014 年底特纳收购巴西电视台体育频道 Esporte Interativo，巩固了在拉美地区最大的媒体娱乐内容提供商地位。在智利，特纳拥有并运营一家免费的广播电视公司 Chilevisión。在亚太地区，其全资子公司特纳亚太公司在 38 个国家用 13 种语言运行 64 个频道。在韩国，特纳运行一家合资公司 Cartoon Network Korea 和纪录片频道 QTV。2015 年 3 月，特纳旗下 CNN 与菲律宾 Nine Media 公司合作开通免费新闻频道。2015 年特纳在全球范围内共新开了 31 个频道。

（三）HBO：涉足全球付费电视市场

HBO和Cinemax的节目服务覆盖了拉丁美洲、中美洲、加勒比区域、欧洲和亚洲，在60多个国家和地区提供付费电视和基本电视服务，在150多个国家和地区将其节目授权电视网和SVOD、OTT服务，比如在英国、澳大利亚、法国、德国和以色列的“Home of HBO”，在加拿大的“HBO Canada”以及在北欧的付费订阅OTT服务HBO Nordic。

2016年1月，HBO在拉美地区开展宽带传输流媒体服务，3月HBO宣布将在巴西和阿根廷推出流媒体服务，将于2016年第四季度在西班牙新增OTT服务。截至2015年12月31日，HBO拥有近8 200万国际订户，2016年HBO将对国际付费电视订户开通HBO GO服务以方便国际订户。HBO的国际业务收益主要来自合作的国际联播节目系统的内容收费以及原创节目的DVD或蓝光碟销售。

四、资本高效运营战略

时代华纳集团一直致力于提高资本运营效率，一方面拆分重组，剥离盈利能力差的业务板块，另一方面投资或收购有成长前景的领域。这也是它被AT&T提出溢价要约的原因之一。

（一）拆分重组、提高资产估值

时代华纳集团曾在各个领域大规模扩张，涉足的领域包括互联网基础接入、有线电视、网络视频、影视制作发行、新闻出版、视频游戏等，但大规模的扩张并没有产生预期的协同效应，带来“大而强”的效果。近年来，时代华纳集团多次收缩业务范围，主动拆分或关联度不高或业绩不佳的部门，使资本和业务优势高度聚焦于媒体和影视娱乐领域，提高了集团的效益。2014年6月拆分时代公司就是时代华纳的一项重大举措。时代公司的出版业务在集团内部与其他业务部门之间关联度较低，难以形成优势互补、资源共享的协同效应，反而是协调成本高居不下；拆分之后两家独立的公司各自专注于自身业务的特殊性，发展优势业务，业绩明显提升；拆分后时代华纳于2014年和2015年每股收益分别上涨了18%和14%，拆分出来独立运作的时代公司股价分别上涨了21%和19%。

（二）投资或收购高成长预期资产

时代华纳投资部门重点关注能够为集团业务产生战略价值的初创型和成长型的企业，其投资目标包括新服务的分发系统、提升既有产品、进入或扩张关键战略市场、达成战略合作关系、关键性研究与开发。2012 年以来，时代华纳进行了 18 起重大投资或收购；梳理之后可以发现，时代华纳的投资、收购对象主要集中于四类初创企业：一是内容制作企业（Maker Studios、Machinima、Epoxy、Rocksteady Studios、Kamcord 等），二是社交网络企业（Adaptly、Bleacher Report、Epoxy、Mashable 等），三是分发平台企业（Dynamic Signal、Maker Studios、Hulu 等），四是新技术企业（Krux、Yieldmo、NextVR、Kamcord 等）。这四类初创企业，一般来说都能够与时代华纳当前至少一项业务相契合，或能为时代华纳提高内容生产能力，或加强用户关联，或提升内容及广告的分发精准度，高度符合时代华纳投资的主要标准。通过投资或收购这些初创企业，时代华纳有效盘活了资产，强化了核心业务，提升了资本运用的效率和价值。

五、小　　结

时代华纳以优质内容战略为核心，顺应时代要求进行内容存储和内容分发的数字化改造，通过拆分重组和持续投资全球高成长性领域，得以继续延续其全球传媒业优势地位，在资本市场上的估值也不断提高。不论 AT&T 对其溢价要约收购能否达成，都表明了时代华纳在新时期发展战略的成功。在媒介生存环境发生剧烈变化的今天，全球大量传媒组织都面临着媒介融合、数字化转型、产业升级等现实挑战；时代华纳集团的企业战略及其具体策略措施业可以给中国传媒业提供宝贵的借鉴。

第三节　时代公司的数字化转型实践

新世纪以来，全球传媒产业整体稳步增长，但传媒产业结构已经发生重大变革。2015 年，全球报纸的发行收入首次超过了全球报纸的广告收入，报刊出版商的广告经营普遍呈现下滑趋势；一方面广告收入下滑，另一方面受众规模也在缩减，传播技术进步和移动互联网的普及导致受众媒介接触习惯改变。传统的报刊出版商不得不调整经营战略，重新进行业务布局，以应对传统出版业务持续下滑的危机，迎接数字技术的挑战和机遇。

2017 年 6 月 13 日，路透社发消息称时代公司将裁员 300 人以缩减成本，并重新投资其他有增长潜力的新业务。作为美国最大的杂志出版商，时代公司自 1922 年成立以来，在传媒界一直以高品质的报道享誉全球。2014 年 6 月初，时代华纳集团完成拆分，拆分后的时代公司成为独立运作的上市公司。拆分以来，以传统出版发行业务为主的时代公司出现持续亏损，2015 年净亏损 8.81 亿美元，2016 年净亏损 4 800 万美元。从收入结构看，时代公司对广告收入的依赖性强，广告收入连续三年占其总收入比重超过二分之一，发行收入仅约占总收入的三分之一。

时代公司在传统出版领域主营业务持续下滑的趋势下，进行了大量数字化转型调整实践，并计划将经营重点转到数字媒体和视频业务。

一、时代公司的转型实践

从优质资源的整合到新业务的拓展，出版商的转型战略绕不开这个由内到外的转型过程。以时代公司为例，2016 年以前时代公司的发展战略主要包括三个方向：第一，是通过加强核心业务来增加广告效益；第二，是基于现有品牌的延伸，将内容和用户进行跨平台运作；第三，是对公司资产、产品等各项资源的整合，达到资源合理配置。在第二项战略中，提到了依靠技术实现的消费者定位，2015 年时代公司聘请了第一个首席数据官，致力于更有效地利用消费者数据，发展产品推荐系统。此外，2014—2015 年时代公司开始投入视频节目，进行内容制作和分发，探索视频内容市场。

经过两年的持续探索，时代公司在 2016 年制定了新的发展战略，将经营重点放在有增长潜力的视频业务和消费者洞察、精准营销上，同时兼顾世界级品牌影响力的巩固。从最具影响力的新闻杂志扩展到对娱乐、体育和女性生活方式的聚焦，再一次转型中的时代公司基于现有的众多世界级品牌和 3 000 万规模的付费用户，目标为从传统的出版商转型为集优质内容出版、高品质视频生产、新媒体精准营销于一体的融媒体公司。转型是一个漫长的过程，在这个过程中，时代公司的转型实践主要分为以下三个方面。

（一）整合优质资源　布局视频业务

2016年，时代公司对自身的内容生产和编辑工作进行了战略调整。时代公司原年出版杂志200多种，随着出版业的衰退，2015年缩减为80余种，2016年缩减为约75种。为解决海量内容生产中面临的高成本和低效率问题，首先，时代公司进行资产减值，后将优质资源整合，将横跨众多领域的内容集中于名人、娱乐、饮食、健康、家庭、新闻、体育等10个栏目下。其次，统一了内容管理系统。将原有的多个内容发布和管理平台合并为两个核心平台，让它们作为一个整体工作。这种扁平化的管理方法有利于更高效地实现数字平台上的内容共享、广告发布以及电子商务发展。

在精简出版业务的同时，时代公司在新任总裁的领导下，发力视频业务。2016年，时代公司的数字视频播放量为46亿次，同比增长近150%，同时视频的访客则同比增长82%。在视频业务的布局上，时代公司野心十足。在生产上，其视频内容涉足多个垂直领域，重点打造体育视频。在发布上，除在自建APP、网页端发布外，也在Facebook等众多社交平台上发布。

120sports系列、Instant，以及《人物》和《娱乐周刊》联合推出的数字视频平台PEN（People/Entertainment Weekly Network）组成了时代公司视频业务的矩阵。三个视频品牌在自建平台和其他视频/社交平台进行分发，且视频内容覆盖领域各有侧重、视频时间长短有不同限制。

120sports是由时代公司和美国职业高尔夫球协会（MLBAM）、美国国家冰球联盟（MHL）等联合创办的服务于美国本土用户的体育类视频产品。它生产的视频内容发布可于多个终端上接收，包括为移动手机端和平板打造的免费APP、120Sports.com网页端和其他合作方平台。与120Sports不同，时代公司上线的另一个移动视频品牌instant，内容涵盖娱乐、美容、时尚、饮食等众多垂直领域。这是一个为移动网络设计的短视频内容品牌，同时服务于本地的广告商。此品牌下发布的内容可以直接在网页inatant.me上观看，无须下载APP。Instant上的内容也会在社交平台，如Facebook、YouTube、Instagram上分发；同时在《人物》《娱乐周刊》知名杂志的数字频道、网页上发布。2016年《人物》和《娱乐周刊》联合推出

PEN（People/Entertainment Weekly Network），这是一个免费的数字视频平台，内容包括对颁奖典礼，活动首映式、讲座的实时报道及儿童纪录片等，不同于 instant 的短视频形式，PEN 的视频通常在 10 分钟以上。目前两本杂志共派出 6 个人进行内容的生产和制作。

（二）深耕本土广告，发力精准营销

2016 年，时代公司在经营战略上做了重要结构性调整，除布局视频业务外，还开设了一家本地内容和创意工作室，收购了两家技术公司，寄希望于通过技术手段精耕自身数据，依靠数据分析，服务于自身的内容生产和广告商的广告投放。

鉴于时代公司的大部分收入在美国本土产生，2016 年时代公司推出了位于纽约布鲁克林的创意和内容工作室 The Foundry，致力于为广告商和合作伙伴创造最好的营销方案。工作室由创意团队、数据分析师以及专业营销人员组成的团队进行运作，通过选择有潜在消费可能性的用户，为广告主定制原生广告，打造沉浸式体验的移动广告。The Foundry 增加了大量本地功能，使 2016 年美国本地的广告收入翻番，并得到了广告主的好评。

2016 年 3 月，时代公司以 8 700 万美元的价格收购了从事数据驱动和人本营销的技术公司 Viant。当年时代公司的数字广告的大幅增长，Viant 是促进增长的主要动力。2017 年初，Viant 又收购了拥有强大社交属性的 MySpace 和互联网广告购买平台 Adelphic Inc.。Adelphic 能使代理商和客户能够自行购买广告，这弥补了 Viant 目前缺乏的自助服务功能。收购 Adelphic 之后，时代公司将拥有超过 10 亿注册用户数据库的 Viant 与覆盖 10 亿台设备的 DSP 结合，基于跨平台的用户数据分析，打造更精准的移动广告需求方平台。从而拓展品牌定位、广告创意、媒体资源购买、投放策略制定等多种业务，成为多业务并行的新媒体公司。

随着新业务的布局，2016 年 7 月，时代公司调整了广告售卖模式，将广告销售分为三个不同层次：一是类别销售，包括美容、汽车、金融服务和技术、饮食等不同领域的销售；二是品牌销售，即在《时代周刊》《人物》《财富》等不同品牌上的广告投放；三是数字销售，即时代公司的所有数字广告营销业务。新的差异化销售方法，有助于提升广告客户的定制化服务，实现广告精准投放。类别销售促使时代公司与广告客户、代理合作伙伴建立更广泛深入的关系，增强用户黏性，扩大新业务规模。

（三）增强用户洞察，兼顾品牌延伸

时代公司是美国媒体行业最大的订阅商，拥有大约 3 000 万的活跃用户。时代公司在拓展用户上的战略是，通过收购技术公司进行消费者洞察，利用现有的消费者营销引擎推动其他产品和服务的销售。在以消费者为中心的用户洞察外，时代公司兼顾品牌延伸，通过现有资源拓展多媒介的内容传播和跨品牌的合作。

在 2016 年，时代公司收购了 Bizrate Insights Inc.，这是一家消费者数据公司，通过在合作伙伴网站及移动端的在线调查来进行消费者洞察。通过技术整合，时代将跨平台地对用户行为数据进行搜集和分析，利用数据把消费者使用的每一台设备打通，进行用户画像，从而更好地了解用户的需求，改进现有产品，360 度视角维系现有用户并挖掘潜在客户。本次收购将使时代公司增强和扩展数据功能，增加消费者数量，提升订阅收入。

在品牌延伸上，时代公司看到了出版以外的执照授权、多媒介内容生产、举办论坛等高利润业务开展的多样性。时代公司现有的两项大型品牌合作许可计划，一是杂志《返璞归真》（*Real Simple*）与 Bed，Bath & Beyond 的合作伙伴关系，二者联合生产了数百种家居产品；二是南方生活 Southern Living 和 Dillard's 的合作，打造了一系列“南方生活产品”。时代公司打算持续布局这一潜在的高利润率领域，寻求更多品牌合作机会。此外，时代公司还在国际上扩大现有活动的专营权，如 2016 年将精华节延伸到南非德班，与梵蒂冈合作举办《财富》全球论坛，2017 年末，《财富》全球论坛落户广州。

二、时代公司的转型成效分析

时代公司的收入来源主要是广告和期刊发行，自拆分以来收入结构稳定，发行收入约占总收入的三分之一，但对广告的依赖很强，连续三年广告收入占总收入的比重均大于 50%，2016 年广告收入占比 56%，达到三年最高值。时代公司在其年报中称公司致力于从印刷出版商转型为多平台媒体公司（multi-platform media company）。在连续数年的战略调整和持续布局后，目前传统的印刷出版业务仍是公司的主要业务，出版业务在 2016 年占公司主营业务收入的 70%，2017 年上半年占主

营业务收入的 66%。通过战略调整，数字广告出现了较大涨幅，2016 年数字广告收入同比增长 55%，2017 年第一季度，同比增长 32%。但由于平面广告收入占比较大，时代公司数字广告的净增长额仍不足以弥补其平面广告和其他广告收入的持续下滑。

2016 年，时代公司持续亏损，净亏损 4 800 万美元。总收入高达 30.76 亿美元，但主营业务成本和期间费用共计 26.87 亿美元，EBITDA(息税折旧摊销前利润) 不到 4 亿美元，这意味着企业的生产成本较大，盈利空间较小。合并资产负债表显示，截至 2016 年 12 月 31 日，公司的流动资产为 10.2 亿美元，其中现金及现金等价物为 2.96 亿美元，但流动负债高达 10 亿，现金比率较低导致时代公司面临日常经营缺乏资金支持，流动性风险提高的威胁。在现金流量表中，由经营活动产生的现金为 1.95 亿美元，但投资活动使用占用的现金为 2.82 亿美元，一方面说明时代公司处于业务变革中，有高速发展的潜力，另一方面也提示了时代公司发展中的高风险。

表 2-6　2016 年时代公司收入结构（数额单位：百万美元）

	2016 年		2015 年		2014 年	
广告	1 712	56%	1 655	53%	1 775	54%
期刊发行	944	31%	1 043	34%	1 095	33%
其他	420	13%	405	13%	411	13%
总收入	3 076		3 103		3 281	

表 2-7　2017 年第一、二季度时代公司收入结构（数额单位：百万美元）

		2017 年第一季度	同比	2017 年第二季度	同比
广告	平面广告	212	— 21%	249	— 17%
	数字广告	119	32%	125	— 2%
期刊发行	订阅	140	— 8%	141	— 8%
	零售	56	— 14%	58	— 22%
	其他	9	— 9%	8	— %
其他		100	9%	113	6%
总收入		636	— 8%	694	— 10%

时代公司的视频业务和广告业务，包括短视频、长视频、VR内容、现场直播等大量内容的生产，内容创意工作室、DSP平台的构建，都需要大量的资金和技术投入。在大量的资金投入后，目前来看回报甚微，在平面广告收入持续下降中数字广告的增长显得杯水车薪。尽管时代公司在2016年仍然未实现盈利，但其通过整合优质资源、布局视频业务等战略来扭转局面的尝试似乎已经初见成效。根据comScore发布的2016年12月的美国媒体多平台报告，时代公司首次跻身于十大数字在线媒体，这表明时代公司的数字战略拥有黏住用户吸引受众的能力，其影响力得到了持续提升。

三、时代公司的转型路径对传统出版商的转型启示

数字化转型是国内外内容出版商在当前传媒竞争环境下做出的必然选择，而“如何数字化”就成为转型路上势必面临的策略难题。从操作流程来看，“数字化”的转型路径主要包括两步：一是基于原有资源的加工整合，二是新兴业务的开发拓展。在以时代公司为主要观察对象的研究过程中，可以发现传统出版商已经开辟出进军音视频等新领域、建设数据库、发展内容版权及电子商务等众多转型路径。

在数字技术的驱动下，以移动互联网为基础的新兴媒介正在重构传媒组织内容生产及分发的全过程。在自身业务结构僵化和新媒体的冲击下，处于内忧外患中的传统内容出版商基于自身优势和长期发展目标进行数字化转型，其转型目标可以分为四个层次：

第一层次：应对新兴媒介带给传统媒体的受众流失的巨大挑战，满足受众不同的媒介接触习惯和信息需求，完成纸质出版向数字出版的技术、资本、人才的迁移和转型。

第二层次：依靠数字产品的打造、数字平台的建设，树立新盈利增长点以弥补传统印刷广告收入的亏损，实现收入结构的优化。

第三层次：通过整合优质资源、布局新兴业务，改造原有业务结构，从以传统出版业务为主转向多元化业务的融媒体公司。基于自身优势和现有资源，打造传播力强的差异化互联网产品，以形成用户黏性并吸引更多的互联网流量。

第四层次：依托强大的品牌效应，开展多形式、跨平台的品牌营销活动以扩大

数字产品的传播范围，运用互联网营销的思维进行品牌延伸，确立可持续的盈利能力。

结合时代公司的转型实践经验，出版商转型可以借鉴如下路径。

（一）纸质内容改版以实现跨屏分发

纸质内容的数字化改版，实现优质内容从 PC 端到移动端的跨屏分发是包括时代公司在内的传统杂志出版商数字化转型的第一步。以美国六大出版机构为首的内容提供商在数字化的过程中，为 PC 端、智能手机、阅读器、PAD 等不同的接收终端提供数字内容。《连线》杂志是率先进行数字化尝试的新闻杂志之一，目前众多知名纸质杂志的电子版均可在其官方网站进行订阅。早在 2009 年，时代、康泰纳仕出版公司、赫斯特出版公司等四家出版机构就推出了覆盖《时代》《财富》《纽约客》《名利场》等众多知名杂志的电子杂志商店。

随着越来越多的年轻用户向移动端转移，出版机构提供的数字内容也越来越丰富，从数字报纸、电子书、电子期刊到网络游戏、网络动漫、在线音乐等全新领域，实现了从纸质出版到数字出版的内容传播形态的改变，以及从专业生产到 UGC 模式的生产模式的多元化发展。在移动端的布局上，美国最大的电商平台亚马逊推出 kindle 阅读器，月销售量曾高达 100 万台。为抗衡亚马逊的移动阅读模式，美国六大出版商在数字出版物的格式、分发渠道上进行重新调整。总之，从纸质杂志到电子杂志再到其他数字形态的内容转型，从 PC 端到移动端的跨屏、多屏内容分发是出版商数字化战略的重要一环。

（二）产业链再定位以明确自身价值

从简单的内容数字化到多屏内容分发、产业链日渐完善，美国一直走在数字出版的前沿。目前美国的数字出版产业形成了较为完善的产业链结构，内容提供商、销售平台商、终端阅读器生产商、图书数字化服务商、技术提供商、网络运营商各环节分工明确、密切配合。从产业链的角度来看，在转型之前，传统出版商仅仅作为内容提供商，占据产业链的一个环节。转型之后，不少出版商不再满足于仅作为内容提供商，而是通过新业务布局向销售商和技术提供商转型。如时代公司的创意内容实验室打造、DSP 营销平台投入，就是基于产业链上下游关系，从内容提供商向销售平台商的延伸。

传统出版商站在产业链的角度进行顶层设计，能够清晰地找到自身所处的位置，克服纷繁复杂的媒体环境和竞争对手多样转型手段带来的困惑，看清自身不足，综合自身优势规划转型路线。2000 年，辽宁出版集团开始尝试开发手持阅读器，这项新的业务收效甚微。这与没能立足产业链找准自身优势、大跨度地盲目向技术转型有很大关系。因此，从产业链的角度进行战略布局，是出版商转型的重要环节。此外，从产业链着手转型，有利于拓展更多盈利渠道，发现更多盈利可能。

（三）深耕内容助力核心产品打造

在移动互联网时代，小众化的传播成为可能，长尾效应得以彰显。传统出版商在业务结构明晰的前提下，版块内的内容和产品设计要充分考虑到受众范围，只有对产品进行准确定位才有可能取得目标效果。在视频产品的打造上，时代公司针对本国的体育爱好者打造的产品 120sports 吸引了大量用户关注。在这款应用中，体育爱好者可以看到非官方发布的体育新闻、精彩花絮以及现场直播。这个集直播和点播于一体的体育视频每周生产约 76 小时的直播内容，平均每周生产 1 200 个短视频。

如上所述，时代的视频产品打造是“广撒网”式的尝试。而在尝试之后，应该就某一优势垂直领域深耕内容，做大做强。从直播、短视频等新兴媒介业务的发展来看，在互联网的流量红利消失之后，专业性和行业性更强的内容生产者具有较大的竞争力，垂直性更强是未来传媒行业的发展趋势。因此在出版商的转型过程中，大而散的模式不可取，小而精的内容平台反而可能更具生命力。这就要求在新媒体矩阵并未发生聚合作用时，重点打造核心内容和产品，将资金、技术、人才整合到产品研发、运营的各个环节，做出有传播力和影响力的拳头产品。

（四）拓宽盈利模式以实现健康发展

国内外传统出版机构的业务已经深入到数字出版、数字阅读、数字印刷等方方面面。突破“广告 + 发行”的传统盈利模式，依靠新业务扩大收入来源，探索更多元的盈利可能性，是出版商转型要面临的生存问题。实现纸质出版物到数字出版物是基础的一步，但数字广告的增长并未改变传统内容出版商过度依赖广告收入的盈利模式，单一的收入来源在现行媒体环境中的危害显而易见。

近年来，从定制化的内容到定制化的广告，“服务”这一概念被放大，这使得内容出版商到知识服务商的升级正成为不少传统出版商的转型方向。人民卫生出版社，通过推出医学在线考试培训、打造医学富媒体资源库等知识产品，营业收入实现快速增长。中国农业出版社，通过打造“智汇三农”农业专业知识服务平台拓展收入来源。随着版权环境向好，知识付费给传统出版商带来了新的契机，这一业务有望扭转传统的盈利模式。

在媒体融合的背景下，数据库建设，农业、教育、医疗等专业知识服务平台的打造等知识服务，与发展智库、版权售卖、电子商务、执照授权、周边业务等其他盈利业务将有助于传统出版商优化收入结构，打造健康的传媒生态。

（注：美国传媒公司梅雷迪思公司于 2017 年 11 月 26 日宣布其将斥资 18.5 亿美元溢价收购时代公司 1 亿股份。）

第四节　BBC、CBS 和华特迪士尼的业务调整

全新的信息传播竞争环境和用户偏好的变化正在倒逼相对传统的国际传媒集团进行转型。互联网、智能设备以及移动技术的发展重新定义了媒介产业的格局和边界，受众的媒介接触行为偏好也发生深刻变化。新一轮移动互联网浪潮的持续推进，为新的媒介形态和传播形式提供了土壤，移动视频和自媒体的迅猛发展使以广电业务为主的传媒集团面临着更加严峻的挑战，这促使各大国际传媒集团不断对各自的发展战略和业务结构进行调整，以适应全新的行业生态。加快进行媒介融合和数字化转型已经成为融媒体时代国际传媒集团的一项重要议题，如何在巩固原有优势的基础上培育新的竞争力成为转型发展的目标。

本节的分析主要基于 BBC、CBS 和迪士尼三家国际传媒集团年报，关注其 2014—2015 年的业务结构和战略重点的调整，重点对其媒介融合和数字化转型方面的措施及策略进行梳理和分析。可以发现，在互联网的全面冲击之下各大传媒集团媒介融合和数字化的过程正在不断深入，三大传媒集团均在其现有业务结构基础之上进行了调整和革新，以更好地应对受众使用习惯和市场竞争的新变化。

一、BBC：不断更新数字平台，强调互动和定制

BBC 近年来一直侧重于对数字内容的新媒体渠道和终端的拓展，在电视、PC 电脑终端、移动终端均建立起新媒体业务。BBC 新媒体首席运营官安迪将 BBC 的数字化转型分为三个阶段，第一阶段（1997—2006）：实现媒体的数字化。第二阶段（2007—2012）：实现不同平台的媒体资源连接。这五年是 BBC 真正面向全媒体快速转型的重要阶段，一举改变了 90 年传统的 BBC 旧貌。第三阶段（2013— ）：实现新旧媒体的真正融合，是转型的最终目标。为了成功搭建起全媒体平台，BBC 在 2014 年度报告中，特别将“通过线上创新，增强用户黏性”作为四大战略目标之一，该年度 BBC 总共在数字化建设上投入了 1.26 亿英镑，比上年增加了 600 万英镑。

（一）数字平台推陈出新

BBC 早在 2007 年就已经完成了对 PC，手机和广播电视的数字化布局，随着技术手段的推进以及用户习惯的改变，BBC 也对各个平台进行持续调整和更新，以适应不断变化的外部环境。2014 年 BBC 对数字业务的调整主要集中在手机客户端和广播电视两个领域。在手机客户端方面，BBC 对 iPlayer 可点播节目的时间范围做了重大调整，由仅可对过去 7 天的节目内容进行点播延长至了 30 天，这意味着用户可以摆脱时间限制随时随地地使用 iPlayer。此外，BBC 还开发了天气预报应用程序，在 8 个月内累计了 5 000 万用户，并创下了每分钟 15 次的下载纪录。两项调整进一步扩大了 BBC 数字用户的规模，有利于提升用户黏性。

在广播电视方面，2014 年 BBC 在广播业务上的整体投入达到了 653 万英镑，相较 2013 年增加了近 600 万英镑。BBC 在 2014 年最新推出了“广播 1 台”的线上版，还在 Facebook、YouTube 等社交网站上增设了 Radio1 频道，BBC 认为“Radio1 已经成为全球最受欢迎的电台之一”。广播电视业务的还有一个较大调整是，为了提升用户的使用体验，BBC 将原有的视频服务——“Red Button”升级为“Red Button ＋”这意味着有更多的内容通过互联网在移动端和电视端之间进行输送实现了多屏互动，“Red Button ＋”的另一个新亮点是多任务处理功能，用户在观看节目的同时可以通过多视窗查看天气预报、新闻等内容。

（二）把握用户需求，强调互动和定制

在数字化转型的过程中，用户偏好的变化是 BBC 进行业务调整的一个重要风向标。2014 年，BBC 3 台被全面改造为一个线上频道，不再通过广播电视网传输任何节目内容，这是由于一直以来 BBC 3 的主要受众群体为年轻用户，而这一部分人群的媒介使用习惯正在由线下转移到线上，基于节约成本以及提高传播效率的考虑，BBC 做出了这样的业务调整。此外，作为致力于为英国儿童提供高品质节目的广播公司，BBC 注意到越来越多的儿童喜欢用移动设备接收信息，因此在 2014 年 9 月 BBC 开发了专门针对青少年的 APP 和网络节目频道——CBBC，截至 2015 年 3 月，CBBC 的下载次数已经超过 25 万次。

当前 BBC 的用户重点发展对象为年轻人群体，BBC 希望能通过个性化的内容以及良好的用户体验来塑造他们的使用习惯，进而能够培养起新一代的用户群体。BBC 认识到年轻人群体对个性化定制内容和服务有更高的标准和需求，因此对于产品的个性化和定制化设计不断进行优化。在最新上线的 Radio1 以及最新发布的新闻类应用程序中都特别开创了个性化版式，以迎合不同用户的使用习惯，同时通过数据分析把握用户偏好并有针对性地进行内容推送。在 2013 年 BBC 发布的 Playerlister 中，用户可以通过这项服务建立专属音乐榜单，BBC 逐渐将这一模式延伸到了新闻领域，使用户能够根据个人喜好来定制想要接收的新闻信息，将自主权进一步让渡到用户手中，类似的个性化服务将逐渐从新闻领域扩展到体育赛事、突发新闻、交通信息更新等领域。

“分享”是 BBC 转型的核心战略理念之一。基于这一理念，BBC 大力开展新媒体平台建设和技术研发，鼓励用户建立博客、播客、微博、社交区和讨论区，大量采用来自观众和读者的内容。BBC 近些年在数字平台改建过程中不断扩展反馈和分享通道，例如在 iPlayer 上设置专门的反馈平台，开辟 UGC 通道等，通过交流和互动与受众建立更为紧密的关系，同时丰富消息来源和新闻视角，提升用户黏性和参与感。2015 年 11 月 30 日，BBC 发布了一项关于其青年用户的调查结果，该调查主要研究新兴经济体国家网络用户与发达国家网络用户的区别，以及这些区别对他们的新闻搜索、消费和内容参与度的影响；BBC 认为，到 2020 年全球互联网用户会增加 10 亿人，他们将主要活跃在移动社交平台上。基于此判断，与社交平台密切对接

也就成为BBC的一项关键转型举措。2015年5月份Facebook推出“新闻快读”服务以后，BBC立刻与其达成合作意向，为突发事件和即时新闻的传播搭建更快捷和形式多元的传播平台，通过社交网络的互动机制来提升内容产品的讨论热度和曝光率，增强BBC用户的参与感。

（三）注重内容品质控制

信息技术的发展同时也带来了信息量爆炸式的增长，但是BBC认为只有保证内容的质量才能够在激烈的竞争中获得日渐稀缺的注意力。2011年BBC启动了DQF（Delivering Quality First）计划来保证BBC内容和服务的质量和排名，BBC特别强调其内容的优质和独特性，不断加强内容层面的创新，通过更新节目设备和制作手段提升节目质量丰富节目形式。作为英国最大的公共广播公司，BBC还特别注重对于公共利益和价值的坚守，以强化其一直以来的定位和在受众心目中的品牌形象。

二、华特迪士尼：致力多渠道分发优质内容，开发互动和衍生品业务

华特迪士尼的一个重要目标就是成为家庭娱乐领域的行业标杆，其在数字化转型的过程中将内容生产作为前提和基础，通过对与数字平台的对接来开发多种数字化业务形式。迪士尼在2014年度报告中特别强调“我们的成功源于我们对消费者因技术进步而持续变换的口味和偏好的把握”。因此，借助互联网传递满足用户需求的内容和服务成为迪士尼在数字化转型过程中的主要策略。

（一）依靠成功影视剧，推动互动业务开展

迪士尼近几年接连收购了皮克斯、漫威、卢卡斯影业，将迪士尼以儿童和女性为主要动漫形象的传统印象延伸到全年龄段，丰富其内容和动漫形象，促进平台价值的提升。迪士尼近年不乏这样的优秀作品，比如《怪兽大学》《雷神2：黑暗世界》《美国队长2：冬日战士》以及《冰雪奇缘》，特别是《冰雪奇缘》的成功直接带动了影视娱乐业务板块营业利润的整体增长，并且带动了版权分发、广告、休闲度假以及零售业务的提升。截至2015年10月3日，迪士尼已经累计发行了将近1 000部真人电影以及100部动画电影。一些广受欢迎的故事情节和人物形象除了能够为票房、零售和旅游度假业务带来更多收入之外，迪士尼还利用数字平台衍生出手机游戏、教育应

用等多种产品形式，通过对内容的多次利用和开发进一步丰富数字娱乐和互动业务。

（二）搭建多个内容分发渠道，提高内容版权资源利用效率

内容一直以来就是传统传媒集团最大的优势资源。只不过在传统媒体时代，内容生产出来之后如果没有二次版权销售，它的分发机会只有一次，而在新媒体时代，一次生产的内容可以用于多个渠道、多种终端、多重次数的无限分发。在数字化转型的过程中，迪士尼通过不断扩展内容分发渠道，提高对内容的利用效率和传播效果。以体育节目为例，迪士尼的体育频道是一部分重要的业务板块，ESPN 作为一个多媒体体育频道，其品牌内容包括对美国主要大学生体育赛事的转播权，例如大学橄榄球季后赛、美国棒球职业联盟、温布尔登锦标赛以及美国网球公开赛等重大赛事的转播权等，能否对关键赛事进行转播直接影响着收入水平的高低，因此在转型过程中迪士尼公司也加大了对既有体育节目的投入，同时开辟了网络平台——WatchESPN，将体育节目在网络终端进行整合，对节目进行多次分发，同时方便用户在移动设备上观看，提升节目内容的利用率和传播效率。2014 年底 WatchESPN 在 windows phone 的应用商店中上线，用户可以通过电视供应商的用户名和密码在线观看现场直播。

迪士尼公司在 2014 年发布了一款应用软件 Watch ABC，用户可以通过这款软件在手机上观看 ABC 的直播节目和其他剧集。此外，Disney.com，YouTube 的迪士尼频道以及 Babble.com 等网络网站也成为迪士尼进行节目分发和传播的平台的渠道。

三、CBS：整合扩大数字资源库，加强平台间合作

（一）建立内容图书馆，扩展数字化业务

CBS 公司的数字业务主要包括数字业务构成主要涵盖娱乐视频、游戏视频、游戏业务、体育节目、财经节目和音乐节目，正在有越来越多的节目内容在网络平台上发行，方便用户利用移动设备随时进行观看。

电视剧制作一直以来都是 CBS 的一大特色，CBS 的影视剧业务已经成为其在市场竞争中的一项强势资源，《生活大爆炸》《吸血鬼日记》《CSI（犯罪现场调查）》等大量的优秀季播剧更是为 CBS 聚集了一批忠实受众。在互联网浪潮的席卷之下，

CBS 也在不断生产和引进好的节目和剧集，力求在影视剧市场中保有自身的份额和优势。

CBS 认为受众对移动媒体的接受程度越高，其节目内容吸引受众和广告商的能力就越低。在市场份额被不断挤压的条件下，为了能提高其内容的变现能力，除了整合视频资源，进行线上资源库的建设之外，还对节目的版权和发行权进行二次售卖，最大化地将 IP 资源转化为货币资本。此外，CBS 还重金拿下超级碗等重大体育赛事的转播权，这样一方面可以拉动收视率的增长，另一方面也可以换取可观的广告收入。

CBS 已经依托互联网平台搭建了多个网络频道，进一步扩大数字业务的范围，为用户提供包括体育、娱乐、文化、音乐等多方面的文字及音视频内容。2014 年 11 月 CBS 建立了新的数字新闻直播频道——CBSN，用户可以在全天任何时段在网络上收看直播内容。CBS 还加强了对于数字出版业务的投入，通过数字出版业务带动出版业务板块整体运营能力的提升。数字化的传播方式使 CBS 在内容传播上取得了更好的效果和影响力，2014 年数字出版物所获得的利润已经占到了全部出版利润的 26%，2015 年也保持着比较可观的成绩，从最新的季度报表看，第三季度的数字出版业务收入占到了当季出版业务整体收入的 25%。

（二）吸收外部优质资源，加强平台间合作

除了力图在内容生产上继续保持竞争力外，CBS 还在不断完善其内容库资源。CBS 将“把握流行趋势和受众的最新品位”作为一个重要目标，他们认为如果没有拿下一些备受关注的节目版权将会对公司的收入造成很大的影响。通过与多家网站的合作，CBS 整合了庞大的内容资源，为用户提供视频点播服务，用户可以根据需要随意进行内容选择。CBS 还与多家第三方制作单位签署版权协定，不断吸收优秀剧集，以保证节目内容的丰富性和多样化。

在平台建设方面，CBS 一方面在自建平台，另一方面也在对外寻求合作。为了能够适应用户群体使用习惯的改变，2014 年 10 月，CBS 发布了新的数字化订阅服务 CBS All Access，这个平台共涵盖超过 7 000 部剧集内容，安卓、iPhone、iPad 和 windows 用户可以通过这项服务对 CBS 的所有节目内容任意进行点播，通过 CBS 的 APP 还可与智能电视相对接，方便用户随时在大屏幕中观看。同时，CBS 通过与外部强势平台对接来扩展传播路径，提升传播效果，例如与奈飞、亚马逊等公司合作

搭建视频订阅服务，与苹果、微软等公司合作实现了数字内容的付费下载业务等，通过对数字媒体的建设和运营来扩大传播范围。2014 年 10 月，CBS 还与索尼国际网络娱乐公司签订协议，用户可以直接通过索尼公司的宽带付费电视服务来观看 CBS 的节目。2015 年 7 月，"Showtime" 频道与苹果公司合作，开通网络付费平台，CBS 将继续寻求第三方发行平台来挖掘和维护更多的忠实用户。

四、BBC、CBS 和迪士尼的数字化转型的启示

面对传媒行业整体形势的改变，进行媒介融合和数字化转型已经是大势所趋，不论是国内媒体还是国外媒体，要想在日趋激烈的市场竞争中不被淘汰必须适应新的经营法则。BBC、CBS 和迪士尼公司随着行业整体气候的变化适时做出了调整，主动适应媒体产业的变化和革新，巩固了他们作为行业巨头的地位。尽管三家公司所处的市场环境、整体定位都有所差异，但是在融媒体时代的转型过程中仍有一些有共性的举措值得中国媒体借鉴和学习。

（一）以优质内容对接网络平台，延续传统收视优势

BBC、CBS 和迪士尼对内容生产质量都持续保持极高的要求。互联网的兴起为 UGC 提供了巨大的空间，传统媒体对于信息生产和传播的垄断地位被打破，互联网赋予了受众进行内容传播和创作的权利，这极大地激发了受众参与内容生产的热情，也在很大程度上丰富了信息资源，用户的选择面变得越来越宽，但是优质的信息和内容却日渐稀缺。传统传媒集团对于内容质量的把控力和判断力是相对于新媒体的优势所在，要想在转型过程中保持自己的优势和竞争力就必须要坚持对高质量内容的追求。

节目内容与网络渠道的相互配合，才能使各家传媒集团将在传统环境中的用户优势延续到网上。现阶段中国的一些传统广电媒体在提高节目质量方面的努力是参差不齐的，一些内容粗糙、同质化的节目仍较多，在受众逐渐习惯对优质节目"定向收视"的、"网络搜索收视"的过程中，无法在互联网上吸聚受众注意力。中国的传统广电媒体不仅要做好对新时代用户的洞察，同时也要通过高质量的节目内容和新颖的节目形式塑造独特的竞争优势和品牌形象，在受众心目中建立起较高的识

别度，在此基础之上与网络平台对接才能取得更好的传播效果和影响力。

（二）以互联网思维重塑用户关系，构建融媒体盈利模式

三家传媒集团在进行数字化转型的过程中，不仅仅停留在单纯的平台数字化阶段，还将数字化理念和互联网思维植入到其业务调整的全过程中，在受众关系和盈利模式方面也进行了相应的调整。

在受众关系方面，各家传媒集团在进行数字化转型的过程中都高度关注用户结构及其需求特点，提倡为用户提供个性化体验；在产品设计过程中，对用户群体的新品味和媒介接触习惯变化进行了剖析。CBS 在 2014 年度报告提出，未来的收益直接与企业能否适应和洞察用户品位相关。构成内容产品吸引力的最重要法则就是在内容和形式的两要素之外再在内容产品中加入关系要素和场景要素；所谓关系要素就是要使内容产品建立起一整套内容、形式与用户心理上的一种可感知的关系关联规则。互联网使用户越来越注重在媒体接触过程中的主动性和使用体验，媒体在进行媒介融合与数字化转型的过程中不能只是停留在表层的技术平台构建上，更要将用户作为转型过程中的导向，充分重视与用户间的互动，优化用户的使用体验，才能与受众之间建立更加稳固的“关系”。

在盈利模式方面，除了依靠传统的“流量变现”的方式，三家传媒集团还根据自身特点进行了创新。例如迪士尼公司在传统的内容生产与发行业务外，还通过与互联网相对接推动了产业链的进一步延伸，对内容版权资源在衍生品零售、互动业务等领域进行多次利用，实现盈利模式的多元化。比如，随着《冰雪奇缘》在全球范围内的风靡，迪士尼根据相关故事情节开发了手游“冰雪大冒险”，挖掘优秀内容版权资源在其他业务形式上的变现能力，电影和手游的成功营销还同时带动了主题公园、衍生品零售业务的成功。迪士尼还推出了线上商店，经典影视剧衍生出的周边产品都在网店上出售，也为迪士尼带来了可观的收入。

中国的大多数传统媒体在进行数字化转型的过程中仍然没有摆脱主要依靠流量换广告的盈利模式，对于内容版权资源的深度开发不足。这就意味着传统媒体要维持庞大的用户基数才能支撑其在转型过程中资金链的正常运转。但大量用户正在从传统媒体流向新媒体，转型中的传统媒体在用户的争夺上并不占据优势，基于传统思维模式的转型也就难以为继。因此，传统媒体在进行数字化转型的过程中，更需

要在思维模式上与互联网逻辑相对接。

（三）重视自建平台，形成产品生态圈

三大国际传媒集团在转型中都比较重视自有平台的建设，辅以与外部平台对接，通过良好的使用体验和人性化设计，提升自有平台的传播力，进而培养起用户的使用习惯，真正发挥出数字平台应有的价值和功能。

中国很多传统广电媒体的网络内容分发目前多依靠第三方平台，大量的点击量被第三方平台获取；对外合作较多，但自有平台的建设力度不足。湖南广播电视台的芒果 TV 在自建平台方面可以作为国内难得的一个榜样。中国传媒集团需要更充分地利用自己宝贵的优质内容资源建设好自有平台，通过探索更加合理的内容分发机制和符合互联网社交需求的人性化的界面设计，以互联网思维搭建健康、完整的产品生态圈来进一步提升自有平台的传播价值和盈利能力。

第五节　华特迪士尼的并购式企业成长路径

并购成长路径也可称为并购式外生性成长路径，是企业外生性成长路径的一种，与内生性成长路径相对。迪士尼不断拓展业务类型、扩大经营规模，自 2009 年以来业绩逐年上升，仅在最近的 2017 财年出现微小下降，“并购成长”这一企业成长路径的成效非常显著。本节以迪士尼自 2006 年以来的并购式企业成长路径的执行情况为考察对象，梳理迪士尼的并购对象选择及并购经营成效，评析并购对迪士尼企业成长的作用，并总结其并购成长带来的启示。

一、并购与迪士尼的企业整体战略

并购式外生性成长路径在迪士尼企业整体战略的实施中发挥重要作用。迪士尼早期的整体战略以业务扩张与整合为重点，实现多元化经营与纵向一体化经营是整体战略的重要部分，外部并购则为二者奠定基础。在多元化经营方面，20 世纪 90 年代以来迪士尼陆续并购 ABC、ESPN、FOX 家庭频道等多家电视网，以此为基础设

立了在企业营收中占比最高的媒体网络部门，目前其业务涵盖媒体网络、影视娱乐、主题乐园、互动娱乐与消费品四大类别。在一体化经营方面，迪士尼于初创时期从外部购买的角色形象“维尼熊”是其早期内容产业链一体化经营的重要形象资源；如今迪士尼形成以媒体网络和影视娱乐部门内容为核心，各业务部门联动进行全产业运营的一体化经营格局。

在多元化与一体化经营格局中，迪士尼逐渐形成以多领域、国际化的内容资源为优势的核心竞争力。但伴随传媒技术的变革，传媒集团的竞争环境发生变化，企业成长的方向与资源亟待更新。迪士尼积极响应外部变化，对企业整体战略做出调整。

根据 CEO 鲍勃·艾格在近十年“致股东的信”中的表述，迪士尼目前关注的三大战略重点分别是：高品质娱乐内容、新型数字技术和国际业务。其中，鲍勃·艾格在 2013 年报中明确指出迪士尼的长期战略目标是“培育卓越的内容创造力”“使用创新技术”和“实现全球增长”。可见，内容、技术和国际化是迪士尼当前的整体战略重心。

在新媒体转型时期的整体战略下，迪士尼继续通过并购成长路径吸纳外部资源，在横向多元化的业务板块结构和纵向一体化的业务链结构下实现各业务板块的高速成长。除 2015 财年之外，2006—2017 财年期间迪士尼集团每年都进行不同金额的并购。在并购支出额最大的 2010 年，迪士尼支出 24.93 亿美元用于并购，占到当年集团投资总支出的 55%。并购在迪士尼企业成长中的作用也得到官方认可。2012 —2015 连续四年的年度报告中，迪士尼 CEO 鲍勃·艾格将“战略并购”对迪士尼企业发展的作用分别表述为“带来了巨大的机会与创作潜力”“供应了无穷的品牌内容”“贡献了一系列史无前例的品牌内容与创新动力”和“企业通过并购变得更加强大”。

并购作为一种重要的外部成长路径，其具体实施需紧密围绕企业整体战略。与传统时代的实践经验相比，迪士尼近十年来的并购成长路径在并购目标选择与并购资源的运作方式都呈现出新的特征，从目前的并购成效中也可窥见传统传媒集团在新媒体转型过程中的突破与不足。

表 2-8　2006—2017 财年华特迪士尼集团并购支出（数额单位：百万美元）

年份	2006	2007	2008	2009	2010	2011	2012	2013	2014	2015	2016	2017
支出	55	508	660	176	2493	184	1 088	2443	402	—	850	417

二、迪士尼的并购目标对象分析

分析迪士尼2006—2016年的并购举措，可以发现其在选择并购对象时主要围绕集团的三大战略重点进行展开。可以看出，迪士尼在新时期继续延期其国际业务扩张的传统，同时基于新媒体时代的要求，把资源需求转向了优质内容与新型技术。

（一）并购内容生产企业，吸纳优质内容资源创新

为实现以内容为核心的产业链一体化运营，迪士尼在影视娱乐业内的持续进行横向并购，为其高品质娱乐内容引入外部资源。具体表现影视娱乐部门在2006年、2009年和2012年陆续对皮克斯动画工作室、漫威娱乐以及卢卡斯影业三大电影内容制作企业的收购。

皮克斯动画工作室以计算机动画制作技术见长，并购皮克斯动画工作室可以弥补迪士尼的影视娱乐业务在数字化转型中内容技术的不足；漫威娱乐拥有大量漫画形象版权，并购漫威娱乐可以为迪士尼的影视娱乐内容制作以及产业链构建注入新的内容形象资源；卢卡斯影业在真人电影制作领域具有技术优势，并拥有“星球大战”等系列电影品牌，并购卢卡斯影业可以为迪士尼带来内容生产资源和品牌资源。并购所得的内容资源不仅直接注入到影视娱乐部门，其内在价值还衍生到产业链下游的消费品部门和互动媒体部门，为下游产品的开发提供内容素材。

（二）并购数字媒体企业，联合新型技术资源

数字化技术浪潮下，传媒内容受众被互联网、移动互联网等新型媒介所分流。对传统媒体集团来说，进行数字化转型既是自救之举，也是进入新市场的重要举措。迪士尼的互动媒体部门和媒体网络部门以新媒体企业为目标对象展开了一系列并购。

互动娱乐部门致力于游戏等娱乐内容的数字化转型，该部门在全球范围内主要收购数字游戏开发商及其他以数字技术为支撑的内容制作企业。例如2010年以来先后并购Playdom、Tapulous、Rocket Pack、Studio Ex等各类数字游戏开发商，涵盖的游戏类型包括社交网络游戏、音乐游戏、H5游戏等等，2014年5月，迪士尼又并购在线视频内容商Maker工作室。

媒体网络部门通过收购数字化平台及技术公司来进行转型。2012 年，作为股东之一的迪士尼增持了流媒体平台 Hulu 网站的股票份额，由 29% 增至 32%；2016 年，媒体网络部门的 A+E 电视网以换股方式收购新媒体公司 VICE 的 8% 股份，以 4 000 万美元现金收购 VICE 的 11% 股份；2016 年 8 月和 2017 年 1 月，迪士尼先后两次收购美国职业棒球大联盟（MLB）旗下的流媒体技术公司 BAMTech 共计 33% 的股份。

（三）并购海外电视频道，扩张国际业务规模

2006 年以来，迪士尼的媒体网络部门在欧洲和亚洲地区也频频展开并购，并购对象主要集中于电视网络企业。

在欧洲地区，迪士尼分别于 2008 年和 2011 年将欧洲儿童娱乐公司的 JetixN 和俄罗斯 UTH 集团旗下的 Seven TV 纳入到迪士尼电视网中。在亚洲地区，迪士尼于 2008 年开始收购印度媒体娱乐公司 UTV 的股份，2012 年在 UTV 的股权比重从 50% 增至 93%，UTV 成为迪士尼的子公司，迪士尼借此开拓印度的有线电视网业务。

三、迪士尼的并购经营成效分析

对目标对象实施并购之后，如何将外部资源进行内部化转换，如何使并购企业与母体企业产生协同效应，是传媒企业在并购完成后面临的重要问题。

迪士尼在 2006 年以来实施的系列并购中获得了与其战略重点相匹配的内容资源、技术资源和国际扩张资源。国际扩张资源主要是指迪士尼在欧洲和亚洲并购的电视网，海外电视网的经营为迪士尼的媒体网络业务部门的增收带来贡献。内容资源和技术资源则被纳入到迪士尼不同的业务部门中：影视娱乐部门和消费品部门通过并购吸纳了优质内容资源，在原有内容优势的基础上进一步扩大规模、实现收入增长；媒体网络部门与互动娱乐部门则利用并购所得的新型技术资源，拓展内容分发渠道，优化内容质量，进行数字化转型。当然，在获得显著正面成效的同时，迪士尼对并购资源的经营也存在少许负面问题。下文分别分析迪士尼不同业务部门对并购所得的内容资源与技术资源的经营成效。

（一）影视娱乐部门：优化影视内容，影视发行收入总体增长

影视娱乐部门陆续收购的皮克斯工作室、漫威娱乐和卢卡斯影业三家内容商为

该部门注入优质内容资源以及先进的内容创造技术，从而使得该部门的支柱业务——院线电影的内容类型更加多元，消费人群更加广泛。

具体来看，在内容资源方面，漫威娱乐拥有“复仇者联盟”等丰富的角色阵营，卢卡斯影业拥有“星球大战”系列电影的品牌效应。这些资源的注入使得迪士尼电影突破了以往题材与角色类型的局限，吸引了许多青年男性观众，大大拓宽了以往的受众范围。在技术资源方面，皮克斯先进的计算机动画制作技术为迪士尼动画电影向3D领域延伸创造了条件。2006年以后，迪士尼与皮克斯联合发行《赛车总动员2》《怪兽大学》等长篇3D动画影片，在迪士尼影业独立发行的3D动画影片中也运用到皮克斯的制作技术。并购所得的数字创作技术使得迪士尼动画影片的类型得到丰富，吸引了新的受众群体。

随着电影类型的丰富和受众群体的拓宽，迪士尼影视娱乐业务中的院线电影发行收入呈波动增长趋势。2016财年，院线电影发行收入为36.72亿美元，较2015年增长58%，创下近10年来迪士尼院线电影发行收入的增幅纪录。在该年度票房超过10亿美元的四部电影中，除《疯狂动物城》为迪士尼影业发行以外，其他三部电影的发行方均为迪士尼收购所得。由此可见，迪士尼收购的影视内容供应商已成为影视娱乐板块实现营收的重要力量。

（二）媒体网络部门：并购技术促进内容转型，新媒体平台尚未盈利

迪士尼收购的新媒体平台为其媒体内容覆盖互联网受众提供了渠道，由于收购而引入的新品牌和新技术也为迪士尼媒体内容的转型和优化带来契机。但迪士尼对并购所得的不同资源采取不同的运作方式，经营效果也各有差异。

1. Hulu并购效果：拓宽内容分发渠道，平台尚未实现盈利

Hulu网站是美国用户量最大的流媒体平台之一，迪士尼充分利用Hulu的渠道优势，向Hulu授权播出旗下电视网的节目内容，覆盖互联网内容消费群体。2017年，Hulu推出网络电视业务，实时播放广播电视或有线电视节目，迪士尼和其他几家股东一样，也加入到这一内容阵营中，借助Hulu在互联网端的平台聚集效应，面向网络受众同步分发电视网内容。

尽管并购Hulu为迪士尼电视网节目的互联网分发带来渠道优势，但这一平台尚未给作为并购方的迪士尼集团带来的收益情况并不乐观。根据年报数据，从2012财

年到 2017 财年，迪士尼对 Hulu 享有的投资权益逐年下跌。尽管 Hulu 平台节目订阅收入和广告收入呈上升趋势，但其版权购买成本和营销成本逐年攀升，尚未实现盈利。这反映出 Hulu 平台尚处于发展时期，盈利能力仍有待加强。

2. Vice 并购效果：推动电视网内容转型，带动投资收入权益增加

Vice 是以“千禧一代”为目标受众的网络视频媒体，迪士尼将 Vice 与电视网 ESPN 下属的有线频道 H2 进行了内容融合。从交易完成后的 2016 年开始，H2 频道更名为 Viceland。原有的 H2 频道主打聚焦世界各国的文化和历史的节目内容，Vice 主要提供前卫的新闻内容、流行文化内容以及其他类型的创意内容。Viceland 频道结合 H2 和 Vice 的内容特色，播出以 16—34 岁年轻人群为目标受众的纪实节目和生活方式节目。

融合后的新频道订阅用户数量较之前有所下跌。根据 2016 年财报披露的数据，Viceland 的估算订阅用户为 6 800 万，与 H2 频道转型前的 7 000 万估算订户数量相比下降了 200 万。H2 频道的转型也使 A&E 电视网 2016 财年和 2017 财年的总营收受到负面影响。可见有线频道与新媒体平台融合转型尚未展现出成功态势。

但 Vice 整体收益增加了迪士尼的投资收入权益。2016 年，迪士尼对 Vice 享有的投资收入权益（Equity in the Income of Investees）为 3.32 亿美元，在 2016 年总投资收入权益中占比为 35%。

3. BAMTech 并购效果：新型技术促进电视网内容优化，转型效果

BAMTech 是 MLB（职业棒球大联盟）下属的流媒体技术公司，迪士尼利用 BAMTech 的数字技术优势来促进体育节目电视网 EPSN 实现新媒体转型。根据迪士尼 CEO 鲍勃 • 艾格在采访中表述，交易完成之后，BAMTech 将为 ESPN 打造基于互联网的“新版 ESPN”提供技术支撑，迪士尼的其他内容业务也将采用收购所得的技术资源。

（三）消费品和互动娱乐部门：并购内容衍生价值贡献收入，互动娱乐数字转型效果不佳

消费品和互动娱乐部门通过并购纳入了内容资源和技术资源。其中，并购的传统内容企业为消费品部门和互动娱乐部门的产品开发提供内容蓝本；并购的数字媒

体企业主要为互动娱乐部门开发数字型内容、实现数字化转型提供动力。

1. 消费品部门：挖掘内容资源衍生价值，推动部门收入增长

消费品部门分设经营许可、出版业和零售业三大业务，迪士尼2006年以来收购的内容品牌的衍生价值贯穿其中，为各类业务运作提供内容来源，从而推动整个部门的收入增长。

在经营许可业务中，迪士尼并购的皮克斯和漫威的所有内容形象是该部门进行经营许可的主要资产；在出版业务中，收购所得的漫威出版集团是重要的组成部分，是该业务部门创作、出版印刷版和数字版的漫画书和连环画的内容基础；在零售业务中，由漫威、卢卡斯的内容资源开发的主题产品是该部门销售的主要产品。

2006—2015财年，消费品板块的营业收入和营业利润均呈上升走势。2016财年消费品部门与互动媒体部门合并后，其中的经营许可业务收入上涨4%，主要系《星球大战》和《海底总动员》的内容版权许可所致，这两个内容系列分别来自收购所得的卢卡斯影业和皮克斯。由此可见收购内容的衍生价值在消费品板块营收中起到重要作用。

2. 互动媒体部门：互动游戏开发遭遇亏损，并购协同效应未能持续

迪士尼近年在游戏内容开发领域进行的战略并购为其向数字游戏领域转型聚集了创意和技术，并购而来的皮克斯和卢卡斯等综合内容品牌则在迪士尼的游戏业务中持续发挥衍生价值，但互动媒体部门的整体收益连年亏损。

迪士尼陆续收购的数字游戏开发商旨在为迪士尼的游戏开发业务培育增长点。并购完成前期，外部资源的加入增加了互动媒体部门游戏产品类型、优化了迪士尼互动游戏的内容组合、扩大了迪士尼互动游戏的受众群体。其中，Tapulous创始人Bart Decrem在担任迪士尼互动部门高级副总裁后的手机游戏《鳄鱼小顽皮爱洗澡》销量不俗，“鳄鱼小顽皮”这一内容形象还向产业链上游延伸，成为迪士尼动画短片的主角。另外，Facebook游戏开发商Playdom的并入也让社交游戏成为2012年迪士尼游戏销售与订阅收入的重要增长点。

皮克斯和卢卡斯为迪士尼游戏的开发与授权中贡献了版权收益。迪士尼与皮克斯于2013年联合发行的《迪士尼无限》是一款综合了迪士尼明星形象的沙盒游戏，这款游戏在2013年和2014年销量表现良好，但在2015年销量有所下滑。2012年收

购所得的卢卡斯则在迪士尼游戏的授权业务发力，迪士尼于2013年关停卢卡斯原有的游戏开发工作室，转向《星球大战》系列的游戏授权业务。

尽管收购的企业迪士尼互动娱乐内容的数字化转型注入新的动力，但仍然难掩互动娱乐部门盈利能力不足的事实。该部门从成立的2008年到2013年一直处于亏损状态，其中负责网络游戏开发的分支机构在2010—2012年三年间亏损7.58亿美元。直到2014年，互动媒体部门开始盈利，2014年和2015年分别取得11.6亿和13.2亿美元的营业利润，但在总营业利润中占比不足1%。2016年，互动娱乐部门与消费品部门合并，业务重心转向游戏授权，与之相对的是对游戏开发投入的削弱。可见并购曾在短期内为迪士尼在游戏等互动娱乐内容的开发领域带来增长，但这一效应未能持续。这一方面与游戏领域激烈的竞争格局有关，另一方面也表明迪士尼并购公司在迪士尼互动媒体数字化转型中的作用仍然有限。

四、传媒集团企业成长路径的选择

传媒企业在成长的不同时期面临着不同的问题。在数字技术与新型内容对传统传媒行业带来巨大冲击的今天，迪士尼集团也面临着延续内容优势、进行数字化转型的成长难题。迪士尼的并购成长路径，延续了其以规模为导向的传统发展模式，助推其进行海外扩张；同时以吸纳外部内容资源与技术资源为重点，对一系列优质内容企业和数字媒体企业展开并购。在经营过程中，外部内容资源与技术资源融入到迪士尼的多元化业务部门，然后在迪士尼以内容为核心的产业链一体化经营中发挥作用。

考察迪士尼集团的并购成长路径的实践过程和成效，可以得到如下启示。

第一，传媒集团在发展竞争中应选择恰当的成长路径。企业成长路径有内外部之分，内部成长路径通常包括企业内部进行的制度创新、技术创新、管理创新等，外部成长路径通常包括战略联盟式成长和并购式成长。企业选择成长路径既要基于整体战略衡量自身的成长目标、成长能力，又要衡量行业竞争、行业趋势等外部环境状况等因素。在自身盈利能力强劲、创新技术完备、内部制度完善或外部环境稳定的情况下，传媒集团可通过内部成长路径实现发展。在企业内部成长能力不足以支撑其实现对外扩张的成长目标，或在新的外部环境下内部资源不足以为企业带来发展优势时，传媒集团可考虑以外部成长路径吸纳成长资源。在战略联盟和并购这两类外部成长路径之间进行选择时，传媒集团应结合自身成长目标以及两种路径的利弊进行考量。

第二，传媒集团在以并购式成长路径吸纳资源时，应选择具有高价值、稀缺性、不易模仿和不可替代性的资源。优质内容与先进技术是传统传媒组织在新媒体转型时期实现成长的重要资源，传媒集团内容是传媒集团的核心产品，技术则与内容传播渠道的拓展、内容体验的优化以及内容质量的提升密不可分。尽管多数传媒集团在生产媒体内容方面具有专业优势，但随着媒体内容消费习惯的转变，传统的内容形态以及内容传播方式均需有所更新。传统的传媒集团在内部整合的同时也应适当吸纳外部内容资源与技术资源，以弥补自身的不足。

第三，传媒集团在以并购式成长路径进行新媒体转型的过程中，应在与外部新型技术资源的有效融合上大大着力。从迪士尼对并购资源的经营效果来看，并购所得的内容资源在影视娱乐部门和消费品部门得到了良好运作，这与迪士尼影视业务以及内容衍生业务已形成成熟的运作模式有关。但在对数字媒体资源的运作当中，并购的数字游戏开发商未能使互动娱乐部门在游戏开发业务中成功转型，比如迪士尼并购 Vice 之后进行的电视网内容转型并未能达到业绩预期。媒体转型不是传统业务与新型技术的简单相加，而是要实现产业链的全面融合。传统媒体可结合自身的业务优势以及战略重点对数字技术进行布局和收购，根据组织发展状况及行业状况对新技术领域进行选择性介入。

第六节　国际传媒集团对转型之路的探求与回归

本节基于国际传媒集团 2015 年前后发布的 2014 财年数据和相关经营报告，梳理新闻集团、21 世纪福克斯、维亚康姆、时代华纳、迪士尼、BBC 和 CBS 这七家传媒集团的经营业绩和业务结构变化，对其投资战略及各业务板块的发展动态进行归纳和分析。

一、国际传媒集团稳中求变的投资战略

面对新媒体技术的不断发展，各大传媒集团近两年的投资战略概况，大体呈现出以下三个方面的特点：一是对旗下盈利能力差的业务板块，如新闻出版业务等，采取收缩战略；二是对旗下盈利能力较强的业务板块，如电视网、影视娱乐业务等，采取扩张战略，并注重对全球市场的布局；三是积极向数字化媒体转型升级，不仅拓展与内容相关的新媒体渠道和终端，而且注重向一些新兴媒体技术领域进行投资。

（一）拆分重组前景不佳的新闻出版和户外媒体等业务

继时代华纳2008年、2009年先后剥离时代华纳有线和美国在线，2013年原新闻集团拆分为21世纪福克斯和新新闻集团，2014年时代华纳、CBS、新闻集团、21世纪福克斯继续对其旗下盈利能力较差的业务板块进行了整合与剥离。导致拆分重组不断出现的原因，主要在于平面媒体与影视媒体在获利能力上的表现差距愈来愈大、协同效应不明显。拆分式重组主要适用于开展跨媒体多元化经营的传媒组织，拆分能够提升传媒组织原有市场价值，促使分离的业务部门聚焦战略方向。拆分后不仅有利于各集团提振自身经营业绩，对其股票市场表现也有明显的正面作用。

时代华纳集团在拆分前的主营业务主要有三个：电视网、影视娱乐和出版，其中出版业务自2011年起连续三年出现营业收入和净利润双下降的情况，影响公司整体业绩的增长。鉴于此，2014年6月10日，公司正式将该部分业务——时代出版公司剥离出去，以使未来的发展战略更好地聚焦于电视和影视娱乐业务。

CBS于2005年从原维亚康姆集团剥离出来，就开始聚焦于娱乐、有线电视网、出版、地方广播网、户外媒体等业务板块。近些年，面对互联网的冲击，旗下的户外媒体业务虽然一直保持增长趋势，但其增速远不如娱乐、有线电视等业务板块。鉴于此，CBS于2013年9月将欧洲和亚洲户外广告牌业务以2.25亿美出售给PE公司，2014年4月2日，再度将北美户外广告业务进行剥离并转型为一家房地产投资信托。

分拆后的新闻集团于2013年9月4日继续将道琼斯本地媒体集团（8家日报和15家周报）出售给纽卡斯尔投资公司；21世纪福克斯由于旗下直播卫星电视业务营

业利润率远低于其他业务板块，于 2014 年 7 月宣布将意大利天空广播 100% 股权和德国天空广播 57% 股权，以 93 亿美元的价格卖给英国天空广播，从而将旗下的付费电视业务整合在了一起，目前公司持有英国天空广播 39% 的股权。

（二）继续扩张起支柱作用的电视网和影视娱乐业务

与对待新闻出版等业务不同，由于电视网、影视娱乐业务的良好盈利表现，各大国际传媒集团对该业务板块均采取了相对积极的策略。

2014 年 9 月，维亚康姆以 4.5 亿英镑收购了英国第五频道广播有限公司，将通过第五频道委托原创节目并将这些原创节目拓展至国际市场。BBC 也不断加强在全球市场的布局，2013 年 11 月，BBC 国际与中央电视台纪录频道 CCTV 9 签署了一份谅解备忘录，将联合制作一系列自然历史节目；2014 年 1 月，BBC 知识频道在越南开播。

21 世纪福克斯于 2013 年 9 月以 7 500 万美元收购了拉丁美洲收费电视的剩余 22% 股权，完成全资控股；2014 年 2 月 28 日，公司继原新闻集团在 2012 年 12 月收购的洋基娱乐和体育网络电视网 49% 股份之后，又继续斥资 6.8 亿美元收购了其 31% 的股份，加强公司体育电视网领域的地位。

迪士尼和时代华纳则继续开拓其主题公园业务。2014 年，迪士尼在乐园和度假村业务板块的国际市场支出达 15.04 亿美元，同比增长 55%，主要系上海迪士尼乐园的修建。同时，根据媒体消息，时代华纳与梦工场拟联合投资 2 000 亿元，在广东珠江打造世界最大的主题公园。

（三）保持新兴数字化业务投入

面对新媒体技术的冲击，各大国际传媒集团除了继续扩大原支柱性业务规模外，也在尽力更新数字化平台，提升在新兴平台上联结客户和获取利润的可能性。

新闻集团继 2013 年拆分重组以来，一方面，持续增加在数字出版、数字阅读领域的投入。譬如 2013 年 12 月，公司以约 2 500 万美元收购爱尔兰社交新闻公司 Storyful；2014 年 5 月，拟以 4.15 亿美元的现金收购全球最大情感小说出版社禾林公司，从而加大了其出版业务在海外市场的发展，并完善了相应的出版数字平台。另一方面，重视对数字房地产和数字教育等领域的开拓，2014 年第四季度财报中将数字教育板块首次单独作为一个业务板块列出，可见公司对此业务方向的强调。

BBC 继之前开发数字媒体计划（DMI）投资项目遭遇挫折后，2014 年加大了对 BBC.com 的投资，重点推出的 BBC iPlayer 也开始进入运作。2015 年 BBC 还推出新版 BBC 在线商店，改善公司的全球数字服务市场能力。

二、国际传媒集团整体业绩波动不大，难有突破

2014—2015 年，国际传媒集团的业绩在整体上还是呈现相对稳定的态势，七家集团的总收入有三家上升，四家小幅下降。从 2014 财年各集团总资产和销售总收入来看，迪士尼集团的规模均为最高，分别为 841.86 亿美元和 488.13 亿美元；其次是时代华纳、CBS、维亚康姆和新闻集团：最后是 BBC。其中，主营业务为电视、影视娱乐版块的传媒集团资产负债表普遍较高，如 BBC、CBS、21 世纪福克斯和时代华纳，均高于 60%；而主营业务为报纸出版的新闻集团，其资产负债率则相对较低，为 18.74%；迪士尼因为业务多元化的缘故，资产负债率未超过 50%，为 42.77%。

表 2-9　2014 财年各传媒集团经营数据一览表

数据项目	BBC（百万英镑）	新闻集团（百万美元）	21 世纪福克斯（百万美元）	时代华纳（百万美元）	维亚康姆（百万美元）	CBS（百万美元）	迪士尼（百万美元）
总收入	5 066	8 574	31 867	27 359	13 783	13 806	48 813
年增长率 /%	− 0.71	− 3.57	15.15	3.39	− 0.08	− 1.42	8.37
运营利润	327.6	770	6 715	5 975	4 082	2 896	13 005
年增长率 /%	64.79	11.92	7.25	− 4.67	6.41	− 4.26	21.27
资产总量	3 960.2	16 489	54 793	63 259	23 117	24 072	84 186
年增长率 /%	0.28	5.41	7.56	− 6.97	− 2.99	− 8.77	3.63
资产负债率 /%	92.21	18.74	61.85	61.31	83.79	71.05	42.77
年增长率 /%	− 6.77	− 1.37	1.36	5.29	5.58	8.82	2.03
毛利率 /%	6.79	40.06	33.76	41.98	52.54	41.41	45.88
年增长率 /%	1.03	1.02	− 3.02	− 1.58	1.83	− 0.93	2.57

（一）21 世纪福克斯、迪士尼营业收入、运营利润双增长

迪士尼在 2014 财年中实现营业收入 488.13 亿美元，同比增长 8%；运营利润 130.05 亿美元，同比增长 21%。就具体业务板块来看，迪士尼的电视网、游乐园、影视娱乐、消费品和互动媒体的营业收入较上一年度均出现同比增长状况，其中互动媒体营业收入由于单机游戏、社交或移动游戏的成功开发，导致同比增长幅度最大，达到 22.09%；影视娱乐业务由于多部高上座率电影的成功发行，业务收入增幅在各业务板块中最高，达到 21.72%，运营利润增长 134%。与此形成对比的是，电视网业务方面尽管机构加盟费用增长了 6%，但广告收入仅增长了 1%，导致整体仅增长约 4%，为各业务板块中增长幅度最小的。

21 世纪福克斯公司，2014 财年实现营业收入 318.67 亿美元，与上年同期相比增长 15.15%；运营利润 67.15 亿美元，同比增长 8.03%，继续保持稳定增长态势。有线电视业务领域 Fox Sports 1 和 FXX 等新频道的开设，导致公司盈利能力有所下降，运营利润增速小于营业收入的增速；但长期来看，新频道的开设将有助于公司未来的业绩增长。

（二）BBC、新闻集团、维亚康姆营业收入下降、运营利润提升

BBC 在 2014 财年实现营业收入 50.66 亿英镑，同比下降 0.71%；运营利润 3.27 亿英镑，同比增加 64.79%。BBC 的影视音像制品、图书等产品越来越多地以数字形式销售，虽然公司营业收入自 2011 年起连续多年出现下降，但公司的盈利能力却稳步提升。

拆分重组后的新闻集团 2014 财年实现营业收入 85.74 亿美元，同比下降 3.57%，主要系出售道琼斯本地媒体集团（8 家日报和 15 家周报）所致；但其实现运营利润 7.70 亿美元，同比增长 11.92%。显示了拆分重组对新闻集团业绩确有明显提振作用。

以传统电影电视内容生产为主的维亚康姆集团 2014 财年实现营业收入 137.83 亿美元，同比下滑 0.08%，这已是公司连续第三年出现经营业收入下滑，其中媒体电视网业务收入增长 5.33%；电影娱乐业务下滑 13.01%。运营利润 40.82 亿美元，同比增长 6.41%，其中媒体电视网增长 4.27%，电影娱乐业务下降 12.39%。其电影娱乐业务的大幅下滑，主要系电影上映数量的减少所致。

（三）时代华纳、CBS 运营利润下降

对于时代华纳来说，2014 年是其发生重大变革的一年。在该年度，时代华纳正式将其旗下的新闻出版业务时代公司剥离出去。在这种情况，公司实现营业收入 273.59 亿美元，同比增长 3.39%；但业务结构调整带来内部运营费用的提升，运营利润同比下降 4.67%。

CBS 在 2014 财年中实现营业收入 138.06 亿美元，同比下降 1.42%；运营利润 28.96 亿美元，同比下降 4.26%。就具体业务而言，订阅费和会员费收入同比增长 6%，但重要赛事的转播量减少导致主要收入来源的广告收入同比下降 4%；图书销售和电视剧放映的减少导致内容发行及分销业务板块收入降低，抵消了电视节目内容发行收入的增长。

三、传统新闻出版业务持续萎缩、电子图书市场发展迅速

受互联网和数字信息技术的推动以及受众媒体消费习惯的变化等因素影响，各传媒集团传统新闻出版业务的经营面临巨大挑战；图书出版业整体继续呈现下滑态势，电子图书收入占整体图书业务收入的比重逐渐提高。

（一）报刊业务广告收入下降明显

新闻集团 2014 财年的新闻与信息服务业务实现营业收入 61.53 亿美元，同比减少 8.59%；运营利润 6.65 亿美元，同比减少 16.35%。此板块业务的颓势主要是由于集团在澳大利亚地区报纸广告收入出现大幅下滑，导致集团广告收入比上年减少 3.14 亿美元。

对于目前的新闻集团，新闻和信息服务是其主要收入和利润来源；2014 年该业务占其总收入的 72%，2013 年为 76%；但以传统新闻出版为主的该领域的整体发展态势不容乐观，呈现出持续萎缩态势。与 2012 年报数据相比，2014 年报中该业务营业收入和净利润已分别下降了 12.82% 和 29.18%。

以报刊业务为主的时代出版公司 2014 财年实现营业收入 32.81 亿美元，同比减少 2.18%；运营利润 1.80 亿美元，同比下降了 45.46%。时代出版公司自 2011 年以来，

公司的营业收入和运营利润就一直呈现下滑态势，这也是时代华纳集团将其分拆出去的主要原因。

（二）图书出版业务分化明显

CBS 和新闻集团在图书出版业务领域表现出了明显差异。CBS 的图书出版业务主要由西蒙•舒斯特出版社经营，2014 年实现营业收入 7.78 亿美元，同比下降 3.83%；运营利润为 1 亿美元，同比下降 5.66%；由于没有成功开发出新的热销系列图书，营业收入和运营利润双双下降。

对于新闻集团而言，图书出版业务是其除新闻和信息服务业务外的第二大业务板块，近年其对该领域的投资并未减缓，尤其是对电子图书市场的开拓。2014 财年公司实现图书出版营业收入与运营利润的双增长，其中电子图书销售收入同比增长 35%，占到图书出版收入的 22%，收入比重较 2013 年提高 5 个百分点，显示出图书出版业务继续向数字出版倾斜的势头。

面对互联网技术的冲击，尽管国际传媒集团在报刊出版业务方面，也实现了从纸质印刷向电子版演进，但其经营效果远不如图书出版领域的数字化转型。

四、电视网业务扩张，利润大幅提升

虽然受到互联网和新型媒体的冲击与影响，各国际传媒集团传统业务领域当中的电视网业务依旧保持了稳定增长的态势，这与音视频产品更容易在数字化过程中获得在线收益是有关的。除分拆后的新闻集团之外，本节涉及的其他国际传媒集团的主要利润来源均为电视网业务。

表 2-10　各传媒集团电视网的业务收入与运营利润

传媒集团	业务收入（百万美元）				运营利润（百万美元）			
	2014 年	增长率	2013 年	增长率	2014 年	增长率	2013 年	增长率
21 世纪福克斯（电视网）	23 599	16.94%	12.95%	17 867	5 713	5.23%	5 429	10.77%
维亚康姆（电视网）	10 171	5.33%	5.03%	9 194	4 271	4.27%	4 096	5.32%
时代华纳（电视网）	15 794	6.19%	4.64%	14 213	4 740	－10.18%	5 277	11.82%
迪士尼（电视网）	21 152	3.91%	4.73%	19 436	7 321	7.38%	6 818	3.01%

（一）电视网业务持续增长

21 世纪福克斯的电视网业务（包括有线电视网络、电视加盟网、直播卫星电视业务）2014 财年实现营业收入 235.99 亿美元，同比增长 16.94%，占总收入的 70.91%；对应的运营利润为 57.13 亿美元，同比增长 5%，占总营业利润的 80.79%。

维亚康姆 2014 年媒体电视网实现营业收入 101.71 亿美元，同比增长 5.33%，占总收入的 73.79%；实现运营利润分别为 42.71 亿美元，同比增长 4.27%，占总体的 104.63%。

时代华纳的电视网业务（包括特纳公司和 HBO 家庭影院）2014 年实现营业收入 157.94 亿美元，同比增长 6.19%，占总收入的 57.73%；对应的运营利润为 47.70 亿美元，同比下降 10.18%，占总营业利润的 79.33%。运营利润的下降原因是业务拆分带来了较高的重组和遣散费用。

迪士尼旗下的电视网业务也贡献着公司的主要利润。迪士尼 2014 年的电视网（媒体网络）业务实现营业收入 211.52 亿美元，同比增长 3.19%，占其总收入的 43.32%；运营利润为 73.21 亿美元，同比增长 7.38%，占总运营利润的 56.29%。

由此可见，除时代华纳因业务结构调整而导致运营利润下滑外，其他传媒集团的电视网业务板块均实现营业收入和运营利润的双增长的良好状态，并为集团贡献了大部分的利润。

（二）内容订阅费增长优于广告收入

21 世纪福克斯、时代华纳、CBS、迪士尼和维亚康姆均在其财报当中显著提及内容订阅费的增长对年度收入带来正面影响。21 世纪福克斯在 2014 年的订阅费增长 34%，远高于同期广告收入 8% 的增长水平。时代华纳的订阅费同比增长 7.5%，同期广告收入则同比下降 0.6%，为近年来首次下降。CBS 的会员费和订阅费同比增长 6%，同期广告收入下降 4%；维亚康姆的会员费同比增长 10%，超过广告收入 2% 的增长；迪士尼电视网络业务的会员费同比增长 6%，超过同期广告收入 1% 的增长。

从最近两年的趋势来看，随着全球范围内数字电视网络基础设施的完善，电视网业务的会员费或订阅费收入将有持续稳定的增长，且其增长空间要大于广告业务。多家集团的广告收入增幅呈现收窄趋势，少数集团出现同比下降的状况；传统传媒集团广告业务疲软成为普遍现象。

五、影视娱乐业务整体繁荣，家庭娱乐产品相对下滑

多家集团在影视娱乐业务方面取得了收入的增长。当年电影上映数量、成功的高票房电影数量直接影响到各集团影视娱乐业务的业绩。影视娱乐领域的家庭娱乐产品收入在近年呈现显著下滑态势。

（一）影视娱乐业务整体相对繁荣，波动和分化仍然存在

任何集团都无法保证其每一部电影产品都能取得高票房，只有多推出影视产品才能保证一定的成功数量，因而此项业务领域各家集团的业绩都会出现波动。21 世纪福克斯、迪士尼、时代华纳的电影娱乐业务在 2014 财年都取得了较好的业绩。21 世纪福克斯 2014 年电影营业收入同比增长 12%，运营利润增长 3.82%，其推出的《金刚狼 2》等电影票房良好。迪士尼由于《冰雪奇缘》等电影的热映，影视娱乐业务营业收入同比增加 21.73%，运营利润增长 134.34%。时代华纳由于《明日边缘》《霍比特人 3：五军之战》等电影的热映，影视娱乐业务营业收入同比增加 1.74%；不过业务重组和遣散费用的增加，导致时代华纳在该业务领域的利润同比下滑 12.46%。

表 2-11 各传媒集团的影视娱乐业务经营业绩

传媒集团	业务收入（百万美元）				运营利润（百万美元）			
	2014 年	增长率	2013 年	增长率	2014 年	增长率	2013 年	增长率
21 世纪福克斯（影视娱乐）	9 679	12.00%	8 642	3.34%	1 358	3.82%	1 308	− 0.30%
维亚康姆（影视娱乐）	3 725	− 13.01%	4 282	− 11.16%	205	− 12.39%	234	− 28.00%
时代华纳（影视娱乐）	12 526	1.74%	12 312	2.45%	1 159	− 12.46%	1 324	7.82%
迪士尼（影视娱乐）	7 278	21.73%	5979	2.64%	1 549	134.34%	661	− 8.45%

业绩表现较差的维亚康姆 2014 年影视娱乐业务实现营业收入 37.25 亿美元，同比下降 13.01%；运营利润 2.34 亿美元，同比下降 12.39%。其业绩下降的主要原因

是上映影片数量比之前持续减少，2012 年以来维亚康姆在影视娱乐业务方面一直表现不佳，均是前述四家集团中的最低者，其电影娱乐业务盈利能力相对较弱。

（二）家庭娱乐产品收入呈现下滑态势

影视娱乐的业务收入主要分为四大领域：①影院收入，院线放映或影片的分销；②家庭娱乐产品收入，包括影片的 DVD、蓝光碟或其他形式产品的销售；③其他平台播放许可费，向世界范围内授予第三方在付费电视和有线电视网、广播电视台、数字媒体平台等播放影片所收取的费用；④辅助业务收入，如视频游戏等。从 2014 年以来的趋势看，各集团家庭娱乐收入中的重要部分即 DVD 和蓝光碟的销售，因受互联网网络视频业务的冲击，呈现逐渐下降态势，其下降幅度要大于影院收入、第三方平台收入业务。

时代华纳和维亚康姆的家庭娱乐产品收入都在下滑。时代华纳的电影产品，其家庭视频和电子支付收入在 2014 财年分别同比下滑 10% 和 19%，而同期影院收入、电视许可费、辅助业务增长率分别是－ 9%、2% 和 42%。维亚康姆家庭娱乐收入同比下降 33%，同期影院收入、其他平台播放许可费增长率分别是－ 2% 和－ 9%。迪士尼在这个领域实现了增长，家庭娱乐收入同比增长 20%，主要原因是当年推出的《冰雪奇缘》《怪兽大学》等电影的家庭娱乐产品市场表现良好，产品销售量增长 13%，销售价格也增长了 9%。

六、新兴数字化业务仍处于投入阶段，收效仍不明显

随着互联网和数字信息技术的不断发展，各大传媒集团在数字化布局方面主要有两条途径：一条是注重将数字化技术与自身的内容产品相结合，重塑数字化的媒体业务；另一条则是不断投资具有较高成长性的新兴互联网领域，为公司拓展新的盈利渠道。

（一）传统内容的数字化

在重塑数字化的媒体业务方面，国际传媒集团起步相对较早。该方面的举措主要体现在以下两个方面：一是内容生产层面，目前各大传媒集团从多年前起就均已设立专门的数字媒体部门，如 BBC 的“未来媒体与技术部”、新闻集团的新数字媒

体公司、迪士尼的互动媒体集团等。这些部门的建立，逐渐模糊了传统的各业务部门、各频道之间的界限，通过整合集团已有的内容资源，以完成数字内容的生产，并提高内容资源的利用率。譬如 BBC 的新闻中心，通过整合原属于广播、电视和网络的三个新闻团队，不仅可以针对性地生产出数字化内容，而且能够有效避免公司内部的恶性竞争。二是内容分发层面，进行多渠道、多终端的内容提供。譬如 BBC 的 iPlayer、时代华纳的 HBO GO 业务，通过全渠道（广播、电视、卫星电视网络、互联网等）、全终端（PC、平板电脑、手机、游戏平台等）的覆盖，让用户能够在“任何时间、任何地点、以任何方式、在任何终端”上收看自己喜欢的节目内容并进行互动。CBS 互动作为世界最主要的信息娱乐网站之一，2014 年 12 月，其品牌的单月全球范围内访问量高达 2.94 亿人次。

（二）进军具有较高成长性的新媒体领域

在投资新兴互联网领域，最具典型特征的是新闻集团和迪士尼。新闻集团介入的领域主要为数字房地产领域和数字教育领域。2014 年，公司的新闻集团的数字房地产业务实现营业收入 4.08 亿美元，同比增长 18.26%；运营利润 2.14 亿美元，同比增长 27.38%，初显增长成效。但在数字教育业务方面，仍未摆脱亏损，收入连年下降。新闻集团 2012 年 7 月开创数字教育 Amplify 品牌，2014 年实现营业收入 0.88 亿美元，同比下降 13.73%；鉴于该项业务的诸多工作仍在开发，其未来收入与利润的增长具有较大的不确定性。

迪士尼主要围绕手机游戏和社交游戏领域。在经历前几年内部游戏研发失败的基础上，如今迪士尼在游戏领域更多地依赖于第三方的授权开发。2014 年，得益于主机游戏“Disney Infinity 2.0”的开发，以及移动游戏“Tsum Tsum”和“Frozen Free Fall”的热销，导致公司当期互动媒体的营业收入达 12.99 亿美元，同比增加 22.09%；运营利润也由上期的亏损 0.87 亿美元，变为本期的盈利 1.16 亿美元。

整体而言，尽管目前各大传媒集团均在加大对数字化业务的投入力度，但其仍面临较大的风险。以新闻集团为例，2005 年收购社交网络 MySpace，随后 2011 年低价售出；2011 年推出全球第一份 iPad 日报“The Daily”，接着 2012 年关闭；2015 年 6 月，新闻集团旗下子公司 Amplify 投资 10 亿美元打造的学生平板电脑计划又宣布失败，产品计划停产停售。

七、小　结

结合上述国际传媒集团的投资情况、经营业绩及各业务板块的发展情况，可以总结出关于这些传统媒体起家的传媒集团转型的两点启示。

一方面，传统业务结构重组和探索新兴数字化业务是传媒集团转型变革的主要举措。鉴于当前新闻出版业务与电视网、影视娱乐业务之间的协同效应不明显现象，各大传媒集团纷纷走上了“拆分重组”热潮，通过剥离盈利能力较差的新闻出版业务，聚焦盈利能力较强的电视网、影视娱乐业务，以实现“做大做专”的效果。同时，在数字化领域，相对于国内传媒对互联网、iPad、手机、电子阅览器等渠道和终端的布局，国际传媒集团也积极投资一些新型互联网领域，如数字房地产服务、数字教育等这些领域虽然介入风险较高，但传统媒体可以充分利用其拥有的政策优惠、资金资本、社会影响力、行业资源等优势，积极布局，从而为公司未来的发展做好战略布局。

另一方面，“万变不离其宗”，电视网和影视内容生产被多数集团作为核心业务并扩大投资。鉴于当前电视网、影视娱乐业务盈利能力明显高于新闻出版业务领域，并呈现稳定增长态势，同时音视频产品在数字化过程中也更容易获得在线收益，各大国际传媒集团在一系列的业务结构调整之后，逐渐将集团业务结构重心回归到影视内容生产领域；继续通过开设新频道或收购兼并的形式，加大影视领域投资，扩大综合市场占有率。

第三章　国际传媒集团的裂变（2010—2013）

第一节　新闻集团的拆分重组

国际传媒集团领域多次出现拆分式的重组，与中国传媒产业领域常见的扩张式的重组做法反向行之。一般而言，企业重组的方式主要有两种。其一是扩张式重组，资产规模在重组后扩张，主要通过收购和合并来实现；这种方式广泛运用于国际传媒集团的发展过程中，如新闻集团2007年收购道琼斯公司、汤姆森公司2008年与路透集团合并。其二是拆分式重组，或称收缩式重组，资产规模在重组后缩小，主要通过企业资产的出售和拆分来实现；前者如纽约时报集团出售《波士顿环球报》，后者如维亚康姆2006年与CBS集团的拆分等。本节主要结合新闻集团拆分重组前后几年间的经营运作和业绩表现，对其拆分重组效果进行评价，总结其带来的启示，以期为中国传媒组织的发展提供借鉴。

一、新闻集团2013年拆分的背景和过程

新闻集团于2013年6月完成拆分，原新闻集团在影视领域的主体业务被21世纪福克斯公司继承，新的新闻集团则变为一个中等规模的以新闻出版业务为主的传媒集团，拆分之后的两个集团均实现了明显的业绩提升。新闻集团拆分之前的2012年，各领域业务的业绩出现了明显的分化，有线电视网络业务的经营收入比2011年增长13.62%，电影娱乐领域增长5.84%，而其他四个业务领域均出现下降，其中出版业务经营收入下降6.54%，最终导致集团的当期年收入仅实现了0.90%的增长。

出版业务的下滑掩盖了集团在影视领域的增长，也连带影响到投资者对整个集团的信心。

表 3-1　2010—2012 财年新闻集团拆分前的基本运营数据（数额单位：亿美元）

业务类别	总资产			经营收入			税息折旧及摊销前利润		
	2010	2011	2012	2010	2011	2012	2010	2011	2012
有线电视网络	120.32	129.67	148.96	70.38	80.37	91.32	22.68	27.60	32.95
电影娱乐	71.22	80.81	81.02	76.31	68.99	73.02	13.49	9.27	11.32
电视网	64.79	60.62	61.10	42.28	47.78	47.34	2.20	6.81	7.06
直播卫星电视	27.03	30.98	24.55	38.02	37.61	36.72	2.30	2.32	2.54
出版	130.71	149.15	109.13	85.48	88.26	82.48	4.67	8.64	5.97
其他	94.62	119.90	92.19	15.31	11.04	6.18	− 5.75	− 6.14	− 6.05
总计	543.84	619.80	566.63	327.78	334.05	337.06	39.59	48.50	53.79

面对出版业务的经营困境，新闻集团曾做出很多努力，如 2011 年 1 月，推出专为 iPad 打造的新闻阅读产品“The Daily”，但其经营业绩不佳，于 2012 年 11 月关闭。同期新闻集团旗下的《泰晤士报》和《星期日泰晤士报》网站启用“付费墙”的尝试也未能获得成功。正因为出版业务和影视娱乐板块盈利能力的持续分化，加上两大业务之间并不存在明显的“协同效应”，当 2011 年《世界新闻报》窃听丑闻事件的影响波及整个集团的经营状况时，新闻集团决定将报纸出版业务和影视娱乐业务单独分离出来，成立两家新的上市公司，避免窃听丑闻事件对集团整体的进一步影响。

2012 年 12 月 11 日，原新闻集团设立“新新闻集团”有限责任公司（New Newscorp LLC），用于持有母公司旗下的新闻出版业务，在 2013 年 6 月 11 日将其转制为“新新闻集团”股份有限公司（New Newscorp Inc.）。2013 年 6 月 28 日，原新闻集团改名为 21 世纪福克斯公司，股票代号从 NWSA 改名为 FOXA，新的 21 世纪福克斯公司继承原新闻集团在美国证券交易委员会的中央索引码（CIK 码）；同日“新新闻集团”（New Newscorp）继承原集团名称“新闻集团”（News Corporation）；根据 6 月 21 日的股东持股登记，每 4 股 21 世纪福克斯公司（原新闻集团）的股票发放 1 股（新）新闻集团的股票；（新）新闻集团股票在纳斯达克全球精选市场公开交易，使用新的索引码和原新闻集团股票代号 NWSA。同时，基于目前出版行业面临着需求以及广告收入疲软打击的考虑，（新）新闻集团能够从原集团获得 26 亿美元现金，并且不承担原集团所有相关民事讼诉的赔偿责任，以期能够在未来能够重振新闻出版业务。从这一复杂的拆分过程来看，现在的 21 世纪福克斯公司是原新闻集团直接改名而来，现在的新闻集团则是一家新设立的持有原新闻集团新闻出版业务等少部分业务的公司。

二、新闻集团拆分重组的效果分析

结合考察原新闻集团过去几年的年度业绩报告，以及（新）新闻集团和 21 世纪福克斯公司的 2014 年财务报告之后，可以认为，原新闻集团的拆分重组，基本实现了业务组合的优化和战略发展方向的聚焦。拆分之后的两家公司，无论是在经营业务，还是在资本市场表现上，均呈现明显的好转。

（一）战略明确聚焦，业务优化组合

新的新闻集团，旗下资产包括《华尔街日报》《纽约邮报》《泰晤士报》等众多知名报纸、图书出版公司 HarperCollins，以及原集团在澳大利亚的广播电视业务等。在 2013 年 6 月底刚完成拆分的年度报告中，新闻集团将其业务结构描述为五部分，分别是新闻和信息服务、有线电视节目、数字房地产服务、图书出版，以及其他业务。2014 年 6 月底，新闻集团把数字教育从过去的“其他业务”类别中独立出来，业务结构调整为六部分：新闻和信息服务、有线电视节目、图书出版、数字房地产服务、数字教育，以及其他业务。这一业务结构表述的变化体现了新的新闻集团对数字教育市场的重视，也说明以新闻出版为主的新闻集团已经把跨行业融合作为了未来的重要战略方向。

除了继续加大对数字化市场的开拓外，目前新闻集团在传统出版领域，一方面不断出售部分盈利能力较差的报纸业务，另一方面则不断增加电子图书的市场。2013 年 9 月 4 日，新闻集团将道琼斯本地媒体集团（8 家日报和 15 家周报）出售给纽卡斯尔投资公司；12 月，公司以约 2 500 万美元收购爱尔兰社交新闻公司 Storyful。2014 年 8 月，新闻集团以约 4.20 亿美元的现金，收购全球最大言情小说出版社禾林

公司（Harlequin Enterprises Limited），从而加大其出版业务在海外市场的发展。新闻集团首席执行官罗伯特·汤姆森表示，“禾林公司对新闻集团而言是一个完美的选择，将会帮助我们的数字平台大规模扩张，延伸我们的国家和语言触角，并为我们带来立即的盈利提升”。

新的21世纪福克斯公司，继承了原新闻集团包括福克斯电影制片厂、福克斯广播网和福克斯新闻频道等影视娱乐资产，其年报将其业务结构描述为有线电视网络、电视网、电影娱乐、直播卫星电视和其他五部分。拆分之后，该公司一方面继续加大对影视娱乐产业的投资力度，另一方面则不断整合旗下的直播卫星电视业务，将其战略重点聚焦到影视领域。

（二）业绩有效改善，股价明显提升

拆分之后的两家公司在2014年总资产分别为547.93亿美元和164.89亿美元，收入分别为318.67亿美元和85.74亿美元。如果将拆分之后的两家公司业绩加在一起来看，两家公司的资产规模和经营收入之和已远超过拆分之前的新闻集团；2012年拆分之前的新闻集团总资产和总收入分别为566.63亿美元和337.06亿美元。

拆分重组对于以新闻出版业务为主的新的新闻集团产生了明显的积极影响。新闻集团在2014年实现运营利润7.70亿美元，同比增长11.92%；与2013年运营利润同比下降12.02%来对比的话，其整体盈利能力明显好转。

就具体板块而言，新闻集团的图书出版、数字房地产服务、有线电视节目等领域均呈现出良好增长状况，尤其是图书出版业务当中的电子图书出版实现大幅增长。2014年，新闻集团的电子图书销售额收入同比增长35%，占图书出版收入的份额由上年的17%增至当年的22%，在一定程度上抵消了因印刷图书下滑带来的负面效应，从而保证了图书出版业务经营收入和运营利润的双增长。新闻和信息服务业务业绩的下降，主要因为新闻集团出售了澳大利亚统一媒体控股公司（CMH）和天空网络电视有限公司。

从资本市场对新闻集团拆分的反应来看，投资者对拆分后的两家上市公司的增长预期明显提高。拆分后的新的新闻集团资本结构合理，拥有52.70亿美元的流通资金，而债务规模仅有30.70亿美元，公司财务压力较小；2014年经营活动产生的现金流为8.54亿美元，也高于同期净利润。拆分之后的21世纪福克斯公司由于保留了

原新闻集团的盈利能力较强的影视娱乐业务，也被市场普遍看好。自两家公司2013年6月正式拆分以来，股价均呈现较大的涨幅；年报数据显示，截至2014年6月30日，新闻集团和21世纪福克斯的股价累计增长率分别为17.64%和22.49%；对应的市值分别为102.92亿和777.67亿美元。

表3-2 （新）新闻集团2013—2014财年各项业务的收入与运营利润（数额单位：亿美元）

业务类别	业务收入		同比增长率	税息折旧及摊销前利润		同比增长率
	2014年	2013年		2014年	2013年	
新闻和信息服务	61.53	67.31	－8.59%	6.65	7.95	－16.35%
有线电视节目	4.91	3.24	51.54%	1.28	0.63	103.17%
数字房产服务	4.08	3.45	18.26%	2.14	1.68	27.38%
图书出版	14.34	13.69	4.75%	1.97	1.42	38.73%
数字教育	0.88	1.02	－13.73%	－1.93	－1.41	36.88%
其他	——	0.2	——	－2.41	－3.39	－28.91%
总计	85.74	88.91	－3.57%	7.7	6.88	11.92%

三、新闻集团拆分重组带来的启示

新闻集团的拆分绝不仅是由于《世界新闻报》的窃听丑闻所导致，更重要的是体现出一个成熟的传统传媒企业结合自身业务结构的特点，因应市场环境和行业前景的变化而做出的战略选择。本节主要总结出如下两方面的启示。

（一）结合传媒业务不同发展前景进行结构调整和方向选择

1. 数字图书出版将是整个出版业的突破口

长期以来，传统传媒企业在新媒体平台上开展的各种新闻产品数字化转型多以失败告终，数字报纸付费模式的成功者也为数寥寥；新闻产品在新媒体领域难以实现价值，很重要的原因是各国的著作权法对于新闻信息的保护力度明显弱于影视产品和图书产品。在出版领域，报刊出版和图书出版已经出现明显的分化。新闻集团2014年图书出版业务的利润年度增长达到了38.73%，数字图书的销售额增长幅度达到35%；而集中了大量报刊的新闻和信息服务领域仍持续了收入和利润的双重下滑。随着智能手机、平板电脑的大量使用，人们对电子图书的购买则持续上升。根据美国出版商协会的数据，2009—2013 年，美国电子书销售增长率分别是 131%、252%、159%、28% 和 3.8%，占图书销售总额的比例由 2008 年的 1.2% 上升到 2013 年的 27%。可以预见，由于受众媒介接触习惯的改变，报刊出版领域在全球范围内的颓势将会持续下去；而图书出版，尤其是数字图书出版，将是整个出版行业的希望所在。

2. 借助传媒品牌影响力进行新媒体跨界运营

传统传媒组织的转型发展可以有不同方向，不必执着于互联网领域的新闻产品数字化变现，而是可以考虑及早借助品牌影响力进入其他产业融合领域。新的新闻集团在新媒体领域把数字房地产服务和数字教育作为了战略重点，其中数字房地产服务在 2014 年实现了 18.26% 的收入增长和 27.38％的利润增长。中国的传统传媒组织，往往在运营区域内具有一定的信息网络优势，可以在此基础上实现新媒体平台上的跨界运营，在广泛的社会服务领域提供中介服务和特定信息服务。

（二）拆分式重组在传媒组织领域的适用条件

1. 传媒组织适合选择拆分式重组的第一个条件是，该传媒组织开展跨传媒行业的多元化经营

美国经济学者 Daley 等人发现，跨行业的公司分立往往能够引起企业价值的显著增加，而同行业内的公司分立并不会引起价值的显著变化。美国管理学者 Berger 和 Ofek 通过将各个业务部门的独立公允价值加总，与公司实际价值相比较，发现多元化给企业平均带来了 13％—15％的价值损失。传媒组织如果将其跨传媒行业的不同业务部门进行拆分，能够提升企业的整体价值。在多元化经营的上市公司中，由于信息不对称的缘故，盈利水平及发展前景不一致的业务之间往往互相影响，导致企业价值无法被投资者充分认可。新闻集团将新闻出版业务跟影视业务拆分，使两个新公司的市场估值都得到提升。

2. 拆分式重组适用的第二个条件是，传媒组织各业务部门间的协同效应不明显

企业并购和兼并其他公司或业务的常见动机之一是追求协同效应；但在日常的

多元化经营过程中，协同效应并不总是发生。实践证明，传媒组织内部的报刊出版业务与影视业务之间，形成资源共享、提高价值创造能力的难度是非常高的。庞大的业务结构不仅会带来管理成本的增加，而且也会引起组织内各部门间的利益协调问题；比如有限资源分配时伴随的内耗问题，导致组织经营效率下降；比如组织战略重点方向对不同业务厚此薄彼，导致组织内相对弱势的业务无法得到重视。拆分式重组可以改善这一问题，它通过将传媒组织内无法有效协同的、盈利能力不一的业务部门独立出来，组建新的经营实体和管理层，从而使各业务分支能够聚焦发展战略方向，集中力量发展各自的优势业务。

四、小　结

对于传媒组织来说，战略聚焦的重要性要大于组织规模的扩张；特定情况下，拆分重组也是组织发展过程中需要考虑的重要选项。早期中国传统传媒集团的组建，多是行政力量主导大于市场力量主导，造成集团内部结构、业务板块存在诸多不合理之处；近期随着国内传媒组织跨界投资动作的频繁，各集团的业务结构进一步复杂，因此将长期面对业务结构调整的任务。由于数字化技术的快速发展，全球传媒市场正经历着重大变迁，传统传媒领域的业务增长普遍出现分化的情况，整体上影视行业成长预期强于出版行业，出版行业内部的图书出版又强于报刊出版。为了提升资本市场的估值空间和降低内部管理成本，传媒组织应敢于剥离盈利水平较低的业务，集中资源做强盈利水平较高的优势业务，而且也能够给非优势业务独立发展的空间。拆分式重组作为企业重组的一种方式，能够为传媒组织带来内部资源配置的优化，也能有效提升传媒组织的市场价值。

第二节　时代华纳的拆分重组

单纯规模扩张、力求大而全的直线思维并不能适应技术和资本因素深刻影响下的市场竞争，拆分业务、规模收缩、优化组合、重点聚焦也是传媒集团转型的重要战略选项。新闻集团于2013年进行拆分，时代华纳集团则于2013年准备拆分、

2014 年 6 月完成拆分，向全球传媒业者展示了国际传媒集团在应对市场环境变化时的战略选择。本节主要根据时代华纳集团 2013 年前后的运营情况，分析时代华纳集团本次拆分的过程及其经验。

一、时代华纳集团拆分重组的背景

时代华纳集团在 2009 年之后的 5 年间，已经出现了两次重大的拆分重组活动，业务结构和资产规模均在拆分后收缩。2009 年，时代华纳集团相继与时代华纳有线电视公司和美国在线公司拆分；彼时，集团内部有多组有线电视业务，但盈利水平不一，其中业绩最好的时代华纳有线电视公司高管希望获得更大自由空间，主动提出独立出去；而美国在线公司则是在 2000 年与时代华纳合并之后就持续业绩下跌，拨号上网时代的王者没能及时适应宽带时代，未达预期的合并终致分手。2013 年，综合传媒集团时代华纳又开始酝酿新的拆分，此次要拆分出去的资产是其从事出版业务的子公司时代公司（Time Inc.）。在一年的时间里，时代华纳集团将持有的时代公司普通股股票分发给集团股东，让子公司时代公司成为独立的上市公司。本次拆分完成之后，时代华纳集团的业务结构进一步聚焦于影视娱乐和新媒体领域，体现出提升企业竞争力的重点集中战略，同时也提高了企业在资本市场上的估值预期。

时代公司是全球期刊市场上有着巨大影响力的公司，近年来也开发了大量的期刊同名网站，进行了很多数字化转型的尝试。这样一家有着重要市场地位和品牌影响力的公司，竟然被时代华纳集团主动拆分出去，实在是一件值得传媒业界和学界研究的事件。时代华纳集团在何种市场环境下做出了怎样的战略判断，其拆分的前因后果如何，值得深思和持续关注。

2013 年底，时代华纳集团总资产 679.94 亿美元，比上年降低 0.14%；总收入 297.95 亿美元，比上年增加 3.71%。拆分之前的时代华纳集团主要业务分属于四个业务部门，分别对应四个主要的子公司。按照收入规模从大到小的顺序，四个子公司分别是以电影制作发行、游戏和新媒体业务为主的华纳兄弟娱乐公司，拥有 CNN、TNT 等著名新闻和娱乐电视频道的以有线电视和网络视频业务为主的特纳广播公司，拥有 HBO 和 Cinemax 系列频道的以付费电视业务为主的 HBO 公司，以及拥有《时代》《财富》等大量国际知名期刊的以出版业务为主的时代公司。

二、时代华纳集团拆分调整的战略判断依据分析

在结合考察了时代华纳集团过去几年的年度报告和近期季度财务报告中提供的业绩数据和运营事实之后，可以认为其选择时代公司进行拆分，体现了传统传媒集团在新媒体竞争重压之下选择重点突破的战略思考，有利于分离之后的两家公司各自聚焦战略发展方向；同时这也是资本市场的估值倾向和财务状况等因素影响之下的现实考量的结果。具体来说，时代华纳集团将时代公司拆分出去的原因有以下几点。

1. 剥离关联度低的业务，有利于集团战略重点聚焦

时代华纳从一个集新闻出版和影视娱乐为一体的综合传媒集团转型成为以影视娱乐新媒体业务为主的传媒集团，时代公司则成为全球范围内有竞争优势的独立出版公司，分开后的两家公司可以各自执行重点集中的竞争战略。时代华纳集团的大多数业务在影视娱乐相关领域，其年报声称近年来一直致力于打造“世界领先的讲故事公司”（the world's leading storytelling company）。其重点影视产品如美剧《权力的游戏》、蝙蝠侠系列电影等风靡全球，各业务部门从影视生产环节到播出环节、衍生游戏开发等环节密切配合、形成产业链的关联。而时代公司的出版业务在集团内部与其他业务部门之间距离相对较大，较难获得集团战略资源的倾斜投入和其他业务部门的配合，反而增加协调成本。时代华纳公司在官网上也提到，两家公司在今后的管理过程中可以有更多的时间和注意力来关注各自业务的特殊性，并分别提出更有效的战略。远期来看，此次拆分也降低了双方的管理成本。

2. 时代公司业绩不佳，拖累集团整体业绩

在全球范围内报刊出版增长乏力的背景下，时代公司的业绩表现也是集团内相对最差的。在收入方面，时代公司连续两年出现下降，2012 年比 2011 年下降 6.55%，2013 年比 2012 年下降 2.39%；在其他业务部门资产均出现增长的情况下，时代公司 2013 年的资产下降也拖累了时代华纳集团总资产的下降。此次调整，也是时代华纳在市场压力之下提出的及时的适应性策略。拆分之前，时代华纳的板块布局横跨传统媒体和新媒体，多平台的生存方式、各个业务板块完整的产业链和纵向整合形成了时代华纳的多元企业结构，但这一结构为也是一柄双刃剑，使时代华纳在进行数

字化转型时承受更大的压力和风险。

3. 出版业务市场估值低于影视娱乐新媒体业务

在当前的资本市场上，以广告收入为主要盈利模式的出版类企业的市场估值，是低于以付费收视和内容版权出让为主要盈利模式的影视类企业的；传统影视类企业进行数字化转型之后发展出来的网络视频业务和付费电视业务，更是获得市场的追捧，而传媒出版类企业的数字付费订阅转型的资本市场认可度要低得多。时代公司当然也在努力进行数字化转型，试图提升数字订阅收入，但其订阅收入在收入结构中的比例连续两年不升反降，同时订阅收入和广告收入均连续两年下跌。对于资本市场来说，时代华纳集团的拆分可以保障现有投资者的利益，并为投资者提供更大的选择空间。投资者如果认为影视娱乐新媒体业务更有发展前景，可以更多持有新的时代华纳集团的股票；投资者若认为时代公司能够在独立之后实现业绩翻身，也可以选择持有时代公司的股票。

4. 拆分业务规模相对较小，对集团实力不构成较大影响

报刊出版业务在传媒领域当中属于轻资产业务，时代公司资产规模只有 56.67 亿美元，仅占时代华纳集团资产的 8.33%，收入规模也只占集团的 11.26%，属于集团内规模最小的业务部门。剥离时代公司之后，新的时代华纳集团的整体规模不会受到大的影响。从最新数据来看，受到时代公司拆分、集团商誉减值的影响，新的时代华纳集团总资产变化为 630.95 亿美元，变化幅度并不大。此外，时代华纳集团还从时代公司的拆分过程中回收了大量现金，改善了集团的现金流状况。时代华纳集团过去的出版业务，除了时代公司之外，还有少量在海外的小型出版业务；拆分过程中，时代华纳集团将其海外出版业务，比如英国 IPC 出版公司也集中到时代公司之中；时代公司交给集团的收购资金和特别股息合计为 14 亿美元现金。时代华纳集团接下来可以有更多的现金投入到影视娱乐新媒体领域的拓展中去。

表 3-3　2013 年时代华纳集团收入结构和资产结构情况（单位：百万美元）

	订阅	广告	内容	其他	收入合计	占集团收入比重	收入年度增幅
华纳兄弟娱乐	130	81	11 764	337	12 312	41.32%	2.45%
特纳广播公司	4 896	4 534	363	190	9 983	33.51%	4.79%

续表

	订阅	广告	内容	其他	收入合计	占集团收入比重	收入年度增幅
HBO	4 231	0	658	1	4 890	16.41%	4.35%
时代公司	1 129	1 807	86	332	3 354	11.26%	– 2.39%
时代华纳集团	1 0379	6 326	12 240	850	29 795	100%	3.71%

表 3-4　2013 年时代华纳集团资产结构情况（单位：百万美元）

	资产	占集团资产比重	资产年度增幅
华纳兄弟娱乐	20 066	29.51%	1.07%
特纳广播公司	26 067	38.34%	0.44%
HBO 公司	13 687	20.13%	2.93%
时代公司	5 667	8.33%	– 3.13%
时代华纳集团	67 994	100%	– 0.14%

三、时代华纳拆分重组对中国传媒组织的启示

分析的目的是为了学习、借鉴。目前，全球的媒介市场环境都在发生巨大变迁，传媒形态之间的融合和传媒产业与周边产业的跨界融合都会是未来的产业发展方向。但是这种融合的趋势，并不等于企业规模的扩张；传媒组织内部的业务结构优化调整对于找到正确的融合方向、提升现实市场上的竞争优势至关重要。

（一）优化业务组合，聚焦核心方向

时代华纳集团曾经向各个领域大规模扩张，涉及互联网基础接入、有线电视、网络视频、影视制作发行、新闻出版、视频游戏等大量的领域，增加了管理成本，却没能使各项业务获得协调发展；与美国在线的合并更是成了时代华纳集团历时近十年的梦魇。近年，时代华纳集团反向而行，多次收缩业务范围，同时对旗下各个业务部门之间进行纵向整合和产业链构建，逐渐使得异常多元繁杂的业务结构清晰起来。今天的时代华纳集团，业务发展方向高度聚焦，业务部门只剩下影视娱乐新媒体、电视网和付费电视三个板块；围绕着影视娱乐领域，构建了包括影视剧制作、

影视剧发行、音视频网站、视频游戏和其他衍生品开发等在内的一系列产业环节，产业链完整且缜密；三大业务部门之间可以深度协调内容流动、人才流动和渠道共享，优化配置资源。

中国的传媒组织在新时期的转型发展过程中，有必要对媒体结构、业务板块进行优化设计，通过产业链延伸来提高资源利用率，敢于舍弃与战略转型方向无关的业务，使重点业务能够彼此协调融合，建立有效配合。此外还应探索传媒组织规模的最优边界，有效运用并购、拆分等策略，不盲目崇拜全媒体形态和大规模，而是注重实现传媒业务组合的优化。

（二）建立多元互补型盈利模式

传媒业务组合的优化是多元盈利模式的有效保障。时代华纳的盈利模式非常多元，覆盖了影视娱乐领域的各种有效盈利模式。其三大业务部门组合在一起，以内容为核心，重视对用户资源的挖掘，兼具了内容支撑型与广告支撑型的双重特点；且根据不同传媒业务形态的特点，不同业务板块的收入结构侧重点都不同。HBO公司以付费收视为主，完全不进行广告经营；特纳广播公司则是付费收视和广告经营并重；华纳兄弟娱乐公司则以内容产品的销售和授权为主；这样的收入结构可以减少内部竞争，优势互补，使得时代华纳公司具备了很强的抵御市场环境变化的能力。

中国的传媒组织应在优化业务组合结构的基础上尝试实现多元互补盈利模式的建构，减少定位相似、盈利模式相同的内部业务之间的冲突，最大化地挖掘内容产品和用户资源的价值。进行战略聚焦的时候不意味着要选择某一种重点的盈利模式，而是要让多元化的盈利模式在某一个重点业务发展方向上形成互相补充的合力。

（三）媒体定位的再思考

媒体是生产内容更重要呢，还是打造渠道更重要呢？时代华纳近年来一直致力于打造“世界领先的讲故事公司”，牢牢抓住高质量的内容产品生产，同时为其构建产业链，让高质量的内容可以在多渠道、多终端上加以呈现，内容的传播和价值实现遍及全球。这一点对中国媒体组织的定位而言，也具有重要的借鉴意义。现在的中国传媒界隐隐流传着一种“内容无用、渠道为王”的论调，很多以内容生产为主业的传媒组织产生悲观情绪，这是很不可取的。在传媒环境发生深刻变化的今天，内容和渠道相互配合，才能共同创造价值。中国的传媒组织要想走得更远，走出国门，让世界听到中国的声音，获取更广阔范围的价值实现和影响力，只有渠道是不行的，高质量内容才是根本。

第三节　国际传媒集团的整体战略转型

本节梳理新闻集团、维亚康姆、CBS、时代华纳、迪士尼和 BBC 六家国际传媒集团在 2013 年时的经营数据和成败事例，重点对于国际传媒集团的业务结构调整、业务板块发展和整体战略转型趋势做出归纳和分析。

一、国际传媒集团战略转型概况

传媒集团一般来说资产规模庞大，业务结构复杂，其发展逻辑不同于业务单一的小型传媒组织，数字化转型过程中内容生产和资本运作应该并重。面对传统业务的增长乏力和新媒体领域竞争者的挑战，国际传媒集团在近年间的转型发展，体现出三方面特点：一是对于内部传统业务进行资产重组，拆分盈利能力差异明显的业务，梳理战略发展方向，提升投资者信心；二是保证传统业务中高盈利部门的稳定增长，同时加强对内容产品的深度开发和再利用，寻求数字平台上的延伸；三是投资外部具有较高成长性和较高风险的新兴媒体技术与其他行业的融合领域，确立新的战略增长点，寻找融合转型方向。

BBC 的数字化发展侧重于新媒体渠道、终端的拓展，目前 BBC 在电视、PC 电脑终端、移动终端均建立起了新媒体业务。为了提高整体运营的数字化水平，降低生产成本，BBC 于 2008 年开始数字媒体计划（DMI）投资项目，旨在取消录像带，在 BBC 内部形成可供员工访问、下载的集中式数字资源库；该项目耗时 5 年以及近 1 亿英镑资金，未能研发成功；BBC 已于 2013 年宣布放弃继续投资该项目。

迪士尼的数字化业务主要集中于互动媒体和互动游戏领域，其中互动媒体主要围绕儿童、佳通、育儿这三个领域，互动游戏则经历了从主机游戏向社交游戏转移的阶段，但该业务一直处于亏损状态。迪士尼已宣布要在互动游戏业务部门进行大规模裁员。

新闻集团在经历了一系列经营困局后于2009年重组数字化部门涉足网络社交领域，又于2011年无奈退出，转而进入数字教育市场。2013年6月28日，新闻集团将获利能力较高的电影与电视资产分拆出去，成立新的21世纪福克斯影片公司；新的新闻集团内部则留下报纸和其他业绩增长较慢的部门，以便能够进一步明确各业务部门的发展战略。

原时代华纳集团先是在2008年将时代华纳有线电视公司拆分出去，后是在2009年底完成与美国在线的拆分，改善财务状况，提高资产盈利能力，形成现在时代华纳的业务格局；2009年以后开始专注传统内容板块，并在内容的基础上寻求数字平台上的延伸。2013年3月，时代华纳又宣布将剥离旗下杂志集团时代公司。时代华纳CEO杰夫·比克斯在一份声明中表示："完全分拆时代公司能为时代华纳提供战略上的清晰度，使我们能完全集中致力于电视网络以及电影和电视制作业务，从而改善公司的增长前景。"

原维亚康姆集团于2005年拆分为两家独立公司，出版、户外广告、主题公园等业务与CBS电视网络一起归入现CBS集团；现维亚康姆则主要从事媒体电视网络和电影娱乐业务，业绩受电影票房影响波动较大；因此维亚康姆2005年起便开始涉足移动通信、网络电视等领域，已形成涵盖电视、电影娱乐、网站经营、在线游戏、智能终端软件开发等多重业务组合模式，但从业务规模上来看并没有改变以影视娱乐为主的业务结构，这也是其没有走出经营困局的原因。

在本节所重点研究的6家国际传媒集团中，2013年除了BBC因投资效果不佳而出现运营利润减少、维亚康姆因上映影片数量和组合减少而导致营业收入下滑外，其他传媒集团的营业收入和运营利润都实现了增长。

二、国际传媒集团整体业绩稳中有升

2013年，迪士尼集团的总资产和销售总收入在本节重点分析的6家传媒集团中均为最高，分别为812.41亿美元和450.41亿美元；其次是时代华纳、CBS、维亚康姆和新闻集团，最后是BBC。其中，BBC 2013年的负债总额超过资产总额、资产负债率高于100%，显示出BBC当前面临着较强的财务风险；维亚康姆、CBS、时代华纳的资产负债率超过 50%；新闻集团负债率较低，为 20.11%。

就经营状况而言，2013 年，除了 BBC 因数字媒体计划（DMI）项目的搁浅、公司资产减值损失达到 5 200 万英镑而出现运营利润大幅下滑外，其他五大国际传媒集团的经营总收入与运营利润均呈现相对稳定态势。新闻集团从毛利率来看，目前维亚康姆、时代华纳、CBS 的毛利率均超过 40%，新闻集团的毛利率接近 40%，BBC 的毛利率最低，为 5.92%。

表 3-5　2013 年各传媒集团经营数据一览表（含百分比）

数据项目	BBC（百万英镑）	新闻集团（百万美元）	时代华纳（百万美元）	维亚康姆（百万美元）	CBS（百万美元）	迪士尼（百万美元）
总收入	5 102	8 891	29 795	13 794	15 284	45 041
增长率	0.31%	3%	3.71%	– 0.67%	8.48%	6.54%
运营利润	206.8	173	6605	3836	3259	10724
增长率	– 25.64%	N/A	11.61%	– 1.67%	9.25 %	7.63%
资产总量	3 949	15 643	67 994	23 829	26 387	81 241
增长率	– 1%	19.50%	– 0.14%	7.10%	– 0.30%	8.47%
资产负债率	101.52%	20.11%	56.02%	78.21%	62.23%	44.08%
同比增长百分点	10.16	– 1.32	– 0.24	11.68%	0.82	– 2.83
毛利率	5.92%	39.04%	45.53%	50.71%	42.34%	20.98%
同比增长百分点	– 0.69	– 1.77	3.70	1.07	– 1.11	– 0.02

时代华纳、CBS、迪士尼和新闻集团在 2013 年均实现了营业收入和运营利润的双增长。在这一年里，尽管时代公司的报刊业务依旧呈现疲软、萧条态势，但由于特纳、家庭影院和华纳公司业务的较快增长，使得时代华纳公司该年度实现营业收入 297.95 亿美元，同比增长 4%，运营利润 66.05 亿美元，同比增长 8%。对此，公司董事长兼首席执行官杰夫·比克斯在 2013 年度第四季度财报中表示："2013 年对于时代华纳公司来说是非常成功的一年，特纳、家庭影院和华纳兄弟公司的利润均创历史新高，这同时也有助于公司未来的投资。"

CBS 在 2013 年中实现营业收入 152.84 亿美元，同比增长 8.48%；运营利润 32.59 亿美元，同比增长 9.25%；稀释每股收益达到 3.00 美元，这些财务指标均创该公司自 2006 年 1 月独立上市以来的新高。就具体业务而言，广告收入由于第四十七届超级碗的播出，同比增长 4%；内容发行及分销收入由于国内外对电视和电视节目在数字媒体上播放的许可等因素，同比增长 15%；订阅费和会员费收入同比增长 16%。与此同时，该年度公司已将欧洲和亚洲户外广告牌业务以 2.25 亿美元出售给 PE 公司，并计划将北美户外广告业务也剥离并转型为一家房地产投资信托，于明年第一季度上市。公司称，在分拆北美户外广告业务后，广告收入在总收入中所占的比例将更低。当前公司广告收入占总收入的比例为 57.6%，较上年同期的 60.04% 有所收窄。

迪士尼在 2013 年中实现营业收入 450.41 亿美元，同比增长 6.54%；运营利润 107.24 亿美元，同比增长 7.63%。就具体业务板块来看，迪士尼的媒体网络、游乐园、影视娱乐、消费品和互动媒体的营业收入均出现同比增长状况，其中互动媒体营业收入由于《迪士尼：无限》以及卢卡斯电影公司互动游戏业务的开发等因素，同比增长幅度最大，达到 26%。与之形成对比的是，影视娱乐的经营利润同比下滑 8%，主要系家庭娱乐业务收入的下滑。

对于新闻集团来说，2013 年是其发生重大变革的一年。2013 年 6 月 28 日，新闻集团正式一分为二，分拆为新的新闻集团和 21 世纪福克斯公司。新的新闻集团在经营业务上主要涵盖报纸、信息服务和整合营销服务、数字房地产服务、图书出版、澳大利亚的数字教育、体育节目和付费电视业务等领域。默多克在一份公开申明中表示，分拆将“解放两家公司的真实价值及各自独特的资产优势，使投资者受益于各自独立的发展策略及更集中有效的部门管理”。2013 年，新的新闻集团实现收入 88.91 亿美元，与上年同期相比增加 3%。收入增加主要来源于发行与订阅、消费者与其他，其中发行与订阅收入同比增加 3.04 亿美元。不过，广告收入的增长势头，受到了整个广告市场疲软因素影响，全年同比下滑 7%。

三、影视娱乐业务板块波动较大

与上述几大国际传媒集团相比，以传统电影电视内容生产为主的维亚康姆集团 2013 年的经营业绩并没有呈现出明显改善局面。公司 2013 年实现营业收入 137.94 亿美元，同比下滑 0.67%，这已是公司连续第二年出现经营业收入下滑，其中媒体电视网络业务收入增长 5%；电影娱乐业务下滑 11.16%。运营利润 38.36 亿美元，同比下滑 1.67%，其中电影娱乐业务下滑幅度达到 28%，直接抵消了媒体电视网络 5.32% 的增长。

表 3-6 维亚康姆 2013 年各项业务的收入

业务类别	业务收入（百万美元）		同比增长率
	2013 年	2012 年	
广告	4 855	4 756	2.08%
附属机构收入	4 245	3 889	9.15%
辅助业务	556	549	1.28%
媒体网络业务总计	9 656	9 194	5.03%
影院	1 239	1 310	— 5.42%
家庭娱乐	1 300	1 662	— 21.78%
电视许可费	1 203	1 394	— 13.70%
辅助业务	540	454	18.94%
电影娱乐业务总计	4 282	4 820	— 11.16%

维亚康姆媒体电视网络的收入主要来源于三部分：①广告收入，在电视网络节目服务和数字平台上出售广告时段，约占 50%；②附属机构收入，从有线电视网络络运营商、直接入户卫星运营商、移动网络和其他的内容传输商等机构收取的费用，约占 44%；③辅助业务收入，包括消费品许可费，品牌许可费，家庭娱乐节目的销售，内容许可证费用和游戏业务等，约占 6%。2013 年，由于收视率上升、市场需求强劲，导致公司当期广告收入和附属机构收入均出现增长。

维亚康姆电影娱乐业务的收入则主要来源于：①影院收入，院线放映或影片的分销，约占 29%；②家庭娱乐产品收入，包括影片的 DVD、蓝光碟片或其他形式产品的销售，以及代表第三方发布的内容，约占 30%；③电视许可费，包括向视频点播、付费电视和有线电视网络、广播电视台、数字媒体平台等播放影片所收取的许可费用，约占 28%；④向第三方提供产品服务获取一些辅助业务收入，约占 13%。2013 年，虽然维亚康姆上映的《僵尸世界大战》《星际迷航：暗黑世界》《特种部队 2》等影片取得不错成绩，但由于上映影片数量减少（2013 年上映 13 部，2012 年上映 15 部），导致公司影院收入同比下降 5.42%。家庭娱乐收入同比降低 21.73% 至 13 亿美元，主要是因为上年同期推出《变形金刚：月黑之时》使得结转收入较高，以及本期推出的电影减少。

同样以影视娱乐领域见长的时代华纳和迪士尼的相关业务则要稳健得多。其中时代华纳电影娱乐业务的营业收入同比增长 2.45%，至 123.12 亿美元，运营利润更是增长 7.82%，至 13.24 亿美元；迪士尼在 2013 年推出了《无敌破坏王》《飞行总动员》《钢铁侠 3》和《怪兽大学》等高票房电影，导致该年度影视娱乐业务的营业收入同比增加 1.54 亿美元（2.64%），运营利润由于运营支出、销售和管理等费用的大幅增加，导致同比下滑 8.45%。此外，从近三年的营业利润率来看，维亚康姆均是三者中的最低者，这从某种程度上也说明了维亚康姆电影娱乐业的盈利能力较弱。

表 3-7　2013 年各传媒集团的电影娱乐业务经营业绩

传媒集团	业务收入（百万美元）			运营利润（百万美元）			营业利润率（%）		
	2013 年	2012 年	2011 年	2013 年	2012 年	2011 年	2013 年	2012 年	2011 年
维亚康姆	4 282	4 820	5 923	234	325	341	5.46	6.74	5.76
时代华纳	12 312	12 018	12 638	1 324	1 228	1 263	10.75	10.22	9.99
迪士尼	5 979	5 825	6 315	661	722	618	11.06	12.39	9.79

四、出版业务分化，报刊业务收缩而图书业务提升

近年得益于越来越多的人通过移动阅读设备购买和阅读电子书，图书业务在数字出版方面的表现好于报刊业，传统出版业务的发展呈现出分化局面。报刊和图书在数字化过程中的市场表现差异明显，造成了众传媒集团收缩报刊业务而扩展图书业务的趋势。美国报业协会发布的数据显示，2012 年美国报纸收入同比下滑 2%，其中广告收入下滑 6%。2013—2017 年，普华永道（PricewaterhouseCoopers）预计美国报纸收入年均下滑 2.9%，其中广告收入年均下降 4.2%。尽管报纸收入持续下滑，但图书出版市场的前景相对乐观。根据美国出版商协会的数据，2012 年，美国图书销

售总额达到71亿美元，较上年增长6.2%；其中电子书销售额为15.4亿美元，同比增长41%，占比份额由2008年的1.2%上升到2012年的22.6%。传统出版业持续分化的现象也体现在上述国际传媒集团身上。

（一）报刊出版业务持续下滑

2013年，新闻集团的新闻与信息服务业务实现营业收入同比减少3.27亿美元（5%），运营利润同比下滑15.34%。时代华纳的报刊业务（时代公司）实现营业收入33.54亿元美元，同比下滑2.39%，运营利润仅为3.37亿美元，同比下滑19.72%，相比2011年的5.63亿美元已经下滑了40.14%。

表3-8 2013年各传媒集团的报刊出版业务经营业绩

传媒集团	业务收入（百万美元）			运营利润（百万美元）		
	2013年	2012年	2011年	2013年	2012年	2011年
新闻集团（新闻和信息服务）	6 731	7 058	7 576	795	939	1 153
时代华纳	3 354	3 436	3 677	337	420	563

与此同时，时代华纳和新闻集团也均对其报刊业务进行了资产减值处理。2013年，时代公司的资产减值损失达到7 900万美元，占时代华纳当期资产减值损失总额1.4亿美元的56.43%。新闻集团2012年和2013年的减值和重组费用分别为17.37亿美元和27.63亿美元，这其中绝大部分是针对报纸和信息服务领域业务。公司在2013财政年度报告中称，资产减值操作的主要原因是公司不看好美国、澳大利亚的新闻和服务业务的未来发展前景。由此可见，时代华纳和新闻集团对其报刊业务领域的市场环境和未来发展的判断均是不乐观的。

（二）受益数字阅读，图书出版业务好转

相比较而言，图书出版业务在2013年则呈现回暖趋势。尽管新闻集团和CBS的图书出版业务在2012年营业收入和运营利润方面均出现小幅下滑，但在2013年又都实现了收入与运营利润双增长。

表 3-9　2013 年各传媒集团的图书业务经营业绩

传媒集团	业务收入（百万美元）			运营利润（百万美元）		
	2013 年	2012 年	2011 年	2013 年	2012 年	2011 年
新闻集团	1 369	1 189	1 195	142	86	93
CBS	809	790	787	106	80	83

新闻集团的图书出版业务运营利润的大幅提升，除了因为电子书占出版总收入的比重提升致使运营成本下滑外，资产收购是公司业绩同比增长的主要因素。2012 年 7 月，新闻集团以将近 2 亿现金获得美国一家领先的基督教图书出版商——托马斯·纳尔逊公司。

CBS 的出版业务主要由西蒙·舒斯特出版社构成，2013 年实现营业收入同比增加 2.41%，主要系电子书销售的增加，2013 年电子书的营业收入占出版总收入的 27%，上年同期为 23%。

表 3-10　新闻集团 2013 年各类业务的收入与运营利润

业务类别	业务收入（百万美元）		同比增长率	运营利润（百万美元）		同比增长率
	2013 年	2012 年		2013 年	2012 年	
新闻和信息服务	6 731	7 058	－4.63%	795	939	－15.34%
有线电视节目	324	——		63	——	
数字房地产服务	345	286	20.63%	168	129	30.23%
图书出版	1 369	1 189	15.14%	142	86	65.12%
其他	122	121	0.83%	－480	－372	29.03%
总计	8 891	8 654	2.74%	688	782	－12.02%

表 3-11　时代华纳 2013 年各业务板块的收入与运营利润

业务板块	业务收入（百万美元）		同比增长率	运营利润（百万美元）		同比增长率
	2013 年	2012 年		2013 年	2012 年	
特纳	9 983	9 527	4.79%	3 486	3 172	9.90%
家庭影院	4 890	4 686	4.35%	1 791	1 547	15.77%

续表

业务板块	业务收入（百万美元）		同比增长率	运营利润（百万美元）		同比增长率
	2013 年	2012 年		2013 年	2012 年	
时代公司	3 354	3 436	− 2.39%	337	420	− 19.76%
公司	——	——	——	− 394	− 352	11.93%
部门间抵消	（744）	（938）	− 20.68%	61	− 97	——
总计	29 795	28 729	3.71%	6 605	5 918	11.61%

表 3-12　迪士尼 2013 年各类业务的收入与运营利润

业务类别	业务收入（百万美元）		同比增长率	运营利润（百万美元）		同比增长率
	2013 年	2012 年		2013 年	2012 年	
媒体网络	20 356	19 436	4.73%	6 818	6 619	3.01%
游乐园	14 087	12 920	9.03%	2 220	1 902	16.72%
影视娱乐	5 979	5 825	2.64%	661	722	− 8.45%
消费品	3 555	3 252	9.32%	1 112	937	18.68%
互动媒体	1 064	845	25.92%	− 87	− 216	− 59.72%
总计	45 041	42 278	6.54%	10 724	9 964	7.63%

表 3-13　CBS 2013 年各类业务的收入与运营利润

业务类别	业务收入（百万美元）		同比增长率	运营利润（百万美元）		同比增长率
	2013 年	2012 年		2013 年	2012 年	
娱乐	8 645	7 694	12.36%	1 593	1 381	15.35%
有线电视网络	2 069	1 772	16.76%	877	785	11.72%
出版	809	790	2.41%	106	80	32.50%
地方广播品	2 696	2 774	− 2.81%	807	848	− 4.83%
户外	1 304	1 296	0.62%	243	209	16.27%
抵消	− 239	− 237	0.84%	− 367	− 320	14.69%
总计	15 284	14 089	8.48%	3 259	2 983	9.25%

表 3-14 BBC 2013 年各业务板块的收入情况

业务板块	业务收入（百万美元）		同比增长率
	2013 年	2012 年	
英国公共服务广播集团	3 933.3	3 878.2	1.42%
英国广播公司国际频道和 BBC 监测	276.8	284.7	－ 2.77%
BBC 环球	968.6	1 006.5	－ 3.77%
其他商业活动	129.3	123.2	4.95%
集团调整	－ 205.7	－ 206.1	－ 0.19%
总计	5 102.3	5 086.5	0.31%

五、电视网络业务扩张，利润持续提升

相对于报刊业务的持续下滑，各传媒集团传统业务领域当中的电视网络业务虽然受到互联网和新型媒体的冲击与影响，但依然能够保持稳定增长的态势，成为各集团的主要利润来源。就上述 6 家国际传媒集团而言，除分拆后的新闻集团外，其他五大国际传媒集团的主要利润来源均为电视网络业务。

表 3-15 2013 年各传媒集团电视网络的业务收入与运营利润

传媒集团	业务收入（百万美元）			运营利润（百万美元）		
	2013 年	2012 年	2011 年	2013 年	2012 年	2011 年
维亚康姆	9 656	9 194	9 145	4 096	3 889	3 848
时代华纳	14 873	14 213	13 654	5 277	4 719	4 416
迪士尼	20 356	19 436	18 714	6 818	6 619	6 146

（一）电视网络业务部门成为集团主要利润来源

2013 年，维亚康姆的媒体电视网络、电影娱乐业务分别实现营业收入 96.56 亿美元、42.82 亿美元，同比增长 5%、－ 11.16%；对应的运营利润分别为 40.96 亿美元、2.34 亿美元，同比增长分别为 5.32%、－ 28%。可见，维亚康姆凭借电视网络业务，赚了超过 9 成的利润。

时代华纳公司的电视网络业务（包括特纳公司和家庭影院）2013 年实现营业收入 148.73 亿美元，同比增长 4.64%，占总收入的 49.92%。但对应的运营利润高达 52.77 亿美元，同比增长 11.82%，占总营业利润的 79.89%。若除去时代公司的业务，电视网络贡献了公司整体运营利润的 84.19%。

同样的，像迪士尼这样一家业务庞杂的传媒集团，其旗下的电视网络业务依然贡献着公司的主要利润。2013 年，迪士尼的媒体网络业务实现营业收入 203.56 亿美元，同比增长 5%，占总收入的 45.19%；运营利润为 68.18 亿美元，同比增长 3%，占总运营利润的 63.58%。

CBS、BBC 作为两家传统的广播电视机构，其财报中的业务构成虽然没有单独列出电视网络业务贡献的整体收入和运营利润，但其主要经营领域也均为电视网络。

（二）内容订阅费增长势头高于广告收入

电视网络业务的收入，一方面是来源于可能受到经济波动影响的广告，另一方面则是来源于相对稳定的订户收视费收入。在 2013 年的年报中，时代华纳、CBS、迪士尼、维亚康姆均提及内容订阅费或会员收视费的增加对本年度集团运营做出了贡献。2013 年，时代华纳的订阅费同比增长 5%，与当年的广告收入增长相持平。CBS 的会员和订阅费同比增长 16%，超过同期广告收入 4% 的增长；维亚康姆的会员费同比增长 9%，超过广告收入 2% 的增长；迪士尼电视网络业务的会员费同比增长 7%，超过同期广告收入 3% 的增长。

由此可见，虽然受到互联网视频网站的冲击，但传媒集团电视网络业务整体依然保持着稳定增长的势头。从最近两年的趋势来看，随着全球范围内数字电视网络基础设施的不断建设，电视网络的收视费或订阅费收入将会得到持续稳定的增长，其增长空间要大于广告业务。

六、数字化全面转型趋势明显，同时风险增加

国际传媒集团近年在产品开发、投资并购、业务拓展方面向数字化领域做出战略倾斜，一方面注重将自身的内容产品与互联网、平板电脑、手机、电子阅览器等数字阅听平台相结合，另一方面也不断投资具有高风险、高受益特点的新兴数字化

领域，为公司拓展新的战略增长点。向新领域的投入，为各集团提升了未来的成长预期，但同时也增加了风险和不确定性因素。

（一）拓展与内容相关的新媒体渠道和终端

各大传媒集团都在积极地实现全媒体渠道和终端的覆盖。例如BBC开发的iPlayer，实现了全渠道（广播、电视、卫星电视网络、互联网等）、全终端（PC、平板电脑、手机、游戏平台等）的覆盖，让用户能够在“任何时间、任何地点、以任何方式、在任何终端”上收看自己喜欢的节目内容并进行互动。时代华纳的TV Everywhere、HBO GO和ALL ACCESS，也都允许用户通过多种渠道和终端访问其原创内容。新闻集团也在一直强调将其核心业务和优势品牌延伸到平板电脑和智能手机等新兴的数字平台上。

同时，各国际传媒集团也注重收购与自身相关的业务机构。2012年，迪士尼耗资11亿美元收购UTV 43%的股权以及位于俄罗斯的七个电视网络业务；时代华纳旗下特纳广播网下属的CNN以2 000万美元的价格收购了跨平台应用Zite。2013年，CBS耗资约1亿美元收购了电视指南网50%的股权，用于推动有线电视业务的发展。

值得注意的是，各国际传媒集团在积极布局新媒体渠道、终端方面的同时，对其数字化技术研发方面还需注意风险。2013年，BBC决定关闭公司“无磁带化”数字媒体计划（DMI）项目。该项目总成本9 840万英镑，BBC在2013年针对该项目做出5 170万英镑的资产减值。BBC在年报中表示：“将纳税人的钱浪费在一个失败的项目上，这是不能接受的。公司管理层已全面检讨，并确保未来不会出现同样错误，以及对未来技术项目能够有效掌控。”

（二）介入高风险高成长性的新兴融合产业领域

除了布局多媒介多渠道外，各大国际传媒集团也注重向一些新兴媒体技术与其他产业的融合领域进行投资。

分拆后的新闻集团，已经介入数字房地产领域和数字教育领域。其中数字房地产领域，新闻集团拥有REA Group的61.6%股权。REA Group是一家澳大利亚的在线房地产挂牌服务公司，其旗下拥有澳大利亚最大的住宅物业网站realestate.com.au和澳大利亚最大的商业房地产网站realcommercial.com.au，根据尼尔森2013年6月30日发布的数据监测显示，该公司的桌面访问量每月有 2 060 万次。2013 年，新闻集团的数字房地产业务实现营业收入 3.45 亿美元，同比增长 20.63%；运营利润 1.68 亿美元，超过同期图书出版业务所贡献的利润额。在数字教育领域，新闻集团于 2012 年 7 月开创了 Amplify 业务，旨在为老师、学生和家长们提供新途径数字教育产品和服务。但新闻集团表示，这项业务在 2013 年成本金额约为 1.63 亿美元；2014 年由于持续的产品开发工作，其成本预计将更高，但未来收入与利润的增长具有不确定性。

迪士尼在数字化业务领域的投资侧重于手机游戏和社交游戏领域。为了支持社交游戏的发展，2010 年，迪士尼以 5.63 亿美元的价格收购了美国社交游戏开发商 Playdom，但随着移动游戏市场的兴起，其经营状况难言乐观。2013 年公司互动业务的营业收入尽管实现 25.92% 的增长，但其依旧处于亏损状态。鉴于社交游戏的移动游戏和手机游戏的兴旺繁荣，以及迪士尼自主研发游戏的惨淡业绩，迪士尼决定将其移动业务和社交业务进行合并，2014 年 3 月，根据《纽约时报》报道，迪士尼互动将旗下的全球视频游戏及互联网部门的约 700 名员工解雇，数量占到整个部门员工总数的 26%。经过此次重组之后，迪士尼在游戏领域将暂时放弃内部研发，转而支持更多的第三方授权开发；在 Disney.com 的广告战略上，放弃横幅广告，转而投放赞助广告。此外，在新市场开拓方面，公司互动总裁詹姆斯•皮塔罗表示，迪士尼互动不会退出任何业务，同时还将向其他领域展开战略投资，比如说日本业务。2014 年 1 月 29 日，自迪士尼在日本和 Line 合作推出的移动游戏“Tsum Tsum”发布以来，该款游戏就长期处于应用畅销榜的前列，截至 3 月 6 日，该款游戏的下载量已经超过 800 万次。

维亚康姆旗下的各个品牌纷纷开拓除电影电视以外的其他业务，例如电子书出版、终端游戏制作、电子商务等。2013 年，来自媒体网络和电影娱乐的辅助收入共计 10.96 亿美元，比上年同期增加 9.27%。CBS 互动作为世界最主要的信息娱乐网站之一，其旗下主要品牌包括 CNET 、CBS.com、GameSpot 、CBSSports.com、BNET、CBSNews.com、TV.com 等。2013 年 12 月，CBS 互动的品牌在全球范围内访问量约达 2.83 亿人次。同年，CBS 互动的广告收入增长率达到 18%。

六、小　结

新的信息技术正在持续地改变社会各行各业的面貌和人们的生活消费习惯。人们对信息产品的接触或者服务的消费，以后可能会因生活习惯的改变而转移到新的产品和服务领域，业务结构相对传统的国际传媒集团已经面临着数字化时代带来的巨大挑战。

大型传媒集团的业务结构调整和整体数字化转型不可能一蹴而就。传统业务是大型传媒集团的发展基础，电视网络业务等继续承担着作为国际传媒集团主要现金流和利润来源的作用，必须保证该业务板块持续稳定的发展。影视娱乐业务板块也仍是较大的现金来源，但由于数字化不足，易于受到市场波动的拖累，该领域的业务发展模式亟需创新。报刊出版等传统业务难以继续增长，应及时收缩调整，或发展能够跟上数字化步伐的数字图书业务。

新的产品和服务的市场随时都在酝酿或发展，大型传媒集团必须有足够的勇气和决心来进行转型创新。新业务，可以来自于资本推动的收购并购，也可以来自于集团支持的项目孵化。传媒集团要关注、研究产业环境和竞争态势的变化，开拓新业务领域；利用已有的资本优势，在做好科学决策和风险评估的前提下，介入新兴融合产业领域，为集团未来的整体发展做好战略布局。

第四章　国际传媒集团的运营实践（2007—2009）

第一节　维亚康姆集团的国际化运营

自2005年与CBS拆分后，维亚康姆将经营业务领域分为媒体电视网和电影娱乐两部分。在突出核心产品与发展出成熟产业链的基础上，维亚康姆始终保持着自身市场领先者的地位。而其国际市场中的各项经营举措为整个公司在提升国际竞争能力方面做出重要贡献。在2009年公司年报中的商业战略里，维亚康姆明确提出将利用国际发展机会以建立维亚康姆的媒体网络和电影娱乐业务的国际竞争力。

2009年，维亚康姆获得了136.19亿美元的综合收入，29.04亿美元的利润。当时维亚康姆经营业务领域分为媒体电视网和电影娱乐两部分。在2009年，媒体电视网为公司贡献61%的收入，电视娱乐为公司贡献40%的收入。媒体电视网包括的主要品牌有MTV（音乐电视）、VH1（Video Hits One 热门录像带第一台）、五分钱娱乐场（Nickelodeon ）、喜剧中心（COMEDY CENTRAL）、摇滚乐团（Rock Band）和BET。电影娱乐分包括派拉蒙特电影公司、派拉蒙优势（Paramount Vantage）、派拉蒙经典（Paramount Classics）、MTV电影（MTV Films）和五分钱娱乐场电影（Nickelodeon Movies）等。

一、维亚康姆媒体电视网的国际传播

维亚康姆的国际收入增长率低于国内收入增长率，但维亚康姆在国际市场上的传播内容仍呈现出多样化与广泛的覆盖率。其通过直接节目服务和把内容授予其他

第三方服务提供商来输出节目。维亚康姆媒体电视网的国际传播内容包括以下几方面。

（一）家庭和儿童节目的传播

维亚康姆的五分钱娱乐场（Nickelodeon）和尼克的晚间生活（Nick at Nite）是公司重要的家庭和儿童节目品牌。五分钱娱乐场（Nickelodeon）的特色是全天候为孩子提供原创节目。五分钱娱乐场在全世界范围内生产和发行电视节目并已拥有全球化的消费者产品业务。尼克的晚间生活在傍晚和夜间时段播出，其特色是现代家庭喜剧和原创节目。2009 年 12 月 31 日，五分钱娱乐场（Nickelodeon）通过其 50 个品牌的频道到达 111 个国家和地区的超过 3.3 亿家庭，以及更多的家庭通过第三方机构收看其品牌节目。

（二）MTV 国际电视网（MTV Networks International）

MTV 国际电视网（有时作为一个合营者参与）以自行拥有、经营和授权给第三方等形式经营着接近 170 个电视节目服务。这些电视节目服务包括多媒体品牌如音乐电视（MTV），热门录像带第一台（VH1），五分钱娱乐场（Nickelodeon）和喜剧中心（COMEDY CENTRAL），以及特别为国际和非英语国家观众提供的节目服务如 MTV Tr3s，Viva，TMF，派拉蒙喜剧和游戏等。MTVN 国际也在全世界经营着接近 200 个在线资产。

MTVN 在国际市场上的经营特点即大多数的 MTVN 国际电视节目服务是通过本土的音乐、电视节目和节目主持人为特定观众提供地区性服务，并使用地方语言。其中 MTV 电视网的经营活动已遍布欧洲、拉丁美洲和亚洲，显示出它最大的国际存在。

到 2009 年 12 月 31 日，MTV 电视网的经营活动在世界范围内通过其节目服务已经到达了超过 160 个国家的 6.4 亿家庭用户。

（三）BET 国际（BET International）

BET 国际授权其内容给多种媒体平台，包括全天候的 BET 品牌电视网、BET 品牌节目板块和 BET 品牌宽频和手机提供。BET 国际在英国有一个 BET 频道，使 BET 的电视节目通过跨媒体平台可到达撒哈拉以南非洲的 32 个国家。

截至 2009 年 12 月 31 日，在全球通过 BET 品牌频道，BET 可在约 1.04 亿家庭收看到，而还有更多的家庭可以通过授权给第三方的品牌节目播出收看。

维亚康姆媒体电视网的收入主要来源于三部分：①节目服务和数字资源上出售广告时段；②来自从有线电视网络运营商、直接入户卫星运营商、移动网络和其他的内容传送者等各方获取的附属会费；③副业收入，包括制造和发行视频游戏和其他互动性的产品，节目的家庭娱乐销售，内容被第三方使用时对方缴纳的许可证费用，以及品牌和资产在应用于消费产品时的版权费等。

二、维亚康姆电影娱乐内容的国际传播

维亚康姆在国际电影市场上的传播途径与成效同样较为显著。在 2009 年，维亚康姆在国际市场上映的影片有《变形金刚：复仇之战》《星际迷航》《特种部队：眼镜蛇的崛起》《鬼影实录》《流浪狗之家》和《悬而未决》等。制作发行的影片中共获得了 12 项奥斯卡提名。电影娱乐内容的传播途径也体现出多样化和广泛性。

（一）自主与合作发行居于主导

维亚康姆旗下的派拉蒙一方面自主发行，另一方面通过美国联合国际影业公司（维亚康姆与环球影城公司合资组建的公司）向影院发行影片。在 2009 年，派拉蒙在德国建立了自办发行业务以及中国代表处以负责在中国的活动。在五个地区，派拉蒙通过环球影城发行，在另外两个地区，在 2009 年和环球影城重新协议的发行安排框架下，派拉蒙握有环球影城影片的发行权。这些自主发行行为代表了派拉蒙在国际市场上的重要扩张。

（二）应用数字技术扩大推广平台

应用数字技术为电影娱乐内容的国际化传播提供了重要渠道。派拉蒙的数字娱乐业务通过全世界的数字传播平台发展和分销他们的电影娱乐。例如 2009 年最主要的数字放映《八魔阵》，这是一部在 MySpace 上首播的十集原创超自然惊悚片，获得了极高的关注度。

（三）电视授权许可

电视授权许可是电影发行窗口化策略的重要应用。获取国际市场上的电视频道资源为扩大电影收益具有重要效益。例如派拉蒙就将其放映的电影授权给全世界的电视点播、付费和有线电视、广播电视和辛迪加联盟来获取一定的费用。2009 年授权许可的影片有《夺宝奇兵 4》，惊奇公司的《钢铁人》《热带惊雷》《鹰眼》《柯洛弗档案》和梦工厂动画的《功夫熊猫》等等。

维亚康姆电影娱乐分部的收入在世界范围内主要来源于三部分：①院线放映和 / 或影片的分销；②家庭娱乐，包括于在影院放映的影片相关的 DVD，蓝光碟和其他产品或 DVD 影片的销售，以及一定其他项目，包括代表第三方发布的内容；③在世界范围内授予第三方可通过付费和有线电视网、广播电视、辛迪加电视和数字媒体输出平台展播其影片的展播权所收取的许可费。电影娱乐分部也通过向第三方提供产品服务获取一些附加收入，主要来自派拉蒙制片厂、消费品许可、游戏的分销和在数字媒体平台上发布内容等方面。

三、维亚康姆的竞争策略

（一）挖掘优质内容与互动营销

挖掘优质内容是维亚康姆企业战略的核心。回顾维亚康姆当时的几次大并购，一是 MTV 的音乐内容，二是派拉蒙的电影内容，其目的都是为了获取优质内容。以 MTV 为例，MTV 已经成为维亚康姆旗下的核心品牌。MTV 每年都要花费几千万美元聘请各国权威机构进行市场调研，了解不同人种不同国家不同人群的消费音乐的能力。精通消费者的口味，重视原创，是维亚康姆的内容为王战略的体现。

2005 年，维亚康姆与 CBS 拆分后，将业务进行精简和整合，主营 MTV 音乐集团和派拉蒙电影娱乐集团两大业务，强化音乐和电影内容的生产与商业运作。值得一提的是，维亚康姆加强了电视和电影的互动合作和互动营销，由 2005 年收购的梦工厂动画公司负责为 MTV 和尼克儿童频道创作节目内容，MTV 电视网负责推广派拉蒙影片，派拉蒙优势发行公司运作电影和电视原创内容的数字影像馆，专门负责影视内容的版权销售和管理。电视和电影两大集团实现内容共享与交叉营销。另外，自 2006 年以来维亚康姆在新媒体领域频频动作，其下所有电视频道都有自己的在线网站，实现 24 小时节目直播，并且接连收购美国在线游戏服务公司 Xfire 和 Hamonix，开发音乐和娱乐互动游戏产品，依托内容优势进行多元开发。

（二）维亚康姆的竞争策略组合

美国战略管理学家迈克尔•波特提出了企业的一般竞争策略，即成本领先、差异化和目标聚焦，这三个策略领域的表现决定着企业竞争优势的不同。

差异化优势策略方面。维亚康姆善于精准定位，细分观众群细分内容，依据差异化打造多元化电视品牌。如仅 MTV 音乐电视就包括针对 15—24 岁的流行音乐频道、针对 24—34 岁的乡村音乐频道、针对 34—44 岁的古典音乐等多个频道，特别是 MTV 流行音乐频道，每年重磅推出 MTV 欧洲音乐大奖、MTV 美国音乐录影带大奖、MTV 亚洲音乐大奖等大型盛典，被誉为音乐界的奥斯卡，其差异化优势无人能敌。

维亚康姆将 MTV 多元品牌运作的成功经验直接复制到其他电视品牌，比如尼克儿童频道针对儿童群体，又细分为针对 2—8 岁的学龄前幼儿频道尼克频道和针对 8—12 岁的儿童教育频道 Noggin 频道。基于差异化进行多元品牌战略，是维亚康姆最大的竞争优势。

成本优势策略方面。维亚康姆旗下 MTV 一开始是从国内外各大唱片公司直接购买版权，这是其一次性的巨大投入，但维亚康姆的内容多元加工和多媒体平台输出带来的多元利润足以弥补其成本。而且，随着 MTV 的品牌提升，更多的唱片公司愿意免费出让版权换取名下歌手和音乐作品的曝光率，这都是其成本优势的体现。

维亚康姆历来重视版权管理，一是对其原创节目内容的保护；二是出于其商业利润的考虑。维亚康姆旗下派拉蒙优势公司拥有一个名为“数字影像库”的版权管理与运营中心，拥有维亚康姆电影电视领域生产的所有视频内容，不管是数字网站的推广、家庭娱乐市场的 DVD 制作发行、互动游戏产品开发、海外发行和品牌扩张，都实施严密的版权保护。

第二节　国际传媒集团的资本运作案例

本节以维亚康姆集团2007年前后的资本运作为例，归纳其并购式发展案例；同时提供一项2008年CBS通过收购CNET完善其互联网业务的案例。

一、维亚康姆的并购式发展

（一）以并购为战略支点

维亚康姆的发展伴随着大量的并购操作。维亚康姆自20世纪60年代由一家汽车影院起家，通过并购维亚康姆有线电视、并购派拉蒙电影公司、并购CBS广播公司三大标志性并购，将业务拓展到电视、广播、电影、娱乐、户外、出版、主题公园各个领域，用短短二十几年的时间迅速成长为世界顶级传媒集团。2005年为了便于业务管理和增加投资收益，雷石东又将维亚康姆和CBS拆分，分别上市。

2005年拆分后的维亚康姆主营MTV音乐电视集团（包括MTV音乐电视、尼克儿童电视及相关娱乐电视网）和派拉蒙电影娱乐集团两大业务，着重于电影电视互动领域和新媒体互动领域的并购，不断实现其产业链的更新和新媒体业务开发。

（二）电影和电视互动领域的并购

维亚康姆旗下派拉蒙电影于2005年收购梦工厂电影公司，吸纳了好莱坞大导演斯皮尔伯格，电影制作实力进一步提升。在派拉蒙集团内部，由派拉蒙电影公司投资制作的电影，由派拉蒙优势公司负责发行到各院线，再由派拉蒙家庭娱乐公司负责DVD制作与销售，形成完整的电影产业链。

2007年维亚康姆又收购梦工厂动画公司，着力打造动画电影，而且梦工厂动画公司负责和电视领域进行互动合作，为MTV、尼克儿童频道创作节目内容，实现了电影产业链往电视上的延伸。借助电影和电视的融合，MTV电视网可以推广派拉蒙和梦工厂的影片；派拉蒙电影和梦工厂又能和MTV、尼克儿童电视进行内容合作，实现内容共享与交叉营销。

（三）新媒体领域的并购与业务开发

维亚康姆2000年开通了MTV音乐网站，实现24小时“MTV直播”，为喜欢互动的年轻人量身订做内容服务，成为全球网络点击量最大的娱乐网站之一。2005年，维亚康姆以1.6亿美元并购了儿童网站尼奥宠物网，将尼克儿童电视影响力拓展到互联网。2006年，维亚康姆先后收购美国在线游戏服务公司Xfire和Hamonix，开发音乐和娱乐互动游戏产品，为观众提供在线游戏服务，并将其收归MTV旗下。

2007年，维亚康姆牵手Joost，拓展网络电视业务。2007年，维亚康姆与著名软件设计商Adobe共同入股，开发手机嵌入式软件，用于支持手机用户无限收看MTV的音乐节目，开始进军手机电视的增值业务领域。

不管是细分内容的直播网站、互动游戏开发，还是网络电视、手机电视的运作，维亚康姆在新媒体互动领域连连出击，体现了其利用新技术开发内容资源的战略规划。

附：维亚康姆2007年之前的并购发展历程

1）1984年，雷石东将家族企业汽车影院发展壮大成全美最大的电影院线——国家娱乐公司。

2）1987年，雷石东并购维亚康姆有线电视公司，经营MTV和尼克儿童频道。

3）1994年，维亚康姆公司以106亿美元收购收购派拉蒙电影公司。

4）1994年，维亚康姆以84亿美元，收购全球最大的录像带出租连锁店百视达。

5）1999年，维亚康姆以370亿美元收购哥伦比亚CBS广播公司，成为世界传媒巨头。

6）2000年，维亚康姆并购在非裔美国观众中有着卓越地位的黑人娱乐电视网。

7）2005年，维亚康姆和CBS进行业务拆分，维亚康姆包括MTV音乐网、尼克儿童电视网、黑人娱乐网、派拉蒙电影和派拉蒙娱乐；CBS包括CBS广播电视网、CBS户外、西蒙出版公司和派拉蒙主题公园。

8）2005年，维亚康姆收购梦工厂电影公司，吸纳了大导演斯皮尔伯格。

8）2006年，维亚康姆收购在线游戏服务公司Xfire和Hamonix，开发音乐和娱乐在线游戏。

9）2007 年，维亚康姆收购梦工厂动画公司，在家庭和儿童电影市场上开拓更多空间。

10）2007 年，维亚康姆与著名软件设计商 Adobe 共同投资，开发手机电视业务。

二、CBS 并购 CNET

2008 年 6 月 30 日，CBS 以每股 11.5 美元，总计 18 亿美元的价格完成了对 CNET Networks 公司（简称 CNET）的现金并购。此次并购的目的除了可扩大 CBS 向消费者传递信息的平台，同时也通过挖掘不断增长的网络广告市场份额，以弥补传统媒体广告收入下滑的损失。而 CNET 在中国的市场地位也为 CBS 延伸自身的国际影响力产生积极作用。

CNET 成立于 1993 年，1996 年在美国纳斯达克上市，成为全球首家以 IT 网站概念上市的企业，名列全球前 10 大互联网公司之一。公司以科技带动生活的宗旨服务于企业和个人用户。旗下以报道科技新闻和产品评测为主的 News.com、Cnet.com 以及提供软件下载的 Download.com 较为人所识。其中 News.com 曾被誉为“全球第一 IT 新闻网站”。据纽约网络统计公司 Media Metrix 统计，进入 2000 年，CNET 以 940 万人次的月访问量，在数码媒体中位居第 15 名，市值达 45 亿美元。但随着 web2.0 时代的到来，来自博客和其他网站的激烈竞争导致该公司关键业务出现下滑。2005—2007 年，CNET 股价下跌了 19%，而纳斯达克综合指数上涨了 22%。与在线科技广告市场 30%—40% 的增长速度相比，CNET 的核心科技广告业务却在 2007 年下滑了 3%—4%。

在 CNET 被并购之初，多家媒体均报道此次并购不被看好。人们认为 CBS 只是买进了一个麻烦——股票丑闻、敌意并购、裁员和公司内讧不断。而 CBS 该如何重新规划 CNET，将其与原先的业务进行融合，从而产生协同效应都成了大家拭目以待的焦点。

在 2009 年 5 月，继 CBS 收购 CNET 一年以后，美国知名科技博客 Silicon Alley Insider 撰文称这个最老的传统媒体和新媒体的联姻虽遭到了严厉批评。但在一年之后再看这次收购行为，一切都运行正常，至少在战略上是成功的。

随着 CNET 被并入 CBS Interactive（简称 CBSi）即哥伦比亚广播集团旗下的互

动媒体公司，CBSi盈利能力与市场影响力获得了提升。业务覆盖科技、娱乐、体育、新闻和商业领域，在全球范围内拥有2.19亿独立用户，位列十大互联网公司之一。公司的部门重新划分为五个部分，科技部门下辖CNET.com、CNET Reviews、Download.com等；娱乐部门下辖TV.com、GameSpot.com、Chow.com、CBS.com、TheInsider.com、Last.fm和CBS Audience Network等；运动部门下辖CBSSports.com、CBSCollegeSports.com和NCAA.com.等。同时，CBSi获取了CNET在中国的各项业务，拥有中关村在线、电脑之家、爱卡汽车网、网上车市、至顶网和Onlylady等专业媒体品牌，成为了中国最大的垂直互动媒体公司。

CNET.com经过改版，以崭新的面貌面对更大的市场空间。一方面，CBS利用交叉推广的方式，积极提升新版CNET.com的知名度，例如CBS体育播音员呼吁观众访问CNET.com，CBS的广告板推广CNET。在美国民主党和共和党的全国代表大会上，CBS晚间新闻节目主持人卡蒂•考里克（Katie Couric）在进行夜间在线直播时还回答了CNET.com用户提出的问题。市场调研机构comScore的调查数据显示，2008年7月CNET的独立用户访问量为1 530万，同比增长22%。

另一方面，新版CNET.com实现了CBS的另外一个在线业务战略重点：视频服务。在新版CNET.com的首页上出现了一个播放高清视频的大窗口，用于推广该网站的视频内容，其中包括CBS的电视节目剪辑。公司负责人表示，该网站的视频广告可以售出普通广告2倍的价格。CBS主席及首席执行官蒙维斯说："我们是一个主要的内容提供商。现在，我们也涉足了在线内容领域，这显然是内容发行领域的发展趋势。"

由于传媒产品天然具有高原创成本、低边际传播成本的特点，并存在网络外部性效应，尤其在媒介融合媒介下，做大方能做强几乎成为一种共识。通过并购带来资源共享，最大化发挥协同效应，是传媒并购最主要的动因。但是，在许多著名的并购案例中，接近一半的案例以失败告终，其中主要原因就是并购后未能实现有效、迅速的整合。CBS是否会重新走上时代华纳与美国在线并购失败的老路，仍需要CBS根据市场环境发挥各媒体优势，在全方位的整合过程中产生真正的规模经济与范围经济价值。

第三节　国际传媒集团的发展战略案例

本节对时代华纳和新闻集团当时的企业发展战略进行归纳。

一、时代华纳的企业发展战略

（一）以多种形式的并购打造核心业务，以售卖清理非核心业务

时代华纳早期以横向并购为主，旨在扩大公司规模，增强公司竞争力，实现规模经济效益，同时又通过纵向并购实现对各业务环节的控制，最终实现内容与渠道的联合。纵向并购使业务的上下游之间的外部交易转化为内部交易，大大降低了交易成本，增大了利润空间而且减少了因市场不确定性带来的风险。而且，时代华纳通过对关键要素和业务环节的控制来影响竞争对手的活动，提高行业的进入壁垒。

随着传媒业竞争日趋激烈，时代华纳开始跨媒介和跨行业的并购，旨在形成多点支撑的产业格局，增强竞争力和抗风险能力。时代华纳经三次兼并形成传媒巨头的过程就是不断跨媒介和跨行业并购的过程。

时代华纳通过多次策略性的售卖，为公司清理了非核心业务，调整了公司的产业结构。2002—2003 年，时代华纳的音乐业务由于受到互联网、移动电话和 MP3 音乐播放器的影响而日益惨淡，时代华纳于 2004 年 3 月正式将其音乐业务出售给美国布隆夫曼投资集团。而图书出版业整体增长缓慢，时代华纳于 2006 年 2 月将其出售给法国最大的出版商拉加德尔集团。这些业务的出售，使时代华纳的核心业务更加突出，减轻了其债务，使公司的业务结构得到了调整。

（二）产业扩张过程与新技术融合

新技术可以为企业带来新市场，为其扩张和多元化经营创造机遇。从杂志到电影，到有线电视，到卫星电视，再到互联网，时代华纳对新技术的运用一直走在前列。

首先，时代公司利用图片摄影技术获取出版业的成功。在 20 世纪二三十年代，

时代公司抓住摄影技术这一手段，在旗下的所有杂志中大量使用图片，成为图片新闻的先驱，而《生活》和《体育画报》更是专门的新闻画报，吸引了大量的读者，对摄影技术的率先使用让时代公司成为了杂志领域的领头羊。

其次，华纳兄弟利用电影技术成就影业辉煌。1917 年华纳兄弟借钱买了一架放映机，靠放电影为生，并于次年建立了华纳制片厂。1923 年华纳兄弟影业公司成立，四年后推出了电影史上第一部有声电影，次年推出了彩色电影。20 世纪 50 年代，华纳公司还推出了立体电影，又一次走在技术的前沿。对电影新技术的及时大胆的利用使华纳兄弟公司得以立足并成为电影业的巨头。

再次，时代公司利用电缆和卫星通信技术构建有线网络系统。20 世纪 70 年代时代公司敏锐地看到了有线电视的发展前景，拥有了自己独立发展的有线电视网络，1972 年时代华纳收购了有线电视频道 HBO，并在卫星通信技术出现不久后，转为使用卫星转播使 HBO 获得飞跃性的发展，为时代华纳公司建构强大的有线网络系统打下了坚实的基础。

最后，时代华纳利用网络技术打造网络时代的传媒帝国。20 世纪 90 年代，时代华纳看到了互联网的潜力，积极进军互联网领域，耗时 5 年不太成功后与全球最大的网络服务商美国在线合并，获得了美国在线的互联网平台，网络技术使时代华纳集团真正融入网络时代，成为网络时代的传媒帝国。

（三）跨媒体经营，多媒体互动

时代华纳通过并购拥有了杂志、电影、电视及互联网等多种媒体，实现了跨媒体经营。这不仅可以提高同一资源的重复利用率，以同样的成本获得较大的利益回报，还可通过不同媒介之间的协同效应增强媒体的传播效果，扩大受众覆盖率，吸引更多的广告客户。时代华纳通过尽可能多的传播分销渠道分摊内容成本，并利用不同媒体的特性形成优势互补，发挥协同效应。

时代公司是杂志与网络联合的先驱之一，《时代》是最早全文上网的杂志，随后时代公司旗下的其他杂志也纷纷上网，借助网络发布杂志内容吸引广告商。2006 年时代公司和 CNN 共同成立了商业和财经网站 CNNMoney.com，此外《财富》杂志利用自身的品牌影响力，与“全球论坛”结合，扩大了公司的整体影响力；时代华纳旗下的电影业务与家庭影院频道 HBO、Cinemax、特纳经典电影网、卡通网等有线电视频道在业务上互相交叉，合作十分密切，华纳电影为有线电视频道提供丰富的内容，同时也获得了广阔的播出渠道，而 HBO 也会制作低成本电视部分先在院线播出。同时，时代华纳的电影公司都有自己的网站，以电影资源为核心为客户提供多种服务，有力地宣传和推广了影片；另外，时代华纳有线公司除了基本的电视业务，以有线网络为平台，与多家 ISP 公司合作为用户提供视频、数据和语音服务，充分利用网络媒体的即时性和互动性进一步巩固了时代华纳的核心竞争力。

二、新闻集团的企业发展战略

（一）内容与渠道双管齐下的企业发展战略

在新闻集团的发展中，内容和渠道是密不可分的。强大的内容制作和提供能力是渠道扩张的坚强后盾，只有具备了丰富的内容，传输渠道才能吸引用户；而强大的传输能力也是内容生产前提，只有将生产的内容传送到用户手中，内容的价值才能得到实现。

在内容领域，一方面新闻集团不断充实自身的内容制作能力，另一方面非常注重投资体育节目。体育节目是全球媒介产业中最挣钱的领域，在美国新闻集团的势力几乎渗透到美国职业体育界的每个角落，它不仅拥有美国最好的棒球队之一的洛杉矶队，还买断了美国四大职业联赛的转播权。新闻集团已有的体育合同有：和国家足球联盟（NFL）签订到 2012 财年的合同、和国家汽车比赛协会（NASCAR）签订到 2014 年的直播某些比赛和某些增值内容全权直播的合同，和职业棒球大联盟（MLB）签订到 2013 年的合同，直播保龄球系列冠军赛（BCS）到 2010 财年的合同。这些合同都为新闻集团提供了吸引受众的独特内容。

在传播渠道，默多克在澳大利亚办报的时候就始终将报纸的发行权掌握在自己手中，在随后的发展中，他也总是不遗余力地拓展传播渠道。2007 年 5 月，新闻集团以每股 60 美元的价格收购了道琼斯集团，它看中的正是道琼斯旗下的三大媒体——《华尔街日报》、道琼斯通信社和《巴伦周刊》。而对电视台的收购新闻集团也是不遗余力，2007 年底出售 8 家后其仍然拥有 27 家电视台，默多克还创建了福克斯电视网，现已成为了美国四大电视网之一，而进入 21 世纪后对卫星直播电视公司的收购更是进一步拓展了其在全球的卫星传输网络。

新闻集团这种内容与渠道双管齐下的产业发展战略使其在全球扩张和多元化的发展中取得成功。

（二）全球扩张，本土经营

新闻集团的发展理念是全球化战略和本土化经营。并购是新闻集团产业扩张的主要方式，通过并购扩大企业规模，可以取得规模经济效益。在新闻集团庞大的资产中，默多克只创办了《澳大利亚人报》、福克斯新闻频道等少数媒体，其他大部分的重要资产是并购得来的，如在英国的报业资产、在美国的20世纪福克斯公司等。新闻集团在全球的扩张中呈现高价大规模和纵向合并的特点，将内容公司和载体公司进行合并。通过这种大规模的垂直一体化的并购战略，默多克将新闻集团打造成了国际顶级的传媒集团。

但是由于各个国家和地区之间的经济、社会、人文等各种差异，要让传媒内容在各地都受欢迎，就必须进行本土化运作生产符合当地口味的内容。默多克在进行本土化的过程中主要采取的战略是任用本地人才，使节目本地化。但是在本地化的过程中，默多克始终有一个原则——利可分，经营权可分，但是产权不可轻易分。

（三）与优势互补的企业战略联盟，共担风险，建立竞争优势

新闻集团深知既竞争又合作的关系对集团发展的重要性，与优势互补的企业形成了战略联盟，从而共担风险，建立竞争优势。

1996年，默多克与美国第二大有线公司TCI达成合作，以福克斯新闻频道20%的股份为交换条件进入了TCI系统，借助TCI的网络优势为其节目寻找发展平台。而新闻集团与派拉蒙电视公司合作的电影《泰坦尼克号》创造了电影史上的多项纪录，2001年新闻集团FOX电视网和维亚康姆的电视台进行资产交换不仅降低了全国观众，符合了FCC的要求，而且扩大了其影响范围，在美国无线电视竞争中实现了双赢。新闻集团还在电视互动领域、数字卫星电视领域、互联网市场等与有优势互补的企业进行战略合作，都为其开创了利润可观的发展局面。

新闻集团与其他企业的合作既有简单的内容合作，也有关乎结构调整、产业升级的战略性合作，都形成了资源或经营管理经验的互补，在发挥联盟双方比较优势的基础实现双赢。

第四节 国际传媒集团有线电视网网站的运营案例

伴随着互联网和新兴传媒技术的发展，国际传媒集团电视业务领域的竞争进入到追求实时新闻、与受众互动的时代。有线电视网三强 CNN、Foxnews 和 MSNBC 的竞争扩展至互联网领域，三家有线新闻频道都建立了高度发达的网站，这些站点发展成为真正的多媒体终端，均具备视频数据库、RSS 订阅功能，可通过移动设备登录，同时还都提供流媒体直播内容。尽管 MSNBC 频道在电视收视率中长期排名第三，MSNBC.com 却一直是有线电视网领域最受欢迎的网站，它提供的视频内容和博客内容都是最多的。CNN.com 在众网站中拥有最多的播客提供者。Foxnews.com 则在社交网站中有最多的曝光率。

一、2009 年三大有线电视网网站运营概况

（一）MSNBC.com

MSNBC.com 将自己定位为拥有原创新闻的在线独家频道，自 1996 年建立时起，它就一直是访问量最大的新闻网站之一，超过其他所有有线电视网的网站。在微软科技力量的帮助下，NBC 整合了旗下包括 NBC 电视网、Dateline NBC 在内的各种新闻报道资源，并且一直维持了独立于微软和 NBC News 的管理架构。2008 年 MSNBC.com 确立了新的网站宗旨："更全面的新闻视野。"在管理层的推动下，2007 年 MSNBC.com 对网站布局和外观进行了两次大的重新设计，数次调整主页布局。多次调整的方向是，强调推广视频和照片内容，并使网站的导航功能更加便捷实用；不过其分类组织精华报道的特点一直未变，内容分类包括体育、天气、政治、娱乐及其他，突发新闻都突出显示在页面顶部。在内容来源方面，MSNBC.com 有一半左右的内容是来自于外部消息源，还有一小部分来自主要国家新闻媒体，只有少部分报道由 NBC News 或是 MSNBC 团队自己制作。和其他主要的有线新闻网的网站一样，MSNBC.com 为移动设备提供网站的移动版本。

（二）CNN.com

CNN.com 也是独立于电视频道进行运营的实体，作为 CNN 的主要网站，CNN.com 是 CNN 面向美国受众开办的三家网站之一，另外两家分别是 iReport.com 和 CNNMoney.com，其中 iReport.com 是从 CNN.com 中新拆分出的专门供用户分享原创内容的网站。2007 年，CNN 与 Internet Broadcasting Systems（IBS）公司签约，与其建立了内容分享关系并一直持续，IBS 将向 CNN.com 提供地方电视台的视频内容。互联网咨询公司 IBS 是一家在线内容设计商，拥有 70 多家地方电视台网站客户。根据协议，IBS 将向 CNN.com 提供地方新闻和事件信息（链接到各地方电视台的网站），作为回报，CNN.com 向 IBS 各网站提供国内新闻和政治新闻。这项协议被看作是传统媒体在互联网上获取在线广告收益的一种方式。CNN.com 的网站布局变化不大，与 MSNBC.com 一样，也是将其内容按主题列出，如政治、国内和世界新闻，只是设计得更好一些，在主页顶端设置有导航条，CNN 旗下各网站都列在导航条中。CNN.com 与其竞争者的最大不同体现在内容来源上，它的大多数内容都是由自己的员工团队制作的。在 CNN.com 原创团队的基础上，2008 年，CNN 组建了主要为地方性和区域性报纸提供内容的 CNN 通讯社。CNN 新闻内容也可以通过手机和 PDA 等获取；2007 年 CNN Mobile 独立于网站开始运营，在突发新闻事件中给用户提供新闻提示、照片和流媒体视频。

（三）Foxnews.com

Foxnews.com 由于背后缺乏强劲有力的门户网站（如微软 MSNBC）或者是强大的品牌（如 CNN）支持，其网络访问量一直相对较小；其网站不断增长的访问量可以视为是其原有受众的推动。为了与默多克的战略重估方向保持一致，新闻集团更多地关注数字化内容，推出了包括旨在与 YouTube 竞争的 Hulu 和福克斯新闻数字集团。福克斯新闻数字集团 2007 年 9 月与马文网（Maven Networks）签订协议，以改进宽带视频质量；马文网帮助其网站链接更多视频，将 FOX NEWS 电视节目资料库链接到网上供用户浏览。

Foxnews.com 也提供其网站的移动版本，用户可以在移动设备上获得直播视频或编辑过的视频内容。与 CNN.com 一样，Foxnews.com 在其名为“uReport”的页面上整合了用户提交的内容。与 CNN.com 不同的是，它将“uReport”整合进了主页页面，而不是做成一个单独的 URL 链接。Foxesnews.com 的布局似乎在很多方面看起来都像是一份小报，这与其母公司新闻集团旗下的美国报纸《纽约邮报》相近似。

二、三大有线电视网网站的受众市场表现

MSNBC.com 一直是美国访问量最大的新闻网站之一。根据尼尔森在线（Nielsen Online）的数据，2008 年，该网站月均独立访问量（unique visitors per month）为 3 900 万，领先于当时所有其他作为消息源的新闻网站。ComScore 提供的数据与尼尔森的数据相差不大，显示 MSNBC.com 在 2008 年每月平均有 3 280 万独立访问者，CNN.com 的访问量紧随其后。Foxnews.com 在受众规模上明显落后，差不多是前两家的三分之一。Hitwise 数据没有计算访问量，而是对网站吸引的互联网流量进行排名；根据 Hitwise 排名，CNN.com 在 2008 年最受欢迎的新闻类网站中超过了 MSNBC.com 排名第二，仅落后于排第一的雅虎新闻网。

衡量网站的受欢迎程度，还有一种指标是测量在新闻事件高峰时刻该网站获得的访问者数量，在这一指标下，MSNBC.com 看起来更强一些。2008 年民主党全国大会日，这一天所有的新闻网站都达到了它在该年中的最大流量，而此日 MSNBC.com 击败了它的对手 CNN.com。该日 MSNBC.com 一共向用户提供了 560 万次在线视频，获得 8 420 万点击量（Page View），而 CNN.com 获得 7 700 万点击量。在由皮尤研究中心在 2008 年 8 月开展的一项调查中，10% 的被访者提及 MSNBC.com 是其最认可的在线新闻来源，7% 的被访问者最认可 Foxnews.com，说明后者虽然访问量落后，但知名度已达较高水平。

三、借助社交网站 扩大影响实现互动

2008 年，有线新闻网在社交网站的爆发式流行中受益颇多。MSNBC.com、CNN.com、Foxnews.com 均在社交类网站如 Facebook 中开设页面，并从其中获得利益分配。尽管只有大约 10% 的少数人声称其通过社交网站获得了新闻信息，但这个数量一直在增长，特别是在广播电视业者和广告主们觊觎的年轻人当中。2008 年，

同样有一成左右的人们声称他们已经是有规律性地从社交网站获取新闻，比如收听或收看深夜喜剧节目。

MSNBC.com 与其竞争者一样，在 2008 年扩展了其网络业务。尽管其 Facebook 页面的盈利较其他网站为少，MSNBC.com 仍然非常重视提升其数字技术。MSNBC.com 在 Facebook 页面向其用户推广带有新闻主题的游戏和插件，迎合用户接收新闻的不同习惯。此外，MSNBC.com 与新闻集团旗下的 MySpace 也进行过合作。

Foxnews.com 在 Facebook 中的页面是全部有线新闻网网站运作的页面中最受欢迎的。它的资料页面中提供了来自福克斯新闻频道的视频剪辑，用户可以分享并转贴到他们自己的页面中。2008 年 8 月，在 Facebook 里 Foxnews.com 的资料页面有超过 20 000 名粉丝在线，当时 CNN.com 是 6 700 人，MSNBC.com 仅有 600 人。Foxnews.com 平均用户年龄是 23 岁，正符合对有线新闻频道和广告主有价值的受众人口统计学特征；这对福克斯新闻频道来说尤为重要，因它的观众群本来就要比另两家竞争者更年长一些，它更需要吸引年轻受众群。

在竞争对手都入驻较为成熟的社交网站如 Facebook 和 MySpace 的时候，CNN 的电视名人们在 2008 年与当时的新锐网站 Twitter.com 进行了合作。如电视名人 Rick Sanchez 在“直通 Rick Sanchez”节目中鼓励用户通过 Twitter 与他联络；他多次在节目中读出 Twitter 上的评论并鼓励人们参与谈话。Twitter 的引入产生了一些双向的反应，“对我而言，它显得太激进了”，前 CBS 新闻制片人 Sam Roberts 说道，“但是新闻行业还得继续，这可能就是它可能走的一条路”。这项功能在技术爱好者中颇为受欢迎，没过几个月 Sanchez 在 Twitter 中能够联系到的观众数就已经迅速超过了 10 000 万人。

四、争做在线视频领先者

对于有线新闻网的网站来说，如何利用其大量的视频产品建立新的价值增长点，成为网站运营的重要课题。三大有线新闻网都将其网站作为电视内容的第二播出平台，各网站背后都有相当数量拥有自主版权的视频，但将这些视频搬到网上还并不容易。MSNBC.com 在网站可点播视频数量上取得领先，但 CNN.com 和 Foxnews.com 在视频直播上做得更为成功。

在线点播视频领域，MSNBC.com的视频链接数量和被观看视频次数均居于领先。2007年12月，重视网络技术开发的MSNBC.com率先推出视频播放器插件，可以植入用户的博客和网站中，迅速在视频数量上超出所有竞争者。根据尼尔森的数据，2008年3月，MSNBC.com创下了1.257亿次视频被观看的纪录。但在线流媒体直播领域，MSNBC.com内容相对较少，CNN.com和Foxnews.com则在这方面见长，全天候提供直播视频链接。

Foxnews.com拥有几乎与CNN.com同样多的视频内容，包括其直播流媒体内容；但它在新型网络应用程序的采用方面总不能领先，也因此没能有更突出的表现。

2008年初，CNN开通独家网页频道CNN TV，包括一些原创内容和一些独家签约于频道的主播。同年，MSNBC.com和Foxnews.com与由NBC环球和新闻集团联合拥有的Hulu.com进行合作，通过Hulu这个视频分享平台为自己带来更多的视频用户；由于CNN的母公司时代华纳不持有Hulu的股份，CNN的节目不能进入Hulu平台。

播客（Podcasts）、微型网站（Microsites）和博客等功能模块也都出现在有线电视网站上。电视网站可以使用播客在线发布基于电视内容的音频或视频。通过播客，用户可以收听到或看到定制的新闻或视频剪辑。CNN.com在这领域取得领先，它拥有三倍于其竞争对手的播客数量，其主页上有着完整的播客区，音频和视频都很容易被找到。CNN晚间主播Anderson Cooper的播客在iTunes的下载排行上一直名列前茅。微型网站方面，由于有线电视新闻网的主播们多富个人魅力，很多黄金时段的主播都在新闻频道页面上添加了自己的微型网站链接，比如Foxnews.com主播Bill O'Reilly和CNN主播Anderson Cooper，他们的个人微型网站内有视频、文章，还有一些投票和在线小游戏。博客比较普遍，MSNBC.com拥有的博客数量最多，Foxnews.com最少。

五、善用网站用户提交的内容 贴近实时播报

三大有线新闻网站主页网页标题中均突出“突发新闻”字样，以显示实时新闻覆盖和新闻直播的特点。电视直播的片段都可当天或者隔日从网站看到，但大多数电视新闻并非是实时消息，有些电视新闻节目即使是在电视播出的同时在网络上播

放，也显得有些过时，尤其是一些真正突发事件，电视网的摄像人员并不能实时赶到拍摄。

因此，在线新闻频道对用户原创视频都尤为关注。由网站用户制作并提交的视频出现在电视新闻网站中的显著位置已经成为普遍现象。电视新闻网站在突发新闻时段频繁使用用户原创视频，对网站来说既能获得有竞争力的视觉内容，又不需要花费自身人力物力。当然，这些原创视频在被在线发布或电视播出之前都必须经过专业编辑人员的审查，以防止出现问题。

三大有线新闻网站都为公众上传的视频提供了不同标签，使其能在网站相应频道或位置展示并存档。从 CNN.com 拆分出来的 iReport.com 允许任何人上传视频，能够不断获得各种突发新闻事件视频；之后编辑人员会对视频进行拣选，放在网站相应的区域播出，有的会被推荐到网站主页。一些最引人关注的内容也会被选择进入电视频道播放。2007 年 4 月，弗吉利亚工学院发生震惊全美国的校园枪击案，CNN 从一个学生手里得到了事件发生时的视频，使频道拥有了事件第一手画面，此事成为了公民新闻争论中的里程碑式事件。据 CNN 网称，这件事使得其当日访问量达到平日的 3 倍。此后 MSNBC 的姊妹媒体 NBC News 宣布其已经从凶手处取得了他为枪击做准备的视频，NBC 新闻在其晚间新闻栏目中播出了这段视频的一个编辑过的版本，并将完整版发在了 MSNBC 上（包括电视频道和网站）。这段视频在电视频道停止播出以后还可在线观看，最终出现在了视频分享网站上。

除去用户提交的视频之外，用户还可以向网站提交文本内容；但这一尝试可能在由公民新闻转变为可信新闻品牌方面遇到挑战。2008 年 10 月 CNN 的 ireport.com 被上传了一篇恶作剧报道，称苹果公司总裁 Steve Jobs 心脏病突发，报道传播出去之后导致苹果电脑的股票大跌。CNN.com 很快删除了这篇报道，并发布声明强调 ireport.com 上的报道并非 CNN 员工制作。MSNBC.com 的“First Person”版块和 Foxnews.com 的“uReport”中的用户提交内容也都只在各自相应的网站版块内出现，管理者们在经历过苹果电脑事件后对待用户提交内容的管理趋于谨慎。

六、小　　结

美国三家有线电视网的网站在 2009 年的互联网领域出现了与传统收视领域不同

的竞争格局。MSNBC.com 在重视视频数量的基础上，重视先进技术开发和应用，再加上有效借助社交网站的影响力，在传统收视领域落后的 MSNBC 成为互联网领域的强者。MSNBC.com、CNN.com、Foxnews.com 三家网站虽各有所短但又各抒其长，它们的竞争发展正是展现了电视媒体网站在互联网和新媒体技术飞速发展的新时期，不断适应剧烈变化的新传播环境、不断创新、不断突破的过程。

第五节 新闻集团的数字化战略调整

数字化媒体时代，数字媒体信息可以轻易穿透现实的国界，把服务传递到世界各地，给跨国传媒集团提供了新的战略选择空间。本节关注 2009 年新闻集团的数字化战略调整。

在新闻集团 2009 财政年度报告中，默多克明确提出，新闻集团正在努力转变旧的观念，改变原来的商业模式，其核心战略就是进行数字化发展，在其书籍、报纸、广播、有线电视、卫星电视、电影、营销服务、数字媒体等全部业务当中推动数字化。默多克将自己的主要责任明确界定为负责在全球主要市场为未来的数字化业务寻找机会。

一、2009 年新闻集团整体经营业绩不佳

新闻集团的 2009 财政年度（2008 年 7 月 1 日—2009 年 6 月 30 日）可以说是不够完美的一年，连续几个季报都透露出利润下降的趋势，当新闻集团 2009 财年报告出台、整年的收支状况呈现出来的时候，市场观察者们就可以充分理解为什么默多克如此坚定战略调整的意向。

（一）负值的总营业利润

新闻集团有着庞大的收入规模、复杂的收入结构，其 2009 财年总经营收入为 304.23 亿美元，仅次于时代华纳，在全球传媒集团当中稳居第二的位置，但这一数字与其 2008 财年总经营收入相比下降 8%，出现了过去 5 年以来的首次下滑。2009

财年新闻集团总营业利润竟为—56.5 亿美元。

当然，这种合并财务报表的表面数字并不能说明新闻集团就真的出现了经营的全面亏损，实际情况是新闻集团出于对业务所处整体经济环境正在并将持续走弱的判断，而在自己的商誉和无形资产方面进行了 88.96 亿美元的评估减值，才在报表当中制造出这样一个大幅利润下滑的数字；其调整后营业利润实际为 35.58 亿美元，比 2008 财年下降 33%，这种下降幅度，也已经足够说明新闻集团达到了必须进行战略转型的关口。

主动在自己的商誉和无形资产方面进行减值，说明新闻集团对当前的传媒经济环境和自身经营业务的未来发展都有着非常谨慎的考虑。根据新闻集团的解释，一是其多数业务所处的相关国家都出现不同程度的经济形势走弱，二是新闻集团广告收入明显下降，三是随之而来的是公司股票交易价格下跌，四是集团内部以广告为主要收入来源的电视台、报纸和一些以广告为中心业务的公司的市场估值下降；基于对这些不利的现实因素和对未来市场环境变化的判断，新闻集团对自身的商誉和无形资产进行了评估减值。在财务报表中体现出来非现金减值共约 89 亿美元，其中公司无形资产减值方面 46 亿美元，商誉方面减值 41 亿美元。新闻集团认为在公司各类经营业务所处的经济情况还会进一步出现不利局面，公司的商誉、无形资产以及一些长期资产都存在进一步减值的可能。

（二）主要经营数据明显下滑

观察一下最近 5 年的新闻集团经营数据，可以发现新闻集团的总经营收入在 2005—2008 年都是持续增长的，但在 2009 年出现明显下跌。同时，新闻集团总资产也从 623.08 亿美元缩水至 531.21 亿美元。

表 4-1　2005—2009 年新闻集团基本运营数据（数额单位：亿美元）

年份	2009	2008	2007	2006	2005
总经营收入	304.23	329.96	286.55	253.27	238.59
总营业利润	— 56.50	53.81	44.52	38.68	35.64
总资产	531.21	623.08	623.43	566.4	546.92

二、多项传统传媒业务收入利润均下降

在新闻集团2009年的对外宣传中，有线电视网业务的利润增加总是被重点突出，但其他业务就都只是一笔带过。新闻集团传统的主要经营收入来源领域，电影娱乐业务、报纸与信息服务业务、电视业务等领域乏善可陈，电视业务领域甚至出现了85%的利润下跌幅度。

（一）电影娱乐业务下滑

新闻集团的电影娱乐业务主要包含真人动作片和动画片的制作和购买，在全球各类娱乐传媒发行，以及全球范围内的电视节目制作和提供。

2009财年新闻集团电影娱乐业务经营收入为59.36亿美元，比上年下降11%；利润8.48亿美元，比上年下降32%。电影娱乐业务不佳，主要原因在于其全球范围内家庭娱乐市场的销售和电影院线领域收入出现下滑。此外由于新闻集团在之前关于旗下著名的NDS集团股份交易中放弃了对其的控股权，无法再将NDS集团的收入合并到财务报表中，也因此而失去了一部分收入数据。

（二）电视业务收缩、利润大幅下降

新闻集团的电视业务包括主要包含27个全功能广播电视台的运作，其中有9家居于双寡头垄断的市场地位，既为美国电视网提供节目，还在亚洲进行电视节目的开发、制作和播送业务。这些电视台中，17个是福克斯广播公司的附属电视台，10个是MyNetworkTV的附属公司。

电视业务方面，新闻集团2009财年收入46.02亿美元，比上年下降21%；利润仅剩1.74亿美元，比上年下降85%。造成这种现象一个较大的原因是新闻集团一直在剥离出售电视台，比如2008年7月新闻集团将FOX下属的8家美国本土电视台以10亿美元的价格出售。2008年11月，新闻集团还出售了一家波兰电视台的股份，在交易中亏损1亿美元。新闻集团发言人Andrew Butcher表示，公司是出于战略上的考虑计划出售这些电视台的，并将借助此项措施重新部署资源。

（三）报纸和信息服务成本增加、利润下降

报纸和信息服务业务，主要包含英国 4 家国家报纸的出版，澳大利亚大约 146 家报纸的出版、美国 1 家都市报和 1 家国家报纸的出版。2009 财年收入 58.58 亿美元，比上年下降 6%，利润比上年下降 41%。利润下降主要是受到并购财经资讯内容提供商道琼斯公司的影响。新闻集团为了整合道琼斯公司，使其尽快能够进入集团的报纸和信息服务业务系统，付出了很多额外的费用，经营性支出和雇员成本都大幅增加。

新闻集团商誉账面价值减值中最大的一部分就是针对的报纸和信息服务领域业务，减值 24.24 亿美元，次之的电视业务商誉账面价值减值为 3.76 亿。可见新闻集团对报纸和信息服务领域的市场环境和未来发展的判断是最为不乐观的。

（四）有线电视业务保持增长成为唯一亮点

有线电视业务主要是通过有线电视系统进行节目发行。新闻集团 2009 财年唯一的经营亮点出现在有线电视业务领域，2009 财年有线电视业务收入 55.8 亿美元，比上年增长 12%，利润上升 32%。在美国有线电视业务领域，新闻集团旗下的 FOX NEWS 网近几年一直是收视率冠军。这一领域的增长，是由 FOX NEWS 网、FX 电视网和国际有线电视频道共同推动的，同时对国家地理频道上年收益的重估增值也为此项目贡献了 3.56 亿美元收入。

（五）直播卫星电视业务基本持平

直播卫星电视业务 2009 财年经营收入为 37.6 亿美元，比上年小幅增长 1 100 万美元，但利润下降 2 600 万美元。新闻集团的直播卫星电视业务主要由意大利天空电视公司（SKY Italia）开展。SKY Italia 在 2009 财年新增 23.5 万订户，2009 年 6 月 30 日最大订户基数达到 480 万。2009 年每订户平均收费为 44 欧元，与上年持平；获取每个新订户的成本为 250 欧元，比上年有所下降，主要得益于平均市场营销成本降低，以及初装费用降低。

由于订户增长，SKY Italia 相应地运营新频道、增加节目制作、增加市场推广，运营费用有所上升，再加上 2009 年度美元对欧元的升值，导致虽然业务收入增长，但以美元计算的利润反而下降。

（六）其他业务

图书出版业务，收入 11.41 亿美元，收入下降 18%，利润下降 89%；主要原因是世界经济不景气造成的人们消费支出减少，书籍零售市场普遍萎缩，书籍销售量降低，同时也没有能够引起轰动效应的图书产品出现。杂志和广告插页业务，主要包含独立广告插页的出版，通过美国当地的星期日报纸的插页为消费者提供的服务；收入 11.68 亿美元，小幅增长 4%，利润持平。

表 4-2　新闻集团 2008—2009 财年经营收入（损失）情况（数额单位：百万美元）

主项目	子项目	2009	2008	变化值	增长率
各项经营收入	电影娱乐	5 936	6 699	(763)	(11)%
	电视	4 602	5 807	(1 205)	(21)%
	有线电视	5 580	4 993	587	12%
	直播卫星电视	3 760	3 749	11	—
	杂志和广告插页	1 168	1 124	44	4%
	报纸和信息服务	5 858	6 248	(390)	(6)%
	图书出版	1 141	1 388	(247)	(18)%
	其他	2 378	2 988	(610)	(20)%
总经营收入		30 423	32 996	(2 573)	(8)%

注：参考国际财务报告的写法，数据中出现括号，等于负号。

表 4-3　新闻集团 2008—2009 财年营业利润（亏损）情况（数额单位：百万美元）

主项目	子项目	2009	2008	变化值	增长率
各项营业利润	电影娱乐	848	1 246	(398)	(32)%
	电视	174	1 126	(952)	(85)%
	有线电视	1 670	1 269	401	32%
	直播卫星电视	393	419	(26)	(6)%
	杂志和广告插页	353	352	1	—
	报纸和信息服务	466	786	(320)	(41)%

续表

主项目	子项目	2009	2008	变化值	增长率
	图书出版	17	160	(143)	(89)%
	其他	(363)	(84)	(279)	—
调整后利润		3 558	5 274	(1 716)	(33)%
	（无形资产、商誉等）减值	(8 896)	—	(8 896)	—
	其他营业收入	(312)	107	(419)	—
总营业利润		(5 650)	5 381	(11 031)	—

通过以上分析可以发现，新闻集团2009财年除了有线电视业务收入和利润均实现增长之外，其他领域的经营业绩基本都是向下的。有线电视网成为新闻集团收入和利润增长的龙头。卫星直播电视随着用户的积累，成本会逐渐降低，以后的发展前景较其他业务要好一些。其余几个传统的业务领域，从收入变化角度看，电视业务、电影娱乐业务收入下降值最大，其次是报纸和信息服务业务、图书出版业务。从利润变化角度看，图书出版、电视下降幅度最大，其次是报纸和信息服务业务、电影娱乐业务。

三、新闻集团的数字化战略调整

最近两年的经营业绩表明，如果不进行及时调整，目前的传统传媒业务格局已经不能满足新闻集团全球领先的持续发展。虽然具体业务领域出现业绩下滑可能是由各种各样的偶然因素造成，但传统业务的衰退迹象已经显现。对新闻集团来说，已经到了必须在整个集团范围内的进行战略调整、产业重组的时候了。数字化业务要加强，培养盈利能力；传统传媒业务则要进行数字化改造，以适应新的时代要求。

在2009年10月来北京参加媒体峰会的时候，默多克对媒体表示："我们身处信息革命的浪潮之中，既使我们兴奋不已，又让我们诚惶诚恐。数字革命彻底颠覆了传统的商业模式，跨越了地域、行业和媒体的边界，在世界各地形成了物质社会财富的新来源。但是数字只是一个手段，而非目的，可以改变人们的生活，可以让人们以空前的规模获取新闻、信息和娱乐。"默多克在年度报告中撰文称，数字化趋势已经改变了所有的市场，今后的传媒产品将全部以数字化的形式出现，高清晰度视频、发送到人们移动设备的新闻、电视专业频道以及通过电视呈现的 3D 电影等，这些产品形式都是新闻集团传媒产品数字化改造的目标。

（一）高层组织结构调整、设立首席数字官

为了应对传媒领域内的数字化趋势，新闻集团在集团的高管层职位设置上进行了调整，新设立一个专门负责数字化发展的高管职位——首席数字官。2009 年 4 月新闻集团委任前美国在线首席执行管乔纳森·米勒担任此职。新闻集团对米勒的工作描述是，他对新闻集团遍布全球的各类数字业务直接负责，目前正在对聚友网（MySpace）和其他数字媒体机构如视频网站 Hulu 等进行重组工作，同时还将带领整个集团建立新的经济模式，以实现新闻集团所有的印刷媒体向可赢利的数字化媒体的转变。值得注意的是首席数字官将不仅仅对目前的数字业务负责，还有更长远的任务是带动集团内所有印刷媒体的数字化改造。

（二）针对数字化部门进行业务重组

2009 年由于全球经济景气状况的变化，新闻集团以广告为中心的众多业务受到不利影响，新闻集团在 2009 年内启动了一系列业务重组项目，着力改善公司的成本结构问题，控制成本，提高效率。第一个重组对象就是数字化媒体部门，包括 MySpace 的母公司福克斯交互式媒体（FIM），正在重组公司的数字化媒体资产，按照业务优先的原则重新配置内部资源，使各种资源适应数字时代运营的要求，更紧密地为公司业务目标服务。重组项目包括了明显的工作岗位的裁撤，从国内到国外精简人员和机构，以提高数字化部门的商业运作效率。与这个重组项目相结合，集团还削减了很多额外设施需求，进一步降低成本。2009 财年新闻集团其他业务领域的机构也实施了相同的计划，包括英国和澳大利亚的报纸、哈帕柯林斯出版公司、MyNetworkTV 和 FOX 电视网等。

新闻集团为业务重组项目提供了 3 亿多美元的资金支持，这些费用包括人员遣散费用、设施相关费用和其他相关费用。2 300 万美元用在电视业务重组领域，3 300 万美元用在图书出版业务领域，7 400 万美元用在报纸和信息服务业务领域；1.82 亿美元在其他业务领域，其中有大约 1.75 亿美元与 FIM 重组相关。

（三）传统传媒业务领域出现战略性收缩

考察新闻集团近几年的资本配置和投资状况，可以发现新闻集团正在逐步收缩在传统传媒业务领域的资本投入，剥离出售传统传媒业务领域的资产，收拢现金。

传统领域的战略收缩体现在对传统传媒业务的出售和减少投资方面，在过去几年间，大量的传统传媒业务被新闻集团出售。2006 年 8 月将部分凤凰卫视股份出售给中国移动。2008 年 3 月卖掉了在台湾的有线电视业务股份，获利 1.33 亿美元。2008 年 4 月，出售 FOX 体育台下属的 NEt Bay Area 广播电台股份，获利 2.08 亿美元。2008 年 5 月，出售电视节目表供应商 Gemstar 的全部股份。2008 年 7 月新闻集团将 FOX 下属的 8 家美国本土电视台出售；2008 年 11 月，新闻集团出售波兰电视台的股份。传统领域中新增加的情况有 2007 年 12 月对道琼斯公司的并购，2007—2008 年对国家地理频道的股份增持，2008 年对天空德国电视台的增持。

（四）业务扩张和投资向数字化业务领域倾斜

在传统传媒业务领域出现战略性收缩的同时，新闻集团新的投资项目不断向数字化领域、在线业务方向倾斜，同时一直在推动数字化业务重组。

福克斯互动传媒（FIM）是新闻集团 2005 年 7 月设立的运作新媒体业务的部门，直接隶属新闻集团，提供连接、信息、娱乐、在线媒体体验等互动服务。下属网站资产有 MySpace、Photobucket、Fox Sports Interactive、IGN、Rotten Tomatoes、AskMen 等多家网站。除此之外，新闻集团旗下还有 Hulu、NDS 以及原传统媒体开办的数量众多的网站。新闻集团的数字化传媒业务的收入规模已经超过图书出版业务、杂志和广告插页业务，但仍处于亏损状态。

新闻集团在数字化业务领域的投资还有：2007 年 1 月，新闻集团花费 1.9 亿美元和 VeriSign 组建合资公司 Jamba，为移动设备提供来自全球内容供应商的流行娱乐内容。2008 年 10 月新闻集团又购买了 VeriSign 持有的那部分股份。2007 年 3 月，新闻集团花费 1.4 亿美元收购了策略数据公司（SDC），一家帮助网站进行精准广告投放的技术开发和提供商。

首席数字官米勒上任之后，对新闻集团拥有数字化业务重组提出了很多具体的发展规划。MySpace 作为 FIM 的核心业务，是受到新闻集团重点发展的业务，但由于在跟 Facebook 的竞争中落于下风，下一步将向以音乐和娱乐为主的社交网站进行转型。

至于新闻集团各大报纸的网站，默多克和米勒也都曾表达过建立付费阅读模式的想法，即成功的报纸应当对内容收费。随着数字化阅读的普及，人们将普遍在移动设备上、电子阅读器上或电脑上阅读报刊，未来订阅者将会付一定的费用通过他们生活中最方便的方式获取新闻，如果媒体能够提供专业的新闻，人们会愿意为此支付费用。《华尔街日报》目前是经济衰退背景下唯一一份报纸订阅量和网上订阅量同时增长的报纸，WSJ.com 成为了世界上最成功的付费新闻网站。默多克在年报中还提出新闻集团要建立直接消费者资料库，使媒体能够更加明确地确定消费者及其需求，为广告业务提供新的可能。

四、小　　结

新闻集团的全球化、本土化战略在过去几年里所向披靡，但在 2009 年遭遇到收入、利润下跌的经营困局。强调数字化战略，进行业务重组，调整投资倾向，正是当前新闻集团对未来出路的一种选择。规模庞大的跨国传媒集团，在现在的经济环境下都难以避免传统传媒业务业绩衰退的局面，中国国内的传统传媒组织，更应该认识到走数字化发展道路的刻不容缓。

第六节　时代华纳与美国在线的拆分和教训

时代华纳是全球规模最大、范围最广的互联网、媒体及娱乐集团，其经营领域包括互动服务、互联网接入、有线系统、电视娱乐、电视网络、出版等。时代华纳的发展史是一部不断调整主营业务的企业并购史，时代华纳传媒帝国有几个主要的发展源头：时代公司、华纳公司、特纳公司、特纳广播公司和美国在线公司。在这个过程中时代华纳由家庭式企业过渡到社会企业，业务范围不断扩展，企业实力不断增强，发展空间也越来越广阔。

时代华纳于 2009 年 12 月 9 日正式剥离美国在线（AOL），时代华纳和 AOL 分家，结束长达十年的联姻。

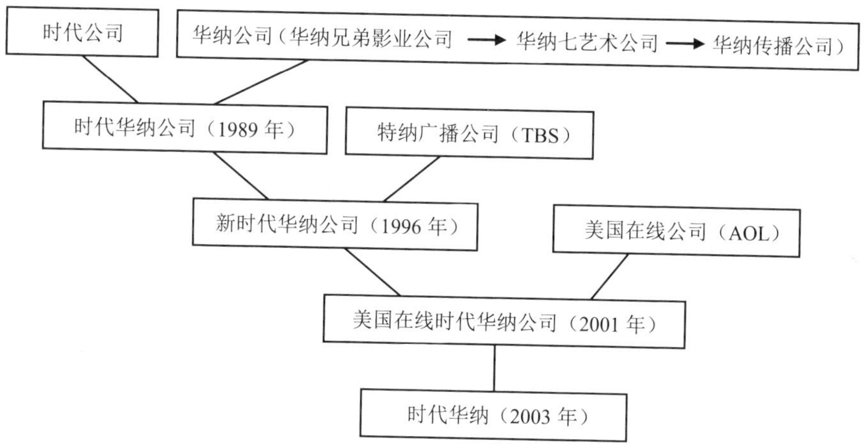

图 4-1 时代华纳集团早期发展过程

时代华纳旗下主要有五大核心业务：美国在线、有线网络系统、电影娱乐、电视网和出版。美国在线主要提供广告服务和全球网络服务，2008 年其重点转向在线广告服务；有线电视主要由时代华纳有线公司运营，业务范围主要是视频服务（视频点播、数字视频录制、交互式电视、高清电视）、高速数据服务和语音服务；电影娱乐业是时代华纳公司创收最大的一部分，主要制作和发行院线电影、独立电影、DVD、视频游戏、电视节目、动画和相关影院产品；电视网是基于电影娱乐业务生产的内容为用户提供的渠道，主要有家庭影院公司和特纳广播电视网运营，特纳电视网有 TBS 、TNT、Cartoon Network、truTV、Turner Classic Movies、Boomerang 一系列网络可供用户订阅，而家庭影院公司不仅提供两个付费电视频道 HBO 和 Cinemax，而且会制作一些原创节目，同时 HBO 还和新线公司合资了 Picturehouse 公司制作和发行独立电影；出版业务主要由时代公司运营，截至 2007 年 12 月 31 日，时代有限公司在全球出版了超过 120 种杂志，包括在美国 20 余种，还在英国、墨西哥等其他国家出版了 100 多种，《人物周刊》《体育画报》、时尚杂志《InStyle》《Real Simple》《时代》《烹饪时光》《每周娱乐》和《电视导航》等，同时时代公司还运营了超过 40 个网站，如 CNNMoney.com、SI.com 和 People.com 等。

一、时代华纳传媒帝国的形成过程

（一）时代收购华纳

20世纪70年代，时代公司通过并购HBO而涉足娱乐业，1989年时代公司以140亿美元收购了华纳传播公司，称为时代华纳公司，集全球优势出版、娱乐资源于一体，初具传媒帝国雏形。

（二）时代华纳兼并特纳

1996年，时代华纳以75亿美元兼并了特纳广播电视网。新时代华纳公司的规模进一步扩大，形成三大主业：一是由唱片业、电影业、广播、主题公园、有线电视节目组成的娱乐部门；二是由报刊、电视台、图书出版销售组成的新闻出版部门；三是由庞大的有线电视网络组成的通信部门。至此，时代华纳成为了全球最大的娱乐传播集团。

（三）美国在线并购时代华纳

2001年1月11日，美国联邦通讯委员会通过了时代华纳和美国在线的合并案，两个公司以换股方式合并，分别持股45%和55%，一个由世界上最大的ISP和世界上最大的传媒公司组成的巨型媒体企业美国在线时代华纳产生，传媒帝国的版图急剧扩张。

（四）时代华纳重组

2002年，美国在线时代华纳重新调整公司结构，把庞大的业务分为两大事业群：媒体和通信集团、娱乐和网络集团，打破了美国在线与时代华纳两个合并公司形式上的对立，通过对资源的重新组合形成了优势互补的格局，强化了公司的核心竞争力。2003年10月16日起美国在线时代华纳正式更名为时代华纳。

二、AOL时代华纳并购失败原因分析

AOL是全球首屈一指的互联网接入服务提供商，2001年与时代华纳正式合并后，

新公司在“财富500强”排名中迅速从第271位跃升至第37位。然而，一年之后，两者的总市值缩水1 550亿美元，部分原因是网络股价格的大幅下降，此外还和当时经济衰退导致的广告收入严重下滑有关。在接下来长达八年的合作中，这桩曾被看作是“天作之合”的新旧媒体之间的首次联姻始终未能走出困境。2009年11月16日，时代华纳终于宣布了分拆AOL的具体时间和细则，这意味着，自2009年12月9日起，AOL及其旗下的7 000名员工将正式作为一家独立公司进行运作。造成这桩并购史上最大败局的原因是多方面的。从外因来看，一方面，长达一年的垄断审查为竞争者带来了充裕的应对时间；另一方面，全球市场环境的低迷为看似光明的合作前景蒙上了一层阴影。从内因来看，除了新旧媒体两大阵营之间始终存在的观念冲突和控制权争夺严重影响了集团内部决策效率之外，AOL自身在经营策略和业务模式调整上的不当决策更是导致了自身及整个集团业绩的进一步恶化。

从理论上讲，AOL的主要优势是为用户提供简单的上网途径以及为竞争对手所忽略的各种服务。20世纪90年代，拨号上网是AOL主要的收入来源，它拥有世界最大的拨号窄带网络以及2 000万AOL注册用户，500万AIM寻呼软件用户，5 000万ICQ注册用户。然而，AOL的商业模式很快就受到低成本模仿者的挑战，市场份额日益流失。为保持盈利，AOL多次提高上网服务月租费，造成了市场份额的进一步流失。到2001年底，在美国在线3 320万用户中，只有40万用户使用美国在线服务，其中还有半数是通过当地电话公司接入而不是通过时代华纳的有线电视线路接入的。此外，AOL开始显示出对外部环境变化不甚灵敏、决策滞后、创新能力不足的弊端。在越来越多的用户开始舍弃拨号上网转向速度更快的宽带接入时，AOL不仅在收购AT&T（美国电话电报公司）宽带网项目上被另一位堪称全球顶尖的互联网服务提供商微软公司拔了头筹，就连自身推出的DSL（数字用户线路）技术也比别人慢了半拍。至此，AOL险情初现。2006年，受到美国在线广告市场强劲增长的诱惑，AOL决心由传统的以订阅费为基础的接入服务模式转向互联网广告创收模式，其重要策略之一就是打造代号为“platform—A”的一站式在线广告商店，向客户提供包括广告位置优化、移动广告、视频广告、富媒体广告、分类广告、搜索引擎管理等多项广告服务，并由MediaGlow、People Networks及AOL产品技术部协同运作与管理。沉浸在由互联网构筑的全新数字梦想中的AOL押宝广告，忽视原有核心业务，急于利用财力和名气全球开花，在2007—2008年两年的时间里几乎将所有可用的策略都尝试了一遍，进行了数量繁多的走马灯式的收购活动：收购视频广告服务公司 Lightningcast；收购移动广告公司 THIRD SCREEN MEDIA；收购全球在线广告服务公司 ADTECH；收购在线广告公司 TACODA；收购互联网广告技术公司 Quigo；收购在线营销网站 BUY.at ；收购电子商务平台提供商 Perfiliate 等。然而，失去核心战略的 AOL 似乎很难跟上 web2.0 时代的步伐，几乎每一次尝试都难以实现理想的增长目标。同时，还面临着更严峻的挑战：互联网接入服务用户数量自 2002 年的 2 700 万骤减至 2009 年第二季度的 600 万。此外，AOL 在 2008 年 3 月斥资 8.5 亿美元收购 Bebo，意欲涉足社交网站，但却成为互联网泡沫中的牺牲品，使得自身业务彻底跌入谷底。

中国绝大多数传媒企业在涉足互联网业务时都表现出信心有余、现实路径设计不足的通病，真正从互联网瞬息万变的局势中分得一杯羹的屈指可数。AOL 与时代华纳的并购失败案例的启示在于：一方面，互联网这样的媒介不仅仅是从信息到思想的新容器，它改变的是传统的创造信息和思想的方式；传统媒体公司自身发展互联网业务或者同互联网公司展开业务合作时，要重视两者之间从管理制度到文化的差异：前者更注重内容、品质、稳定的利润和尽可能少的风险；后者要求的则是速度、灵活、创造力和冒险精神。另一方面，企业应在摸清自身家底，确定自身核心竞争力的前提下决定哪些投资领域是具备竞争优势的、盈利前景乐观的。以便在坚实的基础上为下一步发展打好基础，而不是被动地追赶互联网发展的脚步。

第五章　国际传媒集团经营能力的对比研究（2007—2009）

国际传媒集团的运营经验，对国内传媒企业发展具有一定的借鉴意义；本章选取了时代华纳、新闻集团、维亚康姆、BBC、CBS、NHK等作为主要研究对象，同时选取中国中央电视台（CCTV）作为中国传媒组织的代表进行参照对比。为便于进行国际传媒集团相互之间的对比，以及与CCTV的对比，本章后续内容涉及的各传媒集团的部分经营数据进行了汇率转换，所使用的汇率比价按照2009年底汇率计算，美元兑人民币为1 ∶ 6.83，英镑兑人民币为1 ∶ 11.23。

本章第一节介绍各种分析指标，第二节对2009年时各传媒集团的业务概况进行简单介绍，第三节根据国际传媒集团2007—2009年间的经营数据，进行横向和纵向对比，对国际传媒集团的资产规模和经营能力（经营投入、经营产出和经营绩效）进行系统的对比研究。

第一节　媒体经营能力分析指标及内容

为了一定目的而设法使机构或组织运转即是经营。从全球范围内来看，传媒组织的经营目的多数都包括三个方向，即经济目的、公益目的和政治目的。在中国，传媒领域的产业化发展使得传媒经营的经济目的越来越受到重视，良好的经营效果对传媒组织实现公益目的或政治目的均有推动作用。

通常来说，传媒的经营管理包括以下几个层面：业务执行层：主要面向传媒核心生产过程控制及业务过程执行，立足于传媒生产效率提高、运营能力提升，促进传媒开源节流能力的提高。管理控制层：主要是面向传媒内部管理的管理效率和水平的提高，实现传媒对内部人、财、物、活力、过程、流程等要素进行精细化、系统化的控制。决策规划层：主要实现传媒发展战略和管理层面的经营计划规划、财务预算审计控制、传媒决策分析体系等方面的管理支撑。

一、经营能力分析的主要维度

本章在研究国际传媒集团经营能力时，将经营能力分为经营投入、经营产出和经营绩效三个维度来进行分析。

（一）经营投入

经营投入，关注的是媒体的支出、成本及其结构问题。支出（Expenditure）是企业生产经营活动的经常性业务，是为了达到特定的目的而由经济主体的支付行为导致的资源减少。包括偿债性支出、资本性支出、收益性支出、权益性支出。支出是企业为了实现特定经济目的而发生的资源流出。成本（Cost）则与企业的特定资产或劳务相关，是对企业为取得某种资产或劳务所付出的代价的量度。成本不能抵减收入，只能以资产的形式反映在资产负债表中；成本是资源转化的量度，成本的发生不会导致资源的纯耗费，因此企业的总资源不发生变化，所有者权益不会减少；成本没有独立的存在形式，必须依附于特定的资产或劳务而存在，即成本是对象化的支出，而没有对象的支出（除收益性支出、偿债性支出、权益性支出外）只能作为损失处理。比如节目制作成本，亦可称为节目制作支出。通过分析传媒公司支出的构成及变化，可对其企业行为、企业战略调整等有所了解。

（二）经营产出

经营产出，关注的是媒体的收入、主营业务收入及其结构问题。收入（Revenues）是指企业在日常活动中所形成的、会导致所有者权益增加的、与所有者投入资本无关的经济利益的总流入，包括商品销售收入、劳务收入、让渡资产使用权收入、利息收入、租金收入、股利收入等，但不包括为第三方或客户代收的款项。其中，日常活动是指企业为完成其经营目标而从事的所有活动，以及与之相关的其他活动。企业年收入总量是企业在一个会计年度内通过日常生产经营活动获得的上述各项收入的总和。主营业务收入是企业从事主要经营活动所获取的收入，是从企业的日常活动中产生的，而不是从偶然的交易或事项中产生。现在的传媒企业，其经营业务范围往往会超出传媒领域，比如房地产、旅游等；如果提及传媒主营业务收入，即是强调这部分收入是来自传媒领域业务范围内。

（三）经营绩效

经营绩效，关注的是经营领域的各种效率表现状况，比如利润状况、资产回报率状况等。利润（Profit）又称盈利，是指企业一定时期内的经营成果，以企业在某一特定期间的经济交易所确认的企业资产净变动额作为该期间的利润额，既包括通过生产经营活动而实现的利润，也包括通过投资活动实现的投资收益，还包括与生产经营活动无直接关系的营业外收支差额。它反映了企业经营管理的综合成果，是企业经济效益的最终体现。净利润是指在利润总额中按规定交纳了所得税后公司的利润留成，一般也称为税后利润或净收入（Net Income）。资产回报率则衡量对资产的利用效率，是指企业一定期间的净利润与资产平均占用额之间的比率。资产报酬率越高，表明企业的资产利用效益越好，利用资产创造的利润越多，企业的获利能越强，经营管理水平越高。

二、主要分析指标

（一）资产分析相关指标

1. 资产总额（Total assets）

资产（Assets）是指作为以往事项的结果而由企业控制的可望向企业流入未来经济利益的资源。按照不同的标准，资产可以划分为不同的类别。流动性是投资安全性的重要标志，有关资产流动性的信息对投资者进行投资决策和债权人进行信贷决策具有重要的参考价值。因此目前，按流动性程度的高低对资产进行分类是世界上绝大多数国家采用的方法，也是国际会计准则委员会所推崇的方法。在国际各主要媒体年度报告所提供的合并资产负债表中，资产项目依照流动性从大到小，一般划分为流动资产（Current assets）、不动产和设备（Property and Equipment）、商誉（Goodwill）、无形资产（Intangible assets）及其他资产（Other assets）。流动资产又包括若干项目，这些项目亦按照流动性大小来确定，主要包括现金及现金等价物（Cash and equivalents）、应收账款（Receivables）、存货（Inventory）、递延税资（Deferred tax asset）、预付费用（Prepaid expenses）等。

资产总额（Total assets）是指企业拥有或控制的包括上述各项目在内的全部资产，是资产负债表上资产的合计数，亦等于负债总额与所有者权益总额之和。对国际各主要媒体资产总额的横向及纵向考察有助于初步了解各媒体的整体实力，并能以此为基础结合资产结构对资产质量、发展能力等进行进一步考察。举例来说，2009 会计年度，在资产总额指标上排名前三位的均为大型传媒集团。将 AOL 与时代华纳有线电视公司分拆后的时代华纳总资产规模大幅下降至 4 489 亿元人民币，但在 2009 年依旧保持了排名第一的位置。

2. 总资产增长率（Total assets growth rate）

资产是企业用于取得收入的资源，也是企业偿还债务的保障。资产增长是企业发展的一个重要方面，发展性高的企业一般能保持资产的稳定增长。在反映资产增长状况的诸多指标中，总资产增长率是企业本年总资产增长额同年初资产总额的比率，能够衡量企业本期资产规模的增长情况，从而评价企业经营规模总量上的扩张程度。其计算公式为：总资产增长率 = 本年总资产增长额 / 年初资产总额 *100%。其中，本年总资产增长额 = 资产总额年末数 — 资产总额年初数。

该指标从企业资产总量扩张方面衡量企业的发展能力，表明了企业规模增长水平对企业发展后劲的影响。该指标大于零，说明企业本年度资产增加，生产经营规模扩大；该指标越高，表明企业一个经营周期内资产经营规模扩张的速度越快，获得规模效益的能力越强。但与此同时，还应注意资产规模扩张质与量的关系，避免盲目扩张。举例来说，2009 会计年度，在该指标上排名第一的媒体为 CCTV，高达 35.43% 的资产增长率远超其他媒体；时代华纳在 2009 年大规模的资产重组与分割使其总资产相较 2008 年下降了 42.29%。

3. 流动资产比率（Liquidity ratio）

流动资产是指企业可以在一年或者超过一年的一个营业周期内变现或者运用的资产，是企业资产中必不可少的组成部分，主要包括货币资金、短期投资、应收票据和存货等。在衡量企业流动资产状况的各项指标中，流动资产比率的计算公式为：流动资产比率＝流动资产／流动负债，能够体现企业资产流动性程度的强弱。流动资产大于流动负债，一般表明短期偿还能力较强；流动比率越高，企业资产的流动性越大。但并非流动资产比率越高越好，比率过大表明流动资产占用过多，会影响经营资金周转效率和获利能力；比率过低，又说明偿债能力较差。一般认为，合理的最低流动资产比率为2。这是因为在流动资产中，变现能力最差的存货金额约占流动资产总额的一半，剩余流动性大的流动资产至少要等于流动负债，企业的偿债能力才会有保证。

4. 资产负债率（Asset-liability ratio）

资产负债率也被称为举债经营比率，是企业负债总额与资产总额的比率，是一项衡量公司利用债权人资金进行经营活动能力的指标，能够反映在总资产中有多大比例是通过借债来筹措的，也可以衡量债权人发放贷款的安全程度。其计算公式为：资产负债率＝负债总额／资产总额*100%。

这一比率反映债权的保障程度，如果该比率较高，说明股东所提供的资本与企业借入的资本相比，所占比重较小，这样，企业的经营风险就主要由债权人负担。因此，这一比率越高，企业偿还债务的能力越差；反之，偿还能力越强。但这一比率并非越低越好，过低的资产负债率说明企业的经营者比较保守，缺乏进取精神。国际上通认的资产负债率的合理水平大致为60%。从财务管理的角度来看，企业应当审时度势，全面考虑，在利用资产负债率制定借入资本决策时，必须充分估计预期的利润和增加的风险，在二者之间权衡利害得失，做出正确决策。举例来说，2009会计年度，在该项指标上表现较为理想的媒体为时代华纳、维亚康姆、新闻集团、CBS，均处于60%左右；中央袋内视台资产负债率为8%，属于可考虑适当增加借入资本的情况。

5. 总资产报酬率（Return on total asset）

总资产报酬率又称资产所得率，是企业一定时期内获得的报酬总额与资产平均总额的比率。该比率表示企业包括净资产和负债在内的全部资产的总体获利能力，用以评价企业运用全部资产的总体获利能力，是评价企业资产运营效益的重要指标。其计算公式为：总资产报酬率 =（利润总额 + 利息支出）/ 平均资产总额 *100%。

其中，利润总额指企业实现的全部利润，包括企业当年营业利润、投资收益、补贴收入、营业外支出净额等各项内容，如为亏损，则用“－”号表示；利息支出是指企业在生产经营过程中实际支出的借款利息、债权利息等；利润总额与利息支出之和为息税前利润，是指企业当年实现的全部利润与利息支出的合计数；平均资产总额是指企业资产总额年初数与年末数的平均值，计算公式为平均资产 =（资产总额年初数 + 资产总额年末数）/ 2。

一般情况下，该指标越高，表明企业投入产出的水平越好，资产运营越有效。企业可据此指标和市场资本利率进行比较，若该指标大于市场利率，则表明企业可以充分利用财务杠杆进行负债经营，获取尽可能多的收益。举例来说，2009 会计年度，新闻集团以 9.33% 的总资产报酬率在该指标上名列首位。CBS 得益于娱乐部门和有线网络部门的优异表现，总资产报酬率从 2008 年的－ 34.68% 上升到 0.84%，呈现出较大幅度的回升。

（二）收入分析相关指标

1. 年收入总量（Total revenues）

收入（Revenues）是指企业在日常活动中所形成的、会导致所有者权益增加的、与所有者投入资本无关的经济利益的总流入，包括商品销售收入、劳务收入、让渡资产使用权收入、利息收入、租金收入、股利收入等，但不包括为第三方或客户代收的款项。其中，日常活动是指企业为完成其经营目标而从事的所有活动，以及与之相关的其他活动。企业年收入总量是企业在一个会计年度内通过日常生产经营活动获得的上述各项收入的总和。

除年收入总量数据外，在国际传媒集团年度报告所提供的财务报表中，有的集团还提供了更为详细的分类业务收入数据。举例来说，2009 会计年度，将 AOL 和有线部门进行分拆后的时代华纳提供了其电视网（Networks）、电影娱乐（Filmed Entertainment）、出版（Publishing）三大业务在订阅费收入、广告收入、内容收入三方面的具体数据；新闻集团提供了其电影娱乐（Filmed Entertainment）、电视

（Television）、有线网络节目（Cable Network Programming）、直播卫星电视（Direct Broadcast Satellite Television）、杂志和夹页广告（Magazines and Inserts）、报纸和信息服务（Newspapers and Information Services）、图书出版（Book Publishing）七大业务的详细收入数据；维亚康姆依照其经营业务领域分别提供了媒体电视（Media Networks）分部、电影娱乐分部（Filmed Entertainment）的详细收入数据；迪士尼提供了其下属五个商业部门：媒体电视网（Media Networks）、公园与度假胜地（Parks and Resorts）、影视娱乐（Studio Entertainment）、消费产品（Consumer Products）、互动媒体（Interactive Media）的具体收入数据；CBS 提供了其娱乐（Entertainment）、有线电视网（Cable Networks）、出版（Publishing）、地方广播（Local Broadcasting）、户外媒体（Outdoor）五大业务以及按照广告收入、电视牌照费和发行收入、子公司订阅费收入划分的详细收入数据；不同媒体的年收入规模因其经营方向、收入结构等因素的不同往往不具备可比性，但能在一定程度上反映各媒体的经济利益获取能力。私营传媒集团的收入往往会明显高于国营和公营媒体的收入。举例来说，2009 会计年度，时代华纳和新闻集团的年收入总量分别为 1 761.12 亿元人民币和 2 077.89 亿元人民币，占据该指标排行榜的前两位。

2. 主营业务收入（Income from main business）

营业收入（Operating income）是指企业在从事销售商品、提供劳务和让渡资产使用权等日常经营业务过程中所形成的经济利益的总流入，由主营业务收入和其他业务收入（Other operating income）共同构成。其中，主营业务收入是企业从事主要经营活动所获取的收入，是从企业的日常活动中产生的，而不是从偶然的交易或事项中产生。根据国际各主要媒体所提供的年度报告，各传媒公司（集团）由于自身所处环境和发展战略等因素的不同，主营业务收入的侧重点有所不同。举例来说，2009 会计年度，时代华纳的主营业务收入来自于三大业务部门内容产品销售和版权许可收入；新闻集团的主营业务收入来自于电影电视业务收入与报纸和信息服务收入；维亚康姆的主营业务收入来自于媒体网络部门（占公司总收入的 61%）的广告收入（53%）和电影娱乐部门（占公司总收入的 40%）的家庭娱乐收入（46%）；迪士尼的主营业务收入来自于媒体网络部门有线电视网的订阅费收入；CBS 的主营业务收入来自于广告收入；有线电视的主营业务收入来自于广告收入和订阅费收入；

BBC 的主营业务收入来自于执照费收入；NHK 的主营业务收入来自于收视费收入。

一般而言，主营业务收入是企业主要的利润来源，主营业务收入增长越快，代表企业的盈利能力越强，产品和服务越适合市场需求。

3. 主营业务收入增长率（Growth rate of income from main business）

主营业务收入增长率是本期主营业务收入与上期主营业务收入之差与上期主营业务收入的比值，可以用来衡量公司的产品生命周期，判断公司所处的发展阶段。其计算公式为：主营业务收入增长率 =（本期主营业务收入—上期主营业务收入）/上期主营业务收入 *100%。

一般而言，如果主营业务收入增长率超过 10%，说明公司产品正处于成长期，将继续保持较好的增长势头，尚未面临产品更新的风险，属于成长型公司。如果主营业务收入增长率在 5%—10%，说明公司产品已进入稳定期，不久将进入衰退期，需要着手开发新产品。如果该比率低于 5%，说明公司产品已进入衰退期，保持市场份额已经很困难，主营业务利润开始滑坡，如果没有已开发好的新产品，公司将步入衰落。举例来说，2009 会计年度，在主营业务收入增长率指标上表现突出的国际传媒公司（集团）为新闻集团，但相较 2008 会计年度该指标数值有所下降。

4. 收入结构模式（Model of income structure）

对于传媒公司（集团）而言，收入结构是指媒体经济收入的来源构成及其所占比重。合理的传媒收入结构可以提高传媒市场竞争力，发挥竞争优势。按收入与资讯传播过程的关系来分，传媒收入大致可分为两种性质：发行 / 收视收入的内生型收益和广告收入的外生型收益。根据两种性质的收入所占比例的不同，可将传媒收入结构模式分为三类：“内生型”收入主导模式、“外生型”收入主导模式、“内生—外生型”收入均衡模式。

（1）“内生型”收入主导模式：

属于该模式类型的传媒收入以发行、视听收入为主，其主要优势是稳定性强、受外部商业环境的影响较小。举例来说，根据 2009 会计年度国际各主要媒体在年度报告中所提供的收入数据分析，时代华纳、新闻集团、迪士尼和两大公营媒体 BBC、NHK 的收入结构属于典型的“内生型”收入主导模式。

（2）“外生型”收入主导模式：

属于该模式类型的传媒收入以广告收入为主，该类型传媒是目前最常见的一种类型。其运作特点主要表现为：首先，着力于提高目标市场相对占有率；其次，由于经济收入对外部商业环境依赖性较强，很容易受外部经济环境波动的影响。其主要优势是收益率较高，在经济环境较好的情况下，有利于快速积累财富。举例来说，根据2009会计年度国际各主要媒体在年度报告中所提供的收入数据分析，CBS的收入结构属于典型的“外生型”收入主导模式。

（3）“内生—外生型”收入均衡模式：

该类型的传媒收入结构呈现动态分布，“内生型”收入和“外生型”收入所占比例较为接近。在外部经济形势较好的时期，传媒可以大大扩张对广告的吸纳能力，而当外部经济环境处于低迷时期，则可提高内生经济收入能力增强自身稳定性，或者是在内生收入能力受限时转而提升外生收入能力。该类型传媒运作的主要特点是从提高总体收益率和规避市场风险两个纬度提高传媒竞争优势。根据2009会计年度国际各主要媒体在年度报告中所提供的收入数据，有线电视的收入结构属于典型的“内生—外生型”收入均衡模式。

（三）支出分析相关指标

1. 支出 (Expenditure)

支出是企业生产经营活动的经常性业务，是为了达到特定的目的而由经济主体的支付行为导致的资源减少。包括偿债性支出、资本性支出、收益性支出、权益性支出。损失虽然也导致企业的资源减少，但因为损失是边缘性、偶发性、被动性的资源减少，不是管理当局能够控制的事项，因此损失不能列入支出。支出是企业为了实现特定经济目的而发生的资源流出，支出的多少可通过资产减少的金额来确定。支出增长率是表示当年支出比上年同期支出增长的百分比，其计算公式为：支出增长率 =（本期支出总量－上期支出总量）/ 上期支出总量 *100%。不同媒体的支出总额因其规模等因素的不同而呈现出不同的结果，2009会计年度，在支出总量指标上排名第一的媒体公司（集团）为新闻集团的2 275亿元。

2. 成本（Cost）

成本与企业的特定资产或劳务相关，是对企业为取得某种资产或劳务所付出的代价的量度。成本不能抵减收入，只能以资产的形式反映在资产负债表中；成本是资源转化的量度，成本的发生不会导致资源的纯耗费，因此企业的总资源不发生变化，所有者权益不会减少；成本没有独立的存在形式，必须依附于特定的资产或劳务而存在，即成本是对象化的支出，没有对象的支出（除收益性支出、偿债性支出、权益性支出外）只能作为损失处理。以节目制作成本为例，亦可称为节目制作支出。

3. 支出结构（Structure of Expenditure）

支出可分为营业支出和营业外支出。其中，营业支出包括主营业务支出、其他业务支出和期间支出。传媒企业的主营业务支出（Expenditure of main business）是指其生产传媒产品的支出；其他业务支出（Expenditure of other business）是指企业除主营业务活动以外的其他经营活动所发生的支出；期间支出是指那些在耗费时即与营业支出配比的费用，包括管理支出、销售支出和财务支出。营业外支出是指与生产经营无直接关系的支出，主要包括非流动资产处置损失、非货币性资产交换损失、债务重组损失、公益性捐赠支出、非常损失、盘亏损失等。通过分析传媒公司（集团）支出的构成及变化，可对其企业行为、经营发展战略以及政略方向调整等获得初步的了解。

（四）利润分析相关指标

利润（Profit/Earnings）又称盈利，是指企业一定时期内的经营成果，以企业在某一特定期间的经济交易所确认的企业资产净变动额作为该期间的利润额，既包括通过生产经营活动而实现的利润，也包括通过投资活动实现的投资收益，还包括与生产经营活动无直接关系的营业外收支差额。它反映了企业经营管理的综合成果，是企业经济效益的最终体现。其计算公式为：利润总额 = 营业利润 + 投资净收益 + 补贴收入 + 营业外收支净额。

企业利润的形成，除利润总额外又可分为三个层次：首先是主营业务利润；其次是营业利润；第三是净利润。

1. 主营业务利润（Profit from main business）

主营业务利润也称基本业务利润，是指企业从事生产经营活动中主营业务所实现的利润，即企业的主营业务收入减去主营业务成本和主营业务税金及附加后的差额。其计算公式为：主营业务利润＝主营业务收入－主营业务成本－主营业务税金及其他。

对传媒公司（集团）而言，主营业务利润即其从事节目制作、广告销售、图书发行等主营业务活动所实现的利润。由于主营业务利润还未减去营业费用、管理费用、财务费用等期间费用，尚不能完整反映公司主营业务的盈利状况，但它是营业利润（Operating income）的主要构成部分，主营业务利润率则是把握公司盈利能力的重要指标。通过对公司的主营业务利润率进行纵向对比可以看出公司盈利的变动趋势；通过与同行业其他企业主营业务利润率进行横向对比，可以看出公司的相对盈利能力。通常情况下，企业的主营业务利润应成为其利润总额最主要的组成部分，比重应为最高，这代表企业的盈利能力强，产品和服务适合市场需求。

2. 营业利润（Operating income）

营业利润是指企业从事经营活动（包括销售商品和提供劳务等活动）所实现的利润，它是企业利润的主要来源，包括主营业务利润、其他业务利润和期间费用三部分。其计算公式为：营业利润＝主营业务利润＋其他业务利润 － 期间费用。

其中，其他业务利润（Other income）是指企业经营主营业务以外的其他业务活动实现的利润，即其他业务收入减去其他业务成本、费用及其他业务负担的流转税和教育费附加后的差额。其计算公式为：其他业务利润＝其他业务收入一其他业务支出。

在国际各主要媒体年度报告所提供的合并资产负债表中，为使各媒体之间的数据具备可比性，报告对数据进行了简化处理，将期间费用（Period expense）设定为营业费用（Operating expense）、管理费用（Administrative expense）、财务费用（Financial expense）三者之和。其中，财务费用主要指代利息支出（Interest expense）。

营业利润是从企业主营业务的盈利能力和获利水平方面对资本金收益率指标的进一步补充，能够体现企业主营业务利润对利润总额的贡献，以及对企业全部收益的影响程度。营业利润率越高，企业产品或服务的市场竞争力越强，发展潜力越大，获利水平越高。

3. 净利润（Net income）

净利润是指在利润总额中按规定交纳了所得税后公司的利润留成，一般也称为税后利润或净收入。净利润的多寡取决于两个因素，一是利润总额，二是所得税率。其计算公式为：净利润＝利润总额 ×（1 －所得税率）。

净利润是一项非常重要的经济指标。对于企业投资者而言，净利润是获得投资回报大小的基本因素；对于企业管理者而言，净利润是进行经营管理决策的基础。同时，净利润也是评价企业盈利能力、管理绩效以至偿债能力的一项基本工具，是一个反映和分析企业多方面情况的综合指标。作为企业经营的最终成果，净利润额越高，企业的经营效益越好。举例来说，2009 会计年度，在各国际传媒集团年度报告所提供的合并资产负债表中，净利润指标方面排名第一的媒体集团为迪士尼，但相较 2008 会计年度有大幅下降；分拆后的时代华纳资产盈利能力获得提升。剔除商誉和无形资产减值因素后，2009 年净利润比 2008 年净利润实际增加 87.81 亿美元。

第二节　国际传媒集团 2009 年业务概况

本节主要基于各传媒集团 2009 财年及以前发布的年度报告，以方便读者了解当时的传媒集团基本情况。

一、2009 年的时代华纳

根据时代华纳的年报显示，2005—2007 年，时代华纳的资产总量逐年上升，2005 年为 8 438 亿元，2006 年为 9 065 亿元，2007 年为 9 141 亿元，年度平均增长率达到 9.2%，2008 年回落至 7 779 亿元。2008 年时代华纳集团的业务主要包括 AOL、有线电视、电视网、影视娱乐和出版五大部分，2009 年时代华纳拆分了有线电视和 AOL 两大部分业务，剩下电视网、影视娱乐和出版三部分业务，资产总量大幅减少至 4 489 亿元（注：本章时代华纳 2009 年数据为截至 2009 年 12 月 31 日），仍然是当时资产规模最大的传媒集团。2008 年时代华纳员工总数达到 86 400 人。

时代华纳集团的电视网业务是在美国及世界各地进行电视网经营以及提供高端付费电视服务。这些业务主要由时代华纳集团旗下两家公司进行，一是特纳广播公司，二是家庭影院公司。特纳电视网可分为特纳娱乐网和特纳新闻网。特纳娱乐网包括了 TBS、TNT、truTV、Cartoon Network、Turner Classic Movies 和 Boomerang 等电视网，特纳新闻网则包括全球知名的 CNN 和 HLN 两大电视网，提供每天 24 小时的有线电视新闻服务，在 2009 年 12 月分别到达 1.002 亿和 0.993 亿美国家庭。HLN 电视网的业务主要在加拿大、加勒比海、拉美部分地区和亚太地区。

时代华纳集团旗下的 CNN 管理了 46 家新闻编辑机构，其中有 13 家分布在全球。CNN 国际，一个英语新闻网络，覆盖了全球超过 190 个国家和地区（截至 2008 年底）。CNN en Español 是一个独立的西班牙语新闻网络，主要分布在拉美地区。CNN 拥有好几个网站，包括 CNN.com 及其在特纳全球市场内的本地化版本。CNN 同样还运营着 CNNMoney.com，与时代集团的《快钱》《财富周刊》和 FSB 杂志合作。

CNN 和 CNN Headline News 于 2007 年在全球拥有 4 000 雇员，在美国拥有 10 个分社，另外 26 个分社分布在全球。它对节目制作团队的要求是强调专业技术能力比学历更重要。CNN 的节目信号由 8 颗卫星传送，覆盖全球大部分有人居住的地方。根据 2008 年的统计数据，CNN 每日在全球的观众数达到 5 亿人，覆盖国家数量为 210 个。

时代华纳的影视娱乐业务包括电影、电视节目、动漫产品、视频游戏和其他产品的制作和销售，以及出售公司拥有的电影、电视节目和各种形象的授权许可。2009 年发行的《哈里·波特与混血王子》《福尔摩斯》《终结者》等电影，2008 年发行的《黑暗骑士》《史前一万年》《地心历险记》等电影均创造了不俗的业绩。

时代华纳的出版业务主要由时代公司（Time Inc.）及其分支机构运营。时代公司是美国广告收入最多的期刊出版商。截至 2009 年 12 月 31 日，时代公司在美国出版 21 种期刊；在美国之外，通过英国 IPC Media（IPC）公司和墨西哥 Grupo Editorial Expansión（GEE）公司出版超过 90 种期刊，同时还授权了美国之外的 20 多个国家出版其旗下期刊的 50 多个版本。另外时代公司还运营着近 50 个网站，以及经营一些直销业务。

二、2009 年的新闻集团

根据新闻集团 2009 年发布的年报，2005—2008 年，新闻集团的资产总量逐年上升，2005—2006 年度为 3 869 亿元，2006—2007 年度为 4 258 亿元，2007—2008 年度为 4 256 亿元，年度平均增长率达到 9%，但 2008—2009 年度大幅回落至 3 628 亿元（注：本章新闻集团 2009 年数据为截至 2009 年 6 月 30 日）。

2009 年新闻集团的员工总数为 64 000 人。新闻集团对人员的各项投入逐年在增加。集团希望在 2010 年度形成一个自愿捐助与法定投入相结合的机制。2010 年，集团预计对退休后福利的偿付达到将近 1.7 亿美元。

新闻集团是一个多元化经营的全球传媒公司，业务主体位于美国，业务板块分为八个部分。

1. 电影娱乐

主要包含真人动作片和动画片的制作和购买，在全球各种形式的娱乐传媒审定和发行，还包括全球原创的电视节目制作。

2. 电　　视

主要包含 27 个全功率广播电视台的运作，包括美国的 9 个双头寡断（这些电视台中，17 个是福克斯网络的附属公司，10 个是 MyNetwork 电视网络的附属公司），美国网络节目的播送和亚洲电视节目的研发、制作和播送。新闻集团的美国电视节目运营主要包含福克斯广播公司（FOX）、MyNetwork 电视公司（MyNetwork TV）和由公司拥有的 27 家电视台。公司的国际电视运营主要包含 STAR 集团有线公司（STAR）。

3. 有线网络节目

主要包含通过有线电视系统发行的节目的制作和审定，以及主要在美国的直播卫星经营商。公司的美国有线网络经营主要包括福克斯新闻频道（FOX NEWS），FX 网络（FX）、区域体育网络（RSNs）、国家地理频道、SPEED 和 the Big Ten Network。公司的国际有线网络主要是位于拉丁美洲、欧洲和亚洲运营的福克斯国际频道（FIC）。公司的有线网络在有线电视系统上、DBS 系统以及其他发行系统、其他节目服务竞争传送服务，包括频宽的其他用途，例如免费在线广播网络的重播、电话和数据的传输。

4. 直播卫星电视

包含通过卫星和宽频直接发送到意大利订户的保险节目的发行。DBS 部分的运营包括 SKY Italia，它通过卫星和宽频直接向意大利的订户提供基本的和加值节目服务。SKY Italia 最大的经营费用主要和娱乐节目、电影、体育节目、订户相关，还包括和运行技术设备相关的生产和技术费用。

5. 杂志和广告插页

主要包含独立广告插页的出版，这些广告插页是促销的小册子，通过美国当地的星期日报纸的插页为消费者提供的服务，还提供店内营销产品和服务，主要是针对美国和加拿大的消费者自己组装商品的生产商。

6. 报纸和信息服务

主要包含英国 4 家国家报纸的出版，澳大利亚大约 146 家报纸的出版、美国 1 家都市报和一家国家报纸的出版，此外，还提供信息服务。

7. 书籍出版

主要包含全世界英语书籍的出版。

8. 其　　他

主要包含福克斯互动传媒（FIM）和户外新闻集团（News Outdoor）。福克斯互动传媒（FIM）主要负责公司的网络活动，户外新闻集团（News Outdoor）是一家广告业务公司，在全俄罗斯和东欧提供户外广告展示。

微软全国有线广播电视公司（MSNBC）始于 NBC 与微软在 1996 年的合资，并于 2006 年由 NBC 新闻独家接管。MSNBC 依托 NBC 新闻的采编资源及其下属 200 多个电视台，向观众提供高质量的新闻报道。涉及规模，MSNBC 在国内没有自己的分社，而是依赖于 NBC 的 7 个。2007 年，MSNBC 共有 600 名员工任职于有线频道运作。

三、2009 年的 BBC

根据 BBC 年报显示，2005—2009 年总资产逐年上升。2005—2006 年 BBC 的资产总量为 712 亿元，2006—2007 年度为 881 亿元，2007—2008 年度为 912 亿元，2008—2009 年度为 903 亿元，年度平均增长率达到 8%。2009 年度数据显示其总资产下降为725亿元（注：本章BBC2009年数据为截至2009年3月31日）。

BBC的业务主体在英国，业务运营包括电视、广播、出版、手机媒体、英语教学、乐团和互联网等。主要业务分支如下。

1. 电视广播网

BBC的电视广播网业务板块包括：BBC电视1台、电视2台、电视3台、电视4台、CBBC儿童台、CBeebies幼儿台、高清视频台和阿尔巴台。

2. 广 播 网

BBC的广播网业务板块包括：BBC广播1台、广播2台、广播3台、广播4台、直播广播5台、现场体育特别广播5台、广播1Xtra、音乐广播6台、广播7台和亚洲广播网络。

3. 未来媒体

BBC的未来媒体业务板块包括：BBC在线和BBC红钮。

4. 新　　闻

BBC的新闻业务板块包括：BBC新闻频道、英国议会、全球新闻、英文地方电台、体育、苏格兰电台、威尔士电台、威尔士语电台、阿尔斯特/福耶尔电台和盖尔语电台。

四、2009年的维亚康姆

根据维亚康姆的年报显示，2005—2008年资产总量以9%的年度平均增长率增长，但2008年以来，资产总量呈下降趋势。维亚康姆2005—2006年度资产总量为1 306亿元，2006—2007年度为1 489亿元，2007—2008年度为1 564亿元；但2008—2009年度小幅回落至1 536亿元。2009—2010年度继续下降为1 496亿元（注：本章维亚康姆2009年数据为截至2009年12月31日）。

维亚康姆由一家汽车影院起家，通过对维亚康姆、派拉蒙、CBS三大标志性并购，用短短二十几年的时间，迅速成长为世界顶级传媒集团。2005年，为了增加投资收益，将维亚康姆和CBS拆分，分别上市。此后，维亚康姆着重于数字新媒体和电影领域的并购，不断实现其产业链的更新和业务领域的拓展。维亚康姆的业务运营包括电影、有线电视、音乐网、网络电视等。

自2005年与CBS拆分后，维亚康姆将经营业务领域分为媒体电视网和电影娱乐两部分。在突出核心产品与发展出成熟产业链的基础上，维亚康姆始终保持着自身市场领先者的地位。而其国际市场中的各项战略举措为整个公司在提升国际竞争能力方面做出重要贡献。在2009年公司年报中的商业战略里明确提出将利用国际发展机会以及建立维亚康姆的媒体网络和电影娱乐业务的国际竞争力。

五、2009年的NHK

根据NHK的年报显示，2005—2009年，NHK的资产总量逐年上升，2005—2006年度为547亿元，2006—2007年度为570亿元，2007—2008年度为597亿元，2008—2009年度为626亿元，2009年继续上涨为649亿元（注：本章NHK2009年数据为截至2009年3月31日）。

在历经全球金融风暴的2009年度，NHK的总资产不仅未出现回落，而且还呈现大幅上涨的态势，值得关注。截至2009年，NHK有员工16 500人。NHK的业务主体在日本，业务运营包括电视、广播、电影、交响乐、出版和互联网等。

第三节　国际传媒集团经营能力数据对比分析

在本节研究采用的国际数据分析框架中，国际传媒集团的经营能力可分为经营投入、经营产出和经营绩效三个部分进行分析，资产规模则属于国际传媒集团的基础实力。本节以2009年为基准年，结合之前数年的数据，分别对国际传媒集团的资产规模和经营能力（经营投入、经营产出和经营绩效）进行比较分析。同时本节增加中国中央电视台（CCTV）作为中国媒体的代表与国际传媒集团进行对照。

一、国际传媒集团资产规模状况

（一）国际传媒集团总资产年度对比

资产（Assets）是指作为以往事项的结果而由企业控制的可望向企业流入未来经济利益的资源。按照不同的标准，资产可以划分为不同的类别。流动性是投资安全性的重要标志，有关资产流动性的信息对投资者进行投资决策和债权人进行信贷决策具有重要的参考价值。因此目前，按流动性程度的高低对资产进行分类是世界上绝大多数国家采用的方法，也是国际会计准则委员会所推崇的方法。在国际各主要媒体年度报告所提供的合并资产负债表中，资产项目依照流动性从大到小，一般划分为流动资产（Current assets）、不动产和设备（Property and Equipment）、商誉（Goodwill）、无形资产（Intangible assets）及其他资产（Other assets）。流动资产又包括若干项目，这些项目亦按照流动性大小来确定，主要包括现金及现金等价物（Cash and equivalents）、应收账款（Receivables）、存货（Inventory）、递延税资（Deferred tax asset）、预付费用（Prepaid expenses）等。

资产总额（Total assets）是指企业拥有或控制的包括上述各项目在内的全部资产，是资产负债表上资产的合计数，亦等于负债总额与所有者权益总额之和。对国际各主要媒体资产总额的横向及纵向考察有助于初步了解各媒体的整体实力，并能以此为基础结合资产结构对资产质量、发展能力等进行进一步考察。举例来说，2009 会计年度，在资产总额指标上排名前三位的均为大型传媒集团。AOL 与时代华纳有线电视公司分拆后的时代华纳总资产规模大幅下降至 4 489 亿元人民币，但在 2009 年依旧保持了排名第一的位置。

1. 时代华纳总资产规模急剧下滑，其他集团不同程度缩减，NHK 和 CCTV 资产总量稳步上升

时代华纳在资产规模上一直出于领先地位，但在 2007—2009 年资产规模处于迅速地缩小中，一部分归因于美国在线与时代华纳的合作失败，美国在线资产分离于时代华纳。新闻集团、维亚康姆、CBS、NBC、BBC 等几大传媒集团近两年资产总规模都有不同程度的缩水；而 NHK 一直稳步上升。从总资产表中可以看出，中国中

央电视台的资产规模远远落后于其他媒体。但 2005—2008 年，CCTV 的总资产规模仍处于稳定上升过程。尤其是在 2009 年，央视的总资产规模取得了较大幅度的提升。

表 5-1　2006—2009 年国际传媒集团总资产对比（单位：亿元人民币）

总资产	2006 年	2007 年	2008 年	2009 年
时代华纳	9 065	9 141	7 779	4 489
新闻集团	3 869	4 258	4 256	3 628
维亚康姆	1 489	1 564	1 536	1 496
CBS	2 972	2 761	1 837	1 842
NBC	2 146	2 260	2 307	2 196
NHK	570	597	626	649
BBC	881	912	903	725
CCTV	207	239	254	344

2. 时代华纳仍居榜首，私营媒体资产规模高于公营媒体

在 2009 年，时代华纳仍处于总资产规模的首位，是 CCTV 资产总规模的十几倍；新闻集团、NBC 资产规模分列二、三位。私营媒体的资产规模仍普遍高于公营媒体的资产规模。传媒集团的总资产对比中可以看出，CCTV 的规模仍处于末尾，但在不断缩小与 NHK 的资产规模间的差距。

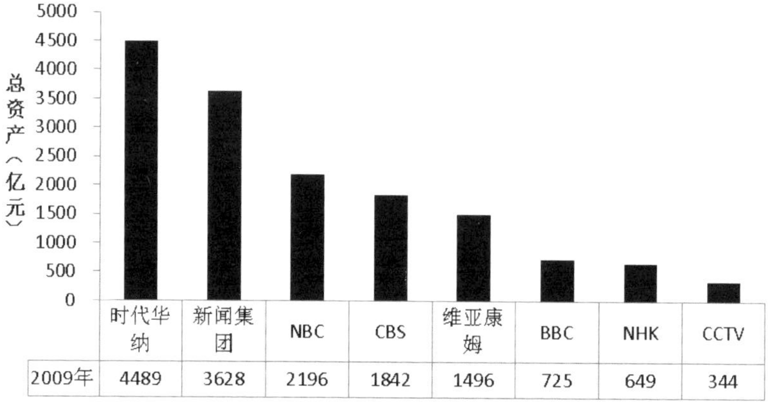

图 5-1　2009 年国际传媒集团的总资产对比

（二）国际传媒集团对外投资年度对比分析

1. 各媒体投资总量对比分析

2007—2009 年时代华纳、新闻集团和迪士尼的投资总量处于领先水平。时代华纳由于 2008—2009 年度对于美国在线的分拆，使得其投资收益大大超出投资额，所以呈现出一个较大的负投资量。CCTV 与国际传媒集团的投资总量对比，可以看出，CCTV 的投资总量与其他媒体相对而言总体偏低。

表 5-2　2007—2009 年部分国际传媒集团投资总量对比

投资总量	2007 年	2008 年	2009 年
迪士尼	42	148	143
新闻集团	142	434	45
BBC	47	24	20
维亚康姆	－17	39	19
CBS	9	147	17
时代华纳	96	174	－1 126
CCTV	10	10	—

2. 各媒体投资增长率对比

2007—2009 年 CCTV 与国际传媒集团的投资增长率对比中，可以看出，由于世界经济形势低迷的影响，各大媒体在 2008—2009 年度的投资均呈现较大的负增长。而在 2007—2008 年度中，CBS 和新闻集团则远远超出其他各公司，而维亚康姆和 BBC 则是呈现负增长。

表 5-3　2007—2009 年部分国际传媒集团投资增长率对比

投资增长率	2007 年	2008 年	2009 年
迪士尼	173.56%	248.14%	－3.05%
BBC	－49.03%	－16.03%	－26.13%
维亚康姆	－126.58%	－330.24%	－52.01%

续表

投资增长率	2007 年	2008 年	2009 年
CBS	116.93%	1 455.07%	– 88.39%
新闻集团	0.77%	206.06%	– 89.53%
时代华纳	– 88.74%	81.19%	– 747.95%
CCTV	—	3.56%	—

（三）国际传媒集团负债情况年度对比

2009 年国际传媒集团当中时代华纳负债总额最高，达到 2 196 亿元人民币，但资产负债率相对较低；CCTV 负债总额最少，仅为 21 亿元人民币，资产负债率也最低。

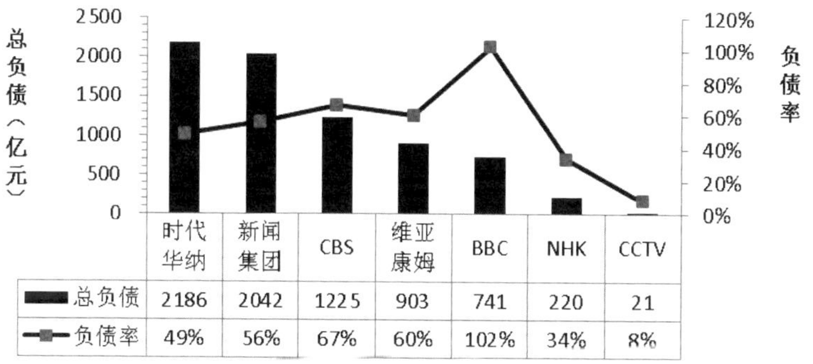

图 5-2　2009 年部分国际传媒集团总负债和负债率对比

表 5-4　2007—2009 年 CCTV 与部分媒体总负债率对比

总负债率	2007 年	2008 年	2009 年
BBC	96%	93%	102%
CBS	47%	68%	67%
维亚康姆	69%	69%	60%
新闻集团	47%	54%	56%
时代华纳	56%	63%	49%
NHK	33%	33%	34%
CCTV		18%	8%

2009 年媒体负债率中 BBC 的负债率极高，达到了 102%。私营媒体的负债率大致处于同一个等级，为 50%—60%，除了时代华纳和 CCTV2009 年的负债率明显下降以及 BBC 明显上升外，其他媒体的负债率基本保持稳定。CCTV 的负债率为 8%，远低于国外其他媒体。

（四）国际传媒集团资产构成对比

流动资产是指在一年或长于一年的一个营业周期内变现或运用的资产，主要包括现金、短期投资、应收及预付款项和存活等。流动资产比率大小反映一个企业资产的流动性程度的强弱。流动资产比率越高，说明资产的流动性越强，反之越弱。由于企业能够用来偿债的资金来源的资产主要是流动资产，尤其是其中的速动资产，如现金、银行存款、应收账款等，因此流动资产比率高说明企业偿债能力强。

时代华纳流动资产比率为 20%，低于其他媒体，但 2007—2009 年，时代华纳的流动资产比率始终处于稳定的上升过程，前景良好。作为公营媒体的 NHK 流动资产比率在三年间的变动较小，发展稳定。央视的总资产中，流动资产占 65%，远高于国际其他主要媒体。

表 5-5　2007—2009 年部分国际传媒集团流动资产率对比

流动资产率	2007 年	2008 年	2009 年
CCTV	—	64%	65%
新闻集团	26%	23%	30%
NHK	24%	23%	23%
CBS	15%	19%	21%
时代华纳	9%	15%	20%

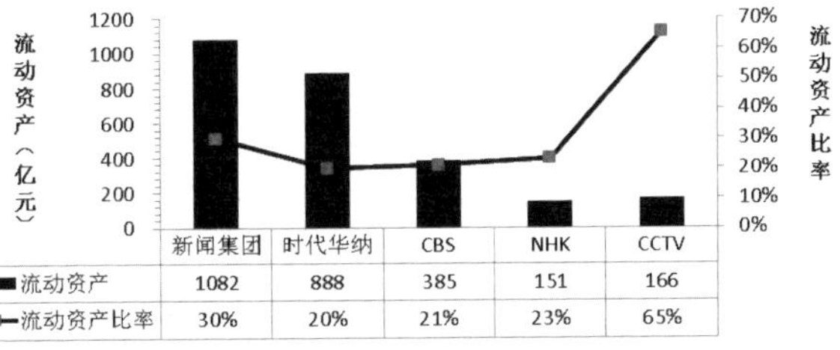

图 5-3　2009 年部分国际传媒集团流动资产和流动资产比率对比

二、国际传媒集团经营投入对比

（一）国际传媒集团总支出年度对比

迪士尼、时代华纳和新闻集团在支出总量上处于领先位置，其中又以新闻集团逐年攀升的发展态势更为显著。CCTV 的年度总支出低于除 NBC 之外的其他国际传媒集团。

受到世界经济形势低迷的影响，2008—2009 年，大部分媒体的支出总量呈下降状态，而新闻集团、美国有线电视、NHK 和 CCTV 却相反，呈上升态势。

新闻集团支出总量的增加主要是因为其对道琼斯的收购，以及在退出英国市场的报纸出版后，将原本服务于英国市场的工厂和设备重新投入其他服务时，产生了更高数额的折旧和摊销费用。

表 5-6 国际传媒集团 2006—2009 年支出总量对比（单位：亿元）

支出总量（亿元）	2006 年	2007 年	2008 年	2009 年
迪士尼	2 112	2 139	2 322	2 283
新闻集团	1 555	1 774	2 024	2 275
时代华纳	2 592	1 491	2 726	1 593
CBS	800	782	1 783	820
维亚康姆	669	816	915	816
NHK	—	501	492	506
BBC	774	806	798	454
美国有线电视	90	96	106	109
CCTV	33	122	43	47
NBC	14	27	48	20

NHK 的收听收视服务活动的支出在 2009 年较之 2008 年有较大的提升，引起了支出总量的上升。

而美国有线电视中的 FOX 大幅增加其编辑支出，使其越来越接近 CNN 的水平。

具体又体现在从其他电视台高价购买受欢迎的主持人担任FOX电视台节目的主持人带来的薪酬支出的增长。而其他电视台大致维持支出总量与上一年度持平。

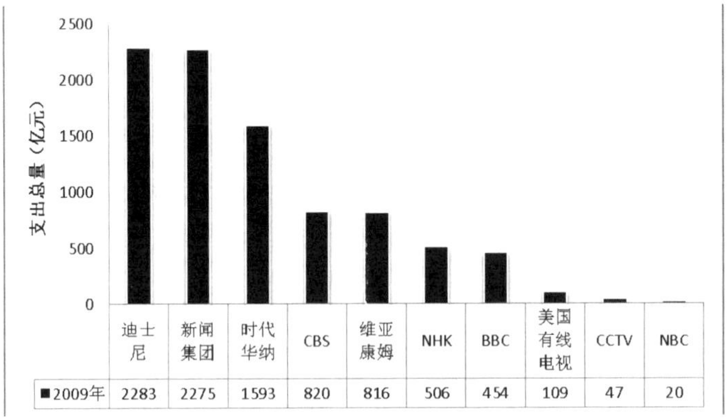

图 5-4　2009 年国际传媒集团的支出总量对比

不同媒体的支出总量因其规模等因素的不同而呈现出不同的结果，在2009年的国际传媒集团的支出总量对比中可以看出，2009会计年度，在支出总量指标上排名第一的媒体公司（集团）为迪士尼，而CCTV的支出仍处于下游；另外，私营媒体的支出规模仍普遍高于公营媒体的支出规模。

支出总量增长率是通过分析当前支出总量比上期支出总量增长的比率来反映公司支出总量增长情况的一个比率。支出总量增长率通过对不同期间支出总量的对比，可以反映出公司支出总量的增长速度。 2006—2009年国际传媒集团支出总量增长率对比中，可以看出央视在经历了2007—2008年度的负增长后，2008—2009年度又开始呈现客观的增长率，仅次于维亚康姆和新闻集团，位居增长率的第三名；而时代华纳、CBS、NBC和BBC在2008—2009年度则均出现大幅的负增长。

表 5-7　2006—2009 年国际传媒集团支出总量增长率对比

支出总量增长率	2006—2007 年	2007—2008 年	2008—2009 年
维亚康姆	— 10.81%	12.12%	21.97%
新闻集团	14.06%	14.10%	12.41%
CCTV	274.72%	— 65.10%	10.87%
美国有线电视	6.54%	10.86%	3.15%

续表

支出总量增长率	2006—2007 年	2007—2008 年	2008—2009 年
NHK	—	－ 1.96%	2.93%
迪士尼	1.31%	8.54	－ 1.70%
时代华纳	－ 42.49%	82.9%	－ 41.58%
BBC	－ 4.23%	－ 1.03%	－ 43.14%
CBS	－ 2.24%	128.00%	－ 54.02%
NBC	100.00%	75.00%	－ 57.14%

（2）国际传媒集团节目投入年度对比

1. 国际传媒集团节目制作成本对比分析

以影视内容生产为主的国际传媒集团当中，迪士尼在节目制作方面成本最大。中国媒体的代表 CCTV 在国内有着最大的节目制作成本，但是相对于全球领先的传媒集团，仍然有着很大的差距。2009 年 CCTV 全台节目制作成本 481 665 万元，占全台总成本的比例为 73%。

表 5-8　2008—2009 年国际传媒集团节目制作成本对比情况（单位：亿元）

频道	2009 年	2008 年	年增长率 (%)
迪士尼	499.8	481.4	3.8
CBS	391.1	405.7	－ 3.6
NHK	386.5	359.0	7.7
BBC	205.9	183.0	12.5
维亚康姆	162.7	178.3	－ 9.0
CCTV	48.2	47.7	－ 1.0

数据说明：

*迪士尼：2009年节目制作费用包括电影和电视制作（233.9亿元，46.8%）和广播节目制作（265.9亿元，53.2%）；2008年包括电影和电视制作（221.0亿元，45.9%）和广播节目制作（260.4亿元，54.1%）。

*CBS：2009年节目制作费用包括节目制作（231.9亿元，59.3%）和节目生产（159.2亿元，40.7%）；2008年包括由节目制作（229.2亿元，56.5%）和节目生产（176.5亿元，43.5%）。

*BBC：电视部分的服务、执照和内容预算。

*维亚康姆：媒体电视网的制片和节目制作。

*NHK：2009年节目制作费用包括国内节目制作和传输（373.0亿元，96.5%）和国际制作和传输（18.1亿元，3.5%）两部分。

各媒体的节目制作成本投入都相对稳定，2008—2009 年 BBC 增速最快，维亚康姆减幅最大。从数据表可看出，迪士尼的节目制作成本最高，但其中一半以上用于广播节目制作；电视电影节目制作费用包括所有国内生产内容，例如现场活动和动画形象电影，没公映而直接以录影发行的动画节目、电视剧、电视特刊、戏剧或者其他类似产品，以及向第三方购买。2009 年，迪士尼节目制作成本的增加主要由于 ESPN 和迪士尼全球频道节目制作成本的增加。

CBS 总体节目制作成本减低 3.6%，主要是由于其内部开发的电视节目，包括直接生产成本、残值和参与费用，生产附加费用以及电视和广播成本 —— 包括现场直播和其他的生产成本的大幅降低；而电视节目制作成本增加了 1%，主要由于美国作家协会罢工降低了 2007/2008 播出季的编剧成本，这很大程度上影响了电视系列剧集的制作费用，使其有所升高，从而造成了 2009 年电视节目制作开始增长。

BBC 节目制作成本增幅最大，主要反映在 BBC 一直致力于内容产品的扩大输出和质量的提供；近两年，节目制作成本的增加主要是由于其网络电视节目的制作增加、独立制作节目的增加以及数字高清节目制作增加。

相较于 2008 年，2009 年维亚康姆媒体电视网的制片和节目制作成本减幅最大，主要是受 2008 年的节目制作投资减记所产生的 19.53 亿元，其重组和其他开支的影响以及 2009 年由放弃一些节目制作节约的 5.4 亿元。

CCTV 与国际传媒集团相比，节目制作成本投入还处于较低水平。CCTV 在节目制作成本的投入上一直相对稳定，2009 年增加 1%，其中主要包括购节目费支出占到 45%，技术及物耗支出占到 29%，二者合计达到节目制作成本的 74%，是节目制作成本的主要组成部分。纵观国际传媒集团，无论公营的还是私营的媒体集团，都有较高的节目制作费用，CCTV 与其相比，在节目制作的投入上还是有明显的差距。单看电视方面的节目制作费，各媒体集团也大多维持在 200 亿元左右，也明显高于 CCTV 的 48.2 亿元。

2. 新闻类频道成本对比分析

表 5-9　2008—2009 年新闻类频道成本支出及增长率（数额单位：百万元人民币）

频道	2009 年	2008 年	年增长率 (%)
CNN/HLN	4 804.2	4 927.8	– 2.5
FOX NEWS	4 603.4	4 173.8	10.3
MSNBC	1 488.3	1 492.4	– 0.3
CCTV 综合频道	1 084.5	1 104.3	– 2.0
CCTV 新闻频道	581.2	456.5	27.0
Current TV1	491.1	494.5	1.0
BBC 世界新闻 2	42.7	38.2	12.0

数据说明：

*除CCTV外的数据来源：SNL Kagan，一家专业的金融研究公司。

*除CCTV以外的数据都包括节目制作费和一般/行政管理费用。

（1）从成本规模总量来看，CCTV 综合频道与 MSNBC 基本持平，与 CNN 和 FOX NEWS 还是有很大差距；CCTV 新闻频道成本花费还是远低于这三家大的美国有线新闻网。

CNN 的部门最多，员工数量最大，手机新闻的基础设施在三家中也是最庞大的。所以他的成本中一般费用和行政费用在 2009 年占到频道总预算的 57%，预计会达到 27.38 亿元。而通常与特定节目投资和主持人薪水相关的节目制作成本只占频道预算的 43%，预计 2009 年达到 20.67 亿元。其节目制作费低于 FOX NEWS 的节目制作费。

据推算，FOX NEWS 的节目制作费占到 2009 年总支出的 72%，也即是 33.21 亿元。而它的一般费用和行政费用或者是收集新闻的基础设施费用预计会占到 28%，即 12.83 亿元。

MSNBC 成本远低于 CNN 和 FOX NEWS，主要是它利用了 NBC 新闻的新闻收集能力，自己在预算方面则相对较少，仅占到对手支出额的 35%—40%。它的节目支出预计会达到 2009 年总支出的 78%（即 11.63 亿元）。它的一般费用和行政管理费用在预算中占到 22%，也就是 3.25 亿元。

CCTV 综合频道与 MSNBC 成本规模差距不大，而 CCTV 新闻频道成本规模只相当于 CNN 或 FOX NEWS 的九分之一左右，可看出与一流的新闻频道相比，还是有较大差距。

（2）从成本增幅来看，CCTV 新闻频道成本增幅最大，其次是 BBC 世界新闻和 FOX NEWS，其他相对稳定；但增加的绝对值还是低于 FOX NEWS。

通过比较可看出，几家新闻频道中，成本年增幅最大的 CCTV 新闻频道，增加了 1.247 亿元，增幅为 27%，这一成本的增加主要是由于新闻中心建立应急反应机制支付给北京中视科华传媒技术有限公司的技术服务费 5 376 万元；同时，CCTV 新闻频道的收入增幅也超过 30%。但其增加的绝对值与 FOX NEWS 的增加额 4.296 亿元相比，还是有不小差距。

CCTV 综合频道的年支出基本保持稳定，波动较小。CNN/HLN 和 MSNBC 也只是有小幅度的缩减。

（3）两家新兴的新闻频道中，BBC 世界新闻成本投入增幅较大，Current TV 成本规模与 CCTV 新闻频道较为相当。

BBC 世界新闻 2009 年支出增长了 12%，达到了 4 367.4 万元，2008 年时为 3 818.2 万元，增加额为 549.2 亿元。虽然其成本规模不大，但 BBC 世界新闻 2009 年在美国的总体收入增长了 117%，达到了 1 459.9 万元，2008 年仅有 673.8 万元，收入增长了一倍还多，尽管这个年轻的频道在年终时还没能实现盈利。

Current TV 在 2009 年支出增加了 1%，达到了 4.94 亿元，2008 年为 1.17 亿元。2009 年总收入上涨了 17%，达到 6.09 亿元，利润增加了 280%，2009 年达到了 1.14 亿元，2008 年是 3 005.2 万元，财务表现亮眼。

3. 2009 年经济类频道成本对比分析

表 5-10　2009 年全球财经频道成本对比（数额单位：百万元人民币）

频道	2009 年	年增长率（%）
CNBC	2 003.2	6
Fox Business Network	875.6	8
CCTV 经济频道	535.7	7
Bloomberg TV	514.2	1

数据说明：

*除CCTV外的数据来源：SNL Kagan，一家专业的金融研究公司。

*除CCTV以外的数据都包括节目制作费和一般行政管理费用。

CNBC 频道的成本规模明显高于其他几家财经频道，2009 年其成本规模为 20.03 亿元，增长了 6%；其对于新闻栏目的投资也从 18.91 亿元增加到了 20.01 亿元，上升了 6%。尽管有些著名的主持人离开该频道去了别的频道。

Fox Business Network 在新闻上的投资增长了 8%，增长比 CNBC 和彭博电视稍多一些，但相对与 CNBC，Fox Business Network 起步基数小。成本增加主要是由于在四月，频道开始运营一个新的、比以前更大的播音室，科技含量也更高。频道新的主持人也导致了成本的增加：在 9 月，频道从 ABC 新闻招募了 JS 去为 Fox Business Network 以及 FOX NEWS 服务；10 月 5 号，前 msnbc shock jock 节目的主持人 DI 因为过激言论被解雇后，在 Fox Business Network 早间新闻节目中亮相；AG，商业新闻的副总裁以及 opening bell 的主持人，他在 11 月份离开了 Fox Business Networ。

Bloomberg TV 于 2009 年初宣布要裁掉 100 个岗位，这是 1981 年该机构成立以来的第一次裁员。裁员和新员工的加入以及与手机新闻相关的其他支出仅仅让 Bloomberg TV 在 2009 年增加了 1% 的支出。

与这四家著名财经频道相比，CCTV 经济频道成本规模总量远低于 CNBC 频道，仅是 CNBC 的四分之一；与 Fox Business Network 也有不小差距，2009 年绝对值相差 3.399 亿；但比 Bloomberg TV 高出了 2 150 万元。

（三）国际传媒集团成本结构对比

1. 公营媒体主营业务成本对比分析

（1）各公营媒体的节目制作成本占运营成本或总支出的比例相差不大。CCTV 无论节目制作成本还算是运营成本都与 BBC、NHK 有很大差距。2009 年，三家公营媒体中，节目制作成本、运营成本和总成本 NHK 都居三家之首，CCTV 排名最后，且支出绝对值也远低于其他两家媒体。

表 5-11 2009 年世界公营电视台节目制作成本对比情况（单位：亿元人民币）

	节目制作成本	运营成本	总成本
CCTV	48.2	62.4	65.9
NHK	386.5	511.3	625.9
BBC	205.9	390.3	400.0

2009 年，CCTV 的节目制作成本占运营成本的比例最高为 77.2%，与 NHK 的比例 75.59% 相近，高于 BBC 的 52.75%。

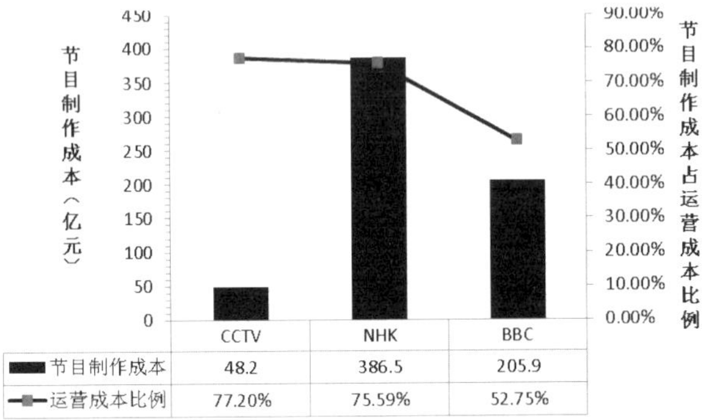

图 5-5 2009 年公营电视台节目制作成本及占运营成本比例对比情况

（2）比较国外两家公营媒体的运营成本构成情况，NHK 的主要支出是其国内的节目制作和传输费用；BBC 的主要支出为电视部分的服务、执照和内容预算。

2009 年，NHK 的运营成本中，国内的节目制作和传输的成本为 372.9 亿元，占了整个运营成本的 72.9%，而国外的节目制作和传输成本仅为 13.5 亿元，比例为 2.7%。处理接待合同和收费与其他成本分别占了运营成本的 11.1% 和 13.3%。

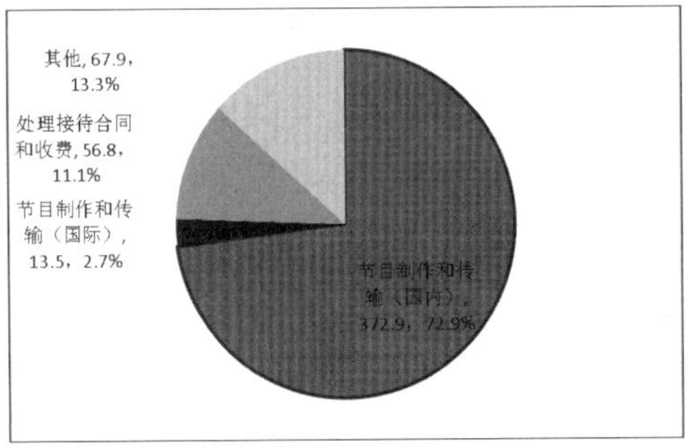

图 5-6 2009 年 NHK 运营成本构成（数额单位：亿元人民币）

2009年，BBC运营成本中，电视部分的服务、执照和内容预算为205.9亿元，占了52.75%；其次是电台部分的服务、执照和内容预算和网络部分的服务、执照和内容预算，分别占整个运营支出的13.33%和3.63%，远低于电视部分，但电台方面的开支还是比较大。基础设施和维护则为61.7亿元，占了运营成本的15.81%，分配成本和其他成本依次仅占6.23%和8.25%。

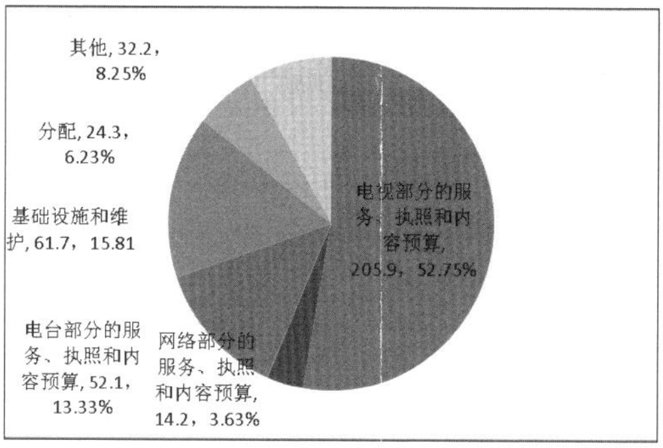

图5-7　2009年BBC运营成本构成（数额单位：亿元人民币）

2. 私营传媒集团主营业务成本对比分析

时代华纳的营业支出则保持了连年减少趋势，由2007年的1 051亿元减少至2009年的986亿元。维亚康姆2007年的主营业务增长趋势强劲，达到16%，2008年有600亿元的支出后，又开始了大幅度地回落，降至三年来的最低水平506亿元。

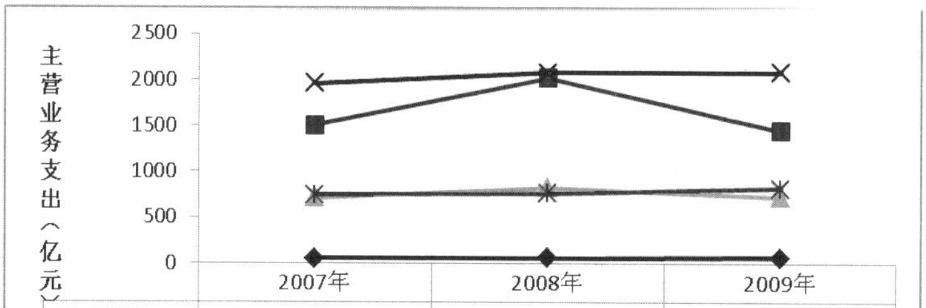

	2007年	2008年	2009年
CCTV	56	60	66
时代华纳	1505	2018	1451
维亚康姆	716	827	732
迪士尼	1957	2076	2080
CBS	751	769	820

图5-8　2009年世界各大传媒集团的年主营业务支出对比（数额单位：亿元人民币）

迪士尼的年度主营支出为各大传媒集团之首，2008 年增长较快由 1 855 亿元达到 2 041 亿元，于 2009 年回落至 2 017 亿元。CBS 的主营业务成长与 CCTV 相同，每年保持了一定的增长，其中 2008 年增长较缓，仅增长 3 亿元，达到 594 亿元成本支出。从主营支出数额上看，CCTV 与主要国际传媒集团有着相当大的差距；CCTV 的年度主营业务支出保持稳定的增长，由 2007 年的 53 亿元至 2009 年的 62 亿元。

三、国际传媒集团经营产出对比分析

（一）国际传媒集团年度总收入对比

1. 私营传媒集团的收入明显高于公营媒体

国际传媒集团年度总收入呈现出三个梯队的局面，私营的传媒集团的收入明显高于公营的媒体的收入。2009 年，时代华纳和新闻集团的收入规模巨大，分别为 1 761.12 亿元和 2 077.89 亿元，占据世界主要媒体收入总量的前两位，位于第一梯队。而维亚康姆、CBS 和 NBC 环球的收入相当，分别为 930.18 亿元、888.90 亿元和 1 054.28 亿元，位于第二梯队。以 NHK、BBC 为代表的公营媒体和以 CCTV 为代表的国营媒体的收入与前几个私营媒体的收入悬殊巨大，位于第三梯队。2009 年，NHK 和 BBC 的收入总量分别为 515.74 亿元和 537.96 亿元，CCTV 的收入总量为 241.05 亿元，大约只占 NHK 和 BBC 的一半。

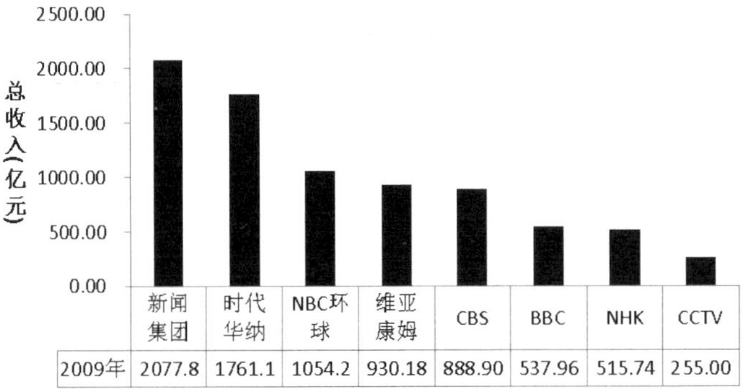

图 5-9　2009 年国际传媒集团的总收入对比（数额单位：亿元人民币）

2. 各大传媒集团历年总收入排名稳定，时代华纳因拆分导致2008年收入调整呈现大幅减少

2006—2009年，世界各大媒体的收入总量的力量对比呈现相对稳定的状态。在进行比较的所有媒体中，时代华纳和新闻集团稳居前两位。2009年底时代华纳与AOL正式拆分后，对2008年的收入数据进行调整导致总收入显现大幅下降。2006—2008年，其他媒体的总收入都基本保持稳定增长，而2009年只有中央电视台的总收入保持上涨，其他媒体都出现小幅下跌。NBC、CBS和维亚康姆2006—2009年的收入总量一直处于比较接近的状态，增长也都比较平缓。原维亚康姆公司由于长期业绩增长缓慢，对股票市场缺乏新的刺激，于2005年拆分为现在的CBS和维亚康姆，拆分后的维亚康姆和CBS的总收入呈现了两种不同的特征：维亚康姆的总收入在呈现较大幅度的增长，而CBS的总收入则呈现小幅波动的稳定水平。但总体上说，分拆后的维亚康姆和CBS呈现出了稳定增长的趋势。

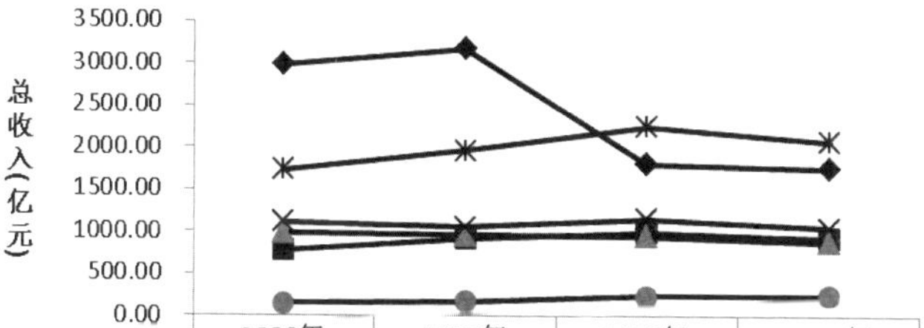

	2006年	2007年	2008年	2009年
时代华纳	2984.03	3174.72	1811.04	1761.12
维亚康姆	775.96	916.79	998.89	930.18
CBS	978.07	961.18	952.81	888.90
NBC环球	1105.64	1052.91	1158.98	1054.28
新闻集团	1729.83	1957.14	2253.63	2077.89
CCTV	147.25	171.37	241.05	255.00

图5-10　2006—2009年国际传媒集团的年收入对比（数额单位：亿元人民币）

3. 2009年两大公营广播电视集团NHK和BBC总收入均增加且基本持平，CCTV稳步追赶但仍有很大差距

2006—2009年，BBC收入总量一直稳步上升，而NHK总收入从2006年开始到2008年一直下滑，直到2009年才有小步回升，二者的收入差距逐渐缩小，2008年BBC的总收入开始超过NHK，并在2009年拉大了这个差距。CCTV的总收入在2006—2009年始

终保持增长，尤其是2008年实现强劲的增长，但是与两者的收入总量仍有一定的差距。

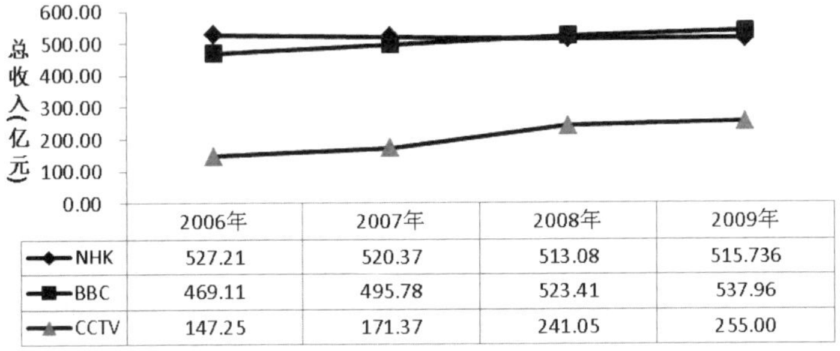

图5-11　2006—2009年公营媒体年收入对比（数额单位：亿元人民币）

4. 2009年多家传媒集团均出现负增长；BBC收入增速放缓，NHK多年来首次出现正增长；CCTV收入增速最快，但也出现回落的趋势

纵观2006—2009年世界主要传媒集团的总收入增长率，CCTV的收入增长率都是所有媒体中的前两名，尤其是2007—2008年，由于金融危机对传媒产业的冲击几乎所有的媒体的增速放缓，甚至有些出现负增长，但CCTV却继续以40.66%的速度迅猛增长。2009年CCTV收入增速虽有放缓趋势，但与其他几家媒体集团比较中，任位列首位，总收入增长率达5.79%。

表5-12　国际传媒集团总收入增长率对比

	2006—2007年	2007—2008年	2008—2009年
CCTV	16.38%	40.66%	5.79%
BBC	5.69%	5.57%	2.78%
NHK	－1.30%	－3.37%	0.59%
时代华纳	6.39%	－42.95%	－2.76%
CBS	－1.73%	－0.87%	－6.71%
维亚康姆	18.15%	8.95%	－6.88%
新闻集团	13.14%	15.15%	－7.80%
NBC	－4.77%	10.07%	－9.03%

（二）国际传媒集团主营业务收入年度对比

2009 会计年度，时代华纳的主营业务收入来自于内容收入；新闻集团的主营业务收入来自于电影电视业务收入与报纸和信息服务收入；维亚康姆的主营业务收入来自于媒体网络部门的广告收入和电影娱乐部门的家庭娱乐收入；迪士尼的主营业务收入来自于媒体网络部门有线电视网的订阅费收入；CBS 的主营业务收入来自于广告收入；有线电视的主营业务收入来自于广告收入和订阅费收入；BBC 的主营业务收入来自于执照费收入；NHK 的主营业务收入来自于收视费收入；CCTV 的主营业务收入来自于广告收入。

1. CCTV 广告收入逐年上升，历年占总收入的比例稳定在 60% 左右

广告收入是 CCTV 的主营业务收入，在 CCTV 总收入构成中占 60% 左右。CCTV 广告收入呈现逐年递增的态势，2008 年在奥运会的带动下广告收入实现飞跃式增长。2009 年虽然没有重大赛事的支撑，CCTV 的广告收入也达到了 2008 年的同等水平并有小幅上升，但是占总收入的比重却下滑了 3 个多百分点，也就是说广告收入对 CCTV 收入的贡献度在 2009 年有所下降。

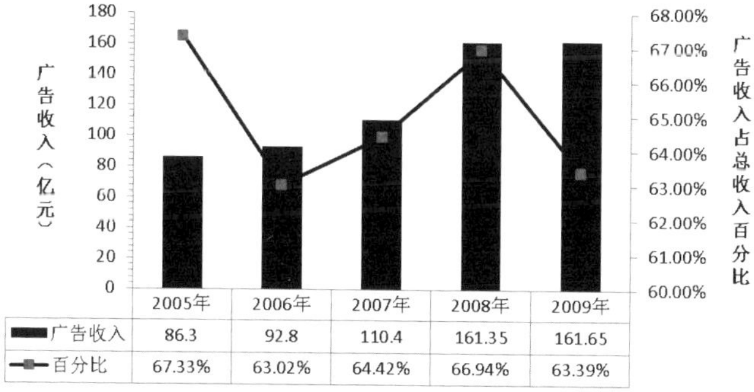

	2005年	2006年	2007年	2008年	2009年
广告收入	86.3	92.8	110.4	161.35	161.65
百分比	67.33%	63.02%	64.42%	66.94%	63.39%

图 5-12　2005—2009 年 CCTV 广告收入及其占总收入比例（数额单位：亿元人民币）

2. 后奥运时期 CCTV 主营业务收入未出现负增长，但是增速不高

2008 年北京奥运会推动 CCTV 获得高速发展的机遇，2007 年和 2008 年是 CCTV 广告收入的快速发展阶段，2007 年广告收入增长接近 20 亿元，首次突破百亿。2008 年全年实现广告创收 161.35 亿元，年广告增长率接近 50%。后奥运

时期的 2009 年广告收入与 2008 年基本持平，达到 161.85 亿元，年广告收入增长率为 0.19%。

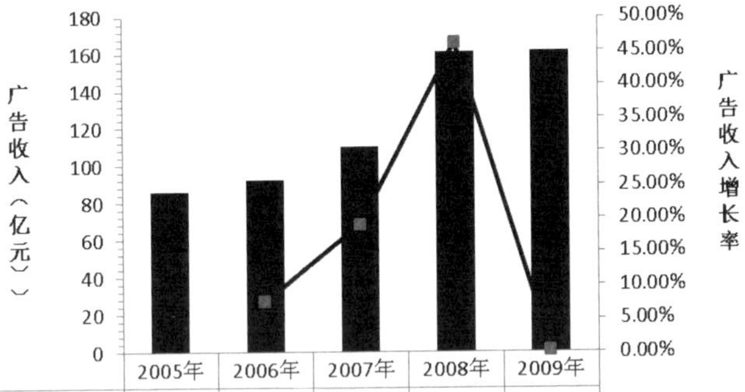

	2005年	2006年	2007年	2008年	2009年
广告收入	86.3	92.8	110.4	161.35	161.65
增长率		7.53%	18.97%	46.15%	0.19%

图 5-13　2005—2009 年 CCTV 广告收入及其增长率（数额单位：亿元人民币）

3. CBS 与 CCTV 依赖于广告收入且依赖度较高，NHK 和 BBC 收入高度依赖收视费，时代华纳、新闻集团、维亚康姆收入来源较多元

在国际传媒集团中，主营业务收入比例呈现多样化。CCTV 与 CBS 都是以广告收入为主，分别占总收入的 63.39% 和 62.79%，但是 2009 年 CCTV 的广告收入在量上不到 CBS 的 1/3，与其收入规模差距较大。NHK 和 BBC 这两家公营电视台与 CCTV 一样对单一业务的依赖度很高，对收视费的依赖度分别高达 96.52% 和 71.95%，二者在 2009 年的总收入相当，但收视费 BBC 比 NHK 少 100 多亿元，对总收入的贡献度较低。二者的主营业务收入规模低于 CBS 的广告收入，却大于 CCTV 很多。时代华纳的主营业务收入来自于内容收入，新闻集团的主营业务收入来自于电影电视业务收入与报纸和信息服务收入，尽管二者主营业务收入对总收入的贡献率分别只占 42.74% 和 38.80%，但是在量上依然居于前两位。维亚康姆总收入的一半来自于媒体网络部门的广告收入和电影娱乐部门的家庭娱乐收入。CCTV 与这些国际主要媒体的主营业务收入相比差距很大，最接近的是 BBC，主营业务收入也不到其一半。

BBC 和 NHK 这样以收视费为主导的收入模式对于外界环境的影响不是很敏感，时代华纳、维亚康姆、新闻集团它们是以内容 / 发行收入为主导，这种类型的收入结构模式受外界环境变化的影响相对较小，CCTV 和 CBS 这种以广告收入为主导的收入模式也宏观经济环境的影响。

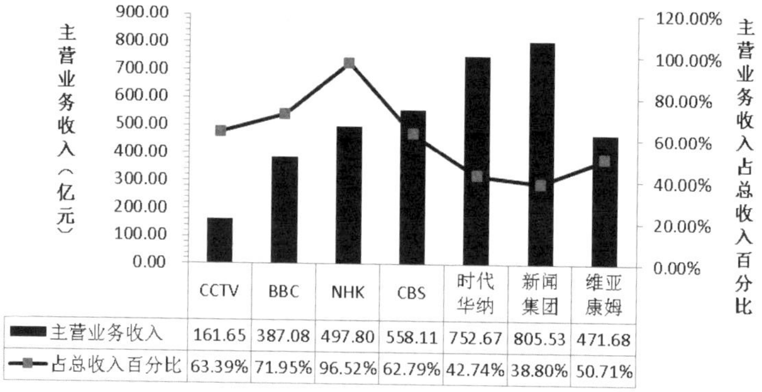

	CCTV	BBC	NHK	CBS	时代华纳	新闻集团	维亚康姆
主营业务收入	161.65	387.08	497.80	558.11	752.67	805.53	471.68
占总收入百分比	63.39%	71.95%	96.52%	62.79%	42.74%	38.80%	50.71%

图 5-14　2009 年国际传媒集团主营业务收入对比（数额单位：亿元人民币）

4. 2006—2009 年 CBS 主营业务逐年下降，CCTV 保持连续增长

国际传媒集团收入规模庞大，2006 年时代华纳、新闻集团和 CBS 的主营业务收入基本持平，2007 年 CBS 广告收入由 2006 年的 708 亿人民币下降到 687 亿人民币，主要是受联合派拉蒙电视网被卖掉以及广播电台与电视资产剥离的影响。2008 年广告收入继续下降，主要是由于电视和广播广告销量的减少，这一年 CBS 电视网中超级大腕的停播，以及 2008 年总统选举政治广告的抵消等相关因素有关。而新闻集团和时代华纳的主营业务收入主要是来自内容创收入，因此不太容易受外界环境的干扰，多年来都比较稳定。CCTV 与传媒集团的收入相差甚远，不过 2008 年由于奥运的契机，CCTV 与国际传媒集团在主营收入上的差距在拉近。

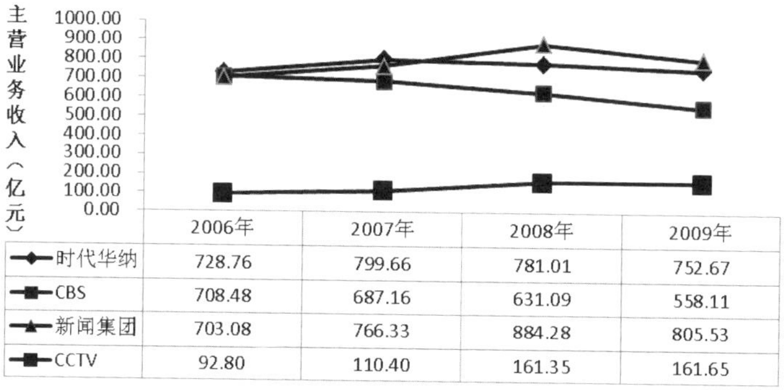

	2006年	2007年	2008年	2009年
时代华纳	728.76	799.66	781.01	752.67
CBS	708.48	687.16	631.09	558.11
新闻集团	703.08	766.33	884.28	805.53
CCTV	92.80	110.40	161.35	161.65

图 5-15　2006—2009 年部分国际传媒集团主营业务收入对比（数额单位：亿元人民币）

表 5-13　2006—2009 年部分国际传媒集团主营业务收入增长率对比

	2006—2007 年	2007—2008 年	2008—2009 年
CCTV	18.97%	46.15%	0.19%
时代华纳	9.73%	− 2.33%	− 3.63%
新闻集团	9.00%	15.39%	− 8.91%
CBS	− 3.01%	− 8.16%	− 11.56%

（三）国际传媒集团收入构成对比

根据传媒经济收入中两种性质收入所占的比例不同，传媒收入结构模式可分为三类：内生型收入主导模式、外生型收入主导模式、内生—外生型收入均衡模式。内生型收入主导模式，属于该模式类型的传媒收入以发行、视听收入为主，源于传播过程的内部，因而受外部经济环境波动的影响相对较小，表现出较好的稳定性，比如时代华纳、新闻集团、迪士尼和两大公营媒体 BBC、NHK；外生型收入主导模式的传媒以广告收入为主，由于其经济收入依赖外部商业环境较强，很容易受外部经济环境波动的影响，比如 CBS 和 CCTV；而内生—外生型收入均衡模式呈现动态分布，内生型和外生型收入较为接近，在外部经济形势较好时期，传媒可以大大扩张对广告的吸纳能力。而当外部经济环境低迷时期，则可以提高内生经济收入能力增强传媒的稳定性，或者是在内生收入能力受限时可以转而提升外生收入能力，比如美国三大有线电视。

1. 内生型收入主导模式的 CCTV 和 CBS

CCTV 以广告收入为主，且这部分收入占据了其收入结构中的大部分比重，除了广告收入这个主营业务收入外，CCTV 还有其他几方面的收入，如：收视费、台属企业上缴收入、财政拨款，以及艺委等 CCTV 下属事业单位的收入。简言之，CCTV 的收入构成主要来自台本部收入和企业收入。

CCTV“台本部”的收入主要是广告收入，此外还有“台属企业”带来企业收入。在企业收入方面，CCTV 企业收入的提高速度还是很快的，2009 年企业收入为 79 亿元，企业收入年均增长率达到 50%。CCTV 这种以广告收入为主、辅以其他收入构成的收入结构模式，可以称为外生型收入主导模式。这种收入模式是传统传媒企业最为常见的一种模式。其特点有：对广告收入较为倚重，着力于提高目标市场相对占有率；由于经济收入依赖外部商业环境，很容易受外部经济环境波动的影响。

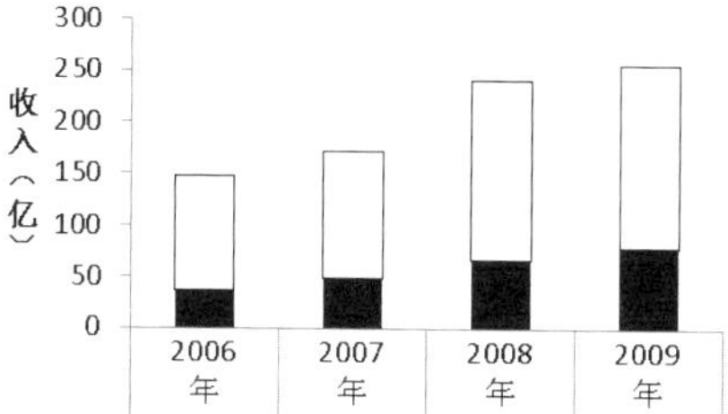

	2006年	2007年	2008年	2009年
□台本部收入	109.8	121.88	174.05	176
■企业收入	37.45	49.49	67	79

图 5-16　2006—2009 年 CCTV 收入结构（数额单位：亿元人民币）

CBS 业务部门主要有娱乐部门、有线电视网、印刷部门、地方广播部门和户外业务。其中，娱乐部门的收入主要来自广告收入、内容牌照和发行、子公司和附属公司的收费。截至 2009 年、2008 年和 2007 年 12 月 31 日，娱乐部门为公司的年固定收入分别贡献了 54%、49% 和 47%；有线电视网收入主要来自相关收费、内容牌照和发行等。截至 2009 年、2008 年和 2007 年 12 月 31 日，有线电视网部门为公司的年固定收入分别贡献了 10%、9% 和 8%；印刷部门主要是出版收入，截至 2009 年、2008 年和 2007 年 12 月 31 日，印刷部门为公司的年固定收入各自贡献了 6%；地方广播部门收入主要来自出售广告。截至 2009 年、2008 年和 2007 年 12 月 31 日，地方广播部门为公司的年固定收入分别贡献了 18%、21% 和 24%；户外业务收入主要来自广告，截至 2009 年、2008 年和 2007 年 12 月 31 日，地方广播部门为公司的年固定收入分别贡献了 13%、16% 和 16%。

2009 年，娱乐部门的收入相比 2008 年的 469.9 亿元增长了 1% 至 476.7 亿元，主要是因为内容许可费用的增加、发行收入和 2008 年 6 月对于 CNET 的收购的影响，广告销售的减少部分抵消了这些增长。来自内容许可费用和发行费用的增长是 1%，主要是因为国内电视联播网在 2009 年的销售增加。广告销售轻微降低，反映在全国电视广告的销售方面降低了 2%，这是由 2009 年的上半年广告市场表现疲软造成的，收购 CNET 的影响部分抵消了这些降低；有线电视网络收入是 92.2 亿元，较之 2008 年的 86.1 亿元，增长了 7%，主要是因为附属加盟费用升高了 7%，而这又反映在订阅人数的增长以及娱乐时间电视网络和 CBS 高校体育网络收视率的升高；出版收入是 54.2 亿元，相较于 2008 年的 58.6 亿元下降了 7%，主要是因为零售市场的疲软和外汇汇率的改变造成的不适宜的影响，数字出版内容的销售产生的增长部分抵消了上述降低。

归纳 CBS 各业务的收入来源，可以把收入结构的成分概括为：广告收入、电视牌照费、子公司收益、出版收入、发行收入以及其他，其中以广告收入为主营业务收入，在其总收入结构中居于重要的地位，所占比例达到 70% 左右。

表 5-14　2007—2009 年 CBS 收入结构

	2007 年	2008 年	2009 年
广告收入	71.49%	66.23%	62.79%
电视牌照费和发行收入	18.25%	22.63%	23.98%
子公司收益和出版收入	8.48%	9.24%	11.24%
其他收入	1.77%	1.89%	2.00%

CBS 的收入结构和 CCTV 的收入结构比较相似，都是以广告收入为主，其广告收入占其总收入的 3/4。对比 CBS 三年的收入结构变化，并未发生大的结构性调整。

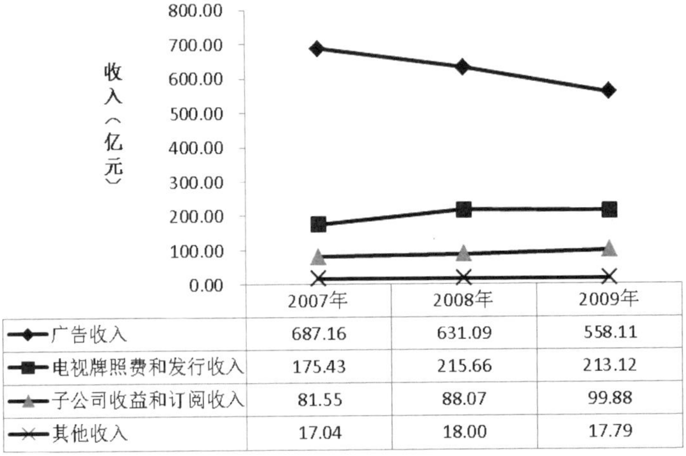

图 5-17　2006—2009 年 CBS 各类收入（数额单位：亿元人民币）

2009 年 CBS 广告收入是 558.11 亿元，相比 2008 年的 631.09 亿元下降了 12%，影响广告市场的主要因素有：疲弱的经济环境、外汇汇率变化的不利影响以及非总统大选年导致政治广告销售的衰退。CBS 电视牌照费和发行收入主要包括国内发牌电视节目制作成数字媒体形式以及来自零售商品，包括家庭娱乐，第三者的节目制作发行的费用，以及来自出版及分销消费书籍的收入。内容授权及发行收入在 2009 年下降了 1%，至 31.2 亿美元，而 2008 年是 3.16 亿美元，主要的反应是出版收入降低了 7%，家庭娱乐收入降低了 16%，这是由于疲软的零售市场和汇率变动的不利影响。

子公司收益和订阅费用主要来自有线电视运营商、直播卫星（DBS）运营商、电话公司 (Telcos) 及有线传播节目服务的其他发行商；以及节目授权费用、互联网用户内容付费以及附属电视台收费。会员和订阅费用在 2009 年增长了 13%，至 213.12 亿元，相较于 2008 年的 215.66 亿元增长了 13%，主要反映了订阅数和 Showtime Networks 收视率的增长，以及 CBS 高校体育网络较高的转播输入。

其他收益，包括娱乐部门、有线电视网络、地方广播和户外运营商的辅助费用，2009 年为 17.79 亿元，比 2008 年的 18 亿元降低了 1%。2008 年，其他收入相比 2007 年的 17.04 亿元增长了 6%，主要是由于 CBS 对 CNET 的收购的影响。

CBS 和 CCTV 相似的收入结构都以广告收入为主，这种外生型收入结构模式意味着它受外界环境的影响较大。如国内电视联播网的收益增加就可以直接导致电视牌照授权费的收入增长率达到 40%。而 2007 年加息和娱乐时间网络公司以及 CSTV 的订户增多，也引起子公司的收益随之增长。此外，随着内容和服务提供的新技术的发展，CBS 继续通过各种平台，包括互联网、移动设备和视频点播等方式将内容分发给用户，数字媒体收入和电视广播运营的辅助费用增加，使得 CBS 的收入结构中其他方面的收入份额增大。

随着外部环境的变化，CBS 在不断地调整自身收入结构中各部分的比例，比如逐年地降低广告收入在总收入中所占的比中，而提高电视牌照费以及其他方面的收入，使其结构趋于更加合理化，降低自身收入受外部经济环境波动影响的力度。

2. 外生型收入主导模式的时代华纳、维亚康姆和新闻集团

时代华纳是一个媒介与娱乐主导性的公司，其业务划分为三大部分：广播电视网络、影视娱乐和出版业务。按收入来源其收入结构大体上可以定义为主营业务收入即内容订阅费收入，加上非主营业务收入和其他方面的收入。其中非主营业务收

入包括来自于有线电视所提供的视频、高速数据以及语音服务的收入，电影娱乐中的家庭影院产品的发行以及授权使用公司特色长片、电视节目和影视形象的牌照收入，出版业务中的杂志和少数网站广告收入及网络业务中的广告收入、网络订阅费以及向用户传输节目的子公司收入等，而其他收入包括如美国在线在其他国家的接入业务的收入、股价收益等。概言之，时代华纳的收入结构可以归纳为四个板块：内容订阅、广告、内容和其他方面的收入，并以内容订阅收入为主。

表 5-15　2006—2009 年时代华纳收入结构

	2006 年	2007 年	2008 年	2009 年
内容收入	24.42%	25.19%	43.12%	42.74%
订阅收入	54.13%	53.58%	31.67%	34.36%
广告收入	18.96%	18.93%	21.87%	20.02%
其他收入	2.49%	2.30%	3.34%	2.89%

对比 2006—2009 年时代华纳的收入情况，可以发现时代华纳收入结构整体变化不大。2009 年底时代华纳与 AOL 分家后，订阅收入所占比例明显下降，而内容收入比重大幅上升，回归到时代华纳以内容为主的模式。

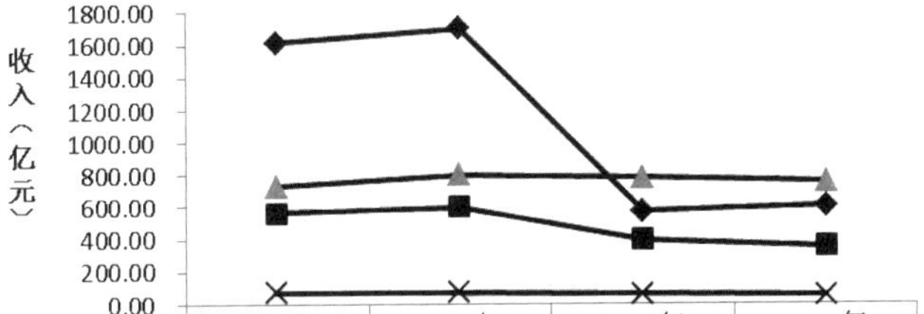

	2006年	2007年	2008年	2009年
订阅收入	1615.36	1700.94	573.52	605.07
广告收入	565.73	600.97	396.00	352.50
内容收入	728.76	799.66	781.01	752.67
其他收入	74.17	73.15	60.51	50.88

图 5-18　2006—2009 年时代华纳各类收入（数额单位：亿元人民币）

截至 2009 年 12 月 31 日，时代华纳年度订阅收入的增长主要来自于广播电视网络部门，其中部分被出版业务部门的订阅收入下降所抵消。广播电视网络部门的订阅收入增长主要归功于特纳和 HBO 的高订阅率、国际订户数量的增长以及 HBO

LAG 的业务合并，其中部分被汇率变化对于特纳所产生的负面影响所抵消。出版业务部门的订阅收入下降主要是由于美国国内报亭销售疲软以及国内订阅销售下降，部分原因是当前经济环境以及汇率变化对 IPC 所产生的负面影响。

2009 年度时代华纳广告收入下降主要归因于出版业务部门业绩下滑，同时在较小程度上受到广播电视网络部门收入下降的影响。出版业务部门业绩下滑主要是由于国内和国际印刷品广告销售收入下降，包括汇率变化对 IPC 所产生的负面影响以及在线业务收入下降。广播电视网络部门收入下降反映了特纳新闻网络业务收入下滑，主要原因是观众数量减少，部分原因包括 2008 年大选报道的影响、需求疲软以及汇率变化对特纳的国际娱乐网络所产生的负面影响。

2009 年度时代华纳内容业务收入下降主要是由于影视娱乐和广播电视网络部门业绩下滑。影视娱乐业务部门业绩下滑是由于戏剧产品的收入下降，其中部分被电视产品收入的增长所抵消。汇率变化也导致影视娱乐业务部门的内容业务收入下降。广播电视网络部门收入下降的主要原因是 HBO 原创节目的附带销售收入下降。

时代华纳的收入结构呈现多样化特点，各部分的比例构成比较合理，没有出现严重依赖某个部分的现象，即使是主营业务内容订阅部分的收入在其总收入中的比重也不到 50%，呈现内容订阅为主、广告收入、内容收入及其他收入在其总收入结构中的合理分布，并在每年保持着平稳的发展。

与时代华纳一样，新闻集团的收入结构更加多元，各部分所占比重也更加平均。

表 5-16　2007—2009 年新闻集团收入结构

	2006 年	2007 年	2008 年	2009 年
电影娱乐	24.48%	23.50%	20.31%	19.53%
报纸和信息服务	16.17%	15.66%	18.94%	19.27%
有线网络节目	13.26%	13.62%	15.13%	18.36%
电视	21.06%	19.91%	17.60%	15.14%
直播卫星电视	10.04%	10.73%	11.36%	12.37%
其他	5.52%	7.98%	9.06%	7.82%
杂志和广告插页	4.30%	3.91%	3.41%	3.84%
书籍出版	5.18%	4.70%	4.21%	3.75%

维亚康姆在2009年对其收入结构进行了调整，将所有的业务划分为两大块：媒体电视网和电影娱乐收入。媒体电视网的收入在2008和2009年分别占总收入的60.86%和59.87%，主要来自于广告收入、附属会费和副业收入。

表5-17　2007—2009年维亚康姆媒体电视网业务板块收入结构（数额单位：亿元人民币）

	2009年		2008年	
广告收入	300.86	53.15%	322.51	53.93%
附属会费	198.14	35.00%	178.95	29.92%
副业收入	67.07	11.85%	96.58	16.15%
媒体电视网总收入	566.07	100.00%	598.03	100.00%

2009年，维亚康姆媒体电视网全球收入减少了5%，减少到82.88亿美元。副业收入和广告收入的减少部分被附属会费的增加冲抵。国内收入降低到70.11亿美元，减少了2.81亿美元（减少了4%）。国际收入降低到12.77亿美元，减少了1.87亿美元（减少了13%），包括外汇产生负面影响带来的5个百分点的减少。其中，广告收入在2009年，全球收入减少了3.17亿美元（减少了7%），减少到44.05亿美元。国内广告收入下降了6%，而国际广告收入下降了14%，包括外汇对国际发展产生负面影响带来的5个百分点的减少。

维亚康姆电影娱乐业务板块的收入在2008和2009年分别占其总收入的40.25%和41.25%，主要来自于影院收入、家庭娱乐收入、电视牌照收入和副业收入。

表5-18　2007—2009年维亚康姆电影娱乐业务板块收入结构（数额单位：亿元人民币）

	2009年		2008年	
影院收入	90.22	24.10%	117.07	28.41%
家庭娱乐收入	170.82	45.62%	186.05	45.15%
电视牌照费	94.46	25.23%	91.04	22.10%
副业收入	18.92	5.05%	17.89	4.34%
电影娱乐总收入	374.42	100.00%	412.05	100.00%

在2009年，维亚康姆电影娱乐全球收入减少了5.51亿美元（减少了9%），

减少到 54.82 亿美元。剧院和家庭娱乐收入的减少部分被电视和副业收入的增加冲抵。国内收入降低到 29.42 亿美元，减少了 3 亿美元（减少了 9%）。国际收入降低到 25.4 亿美元，减少了 2.51 亿美元（减少了 9%），包括外汇产生负面影响带来的 5 个百分点的减少。其中，全球影院收入减少了 3.93 亿美元（减少了 23%），减少到 13.21 亿美元，主要由于电影数量的减少。2009 年放映了 20 部电影，其中包括：《变形金刚：复仇之战》《星舰迷航记》《特种部队：眼镜蛇的崛起》《鬼影实录》，和梦工厂动画的《怪兽大战外星人》；相较于 2008 年放映了 24 部影片，包括《夺宝奇兵 4：水晶头骨王国》，惊奇公司的《钢铁人》和梦工厂动画的《功夫熊猫》和《马达加斯加 2：逃离非洲》。国内剧院收入下降了 8%。国际剧院收入下降了 36%。外汇对国际影院收入造成了 9 个百分点的不利影响；2009 年，维亚康姆全球家庭娱乐收入减少了 2.23 亿美元（减少了 8%），减少到 25.01 亿美元。减少的收入主要反映在相比与 2008 年，2009 年上映的电影项目的数量和组合的减少。2009 年，维亚康姆全球电视牌照费增加了 5 000 万美元（增加了 4%），增加到 13.83 亿美元，主要由于付费电视收费标准的提升；2009 年，维亚康姆副业收入增加了 1 500 万美元（增加了 6%），增加到 2.77 亿美元，主要由于数字业务和附属企业收入增加。

3. 内生—外生型收入均衡模式的有线电视

美国三大有线电视 CNN 和 FOX NEWS 网、MSNBC 在收入结构方面都包括了三个部分，即用户收入、广告收入和其他收入，其中收视费较为稳定，不像广告收入会有较大的浮动。用户收入和广告收入是有线电视的主营业务收入，占到了总收入的 90% 以上。这样以广告收入和用户收入两种收入为主导模式的收入结构，在传媒收入结构中被称作内生—外生型收入均衡模式，即在外部经济形势较好时期，传媒可以大大扩张对广告的吸纳能力；而当外部经济环境低迷时，则可以提高内生型经济收入能力增强传媒稳定性；或者是内生收入能力受到限制时转而提升外生型收入能力。这种传媒的收入结构呈现动态分度。其特点是从提高总体收益率和规避市场风险的两个维度提升传媒竞争优势。

通过对比三种收入结构模式的媒体，可以发现，内生型收入主导模式的主要优势是稳定性强，受外部商业环境的影响较少；而外生型收入主导模式的主要优势就是收益率较高，但是受环境波动的影响较大。概言之，前者的优势恰恰是后者的劣势，而后者的优势又恰恰是前者的劣势。因而，内生——外生型均衡模式则是综合了上述两种模式的优点，强调传媒在面对不同的市场环境调节变化收入结构，以保证传媒获得最大化的收益。

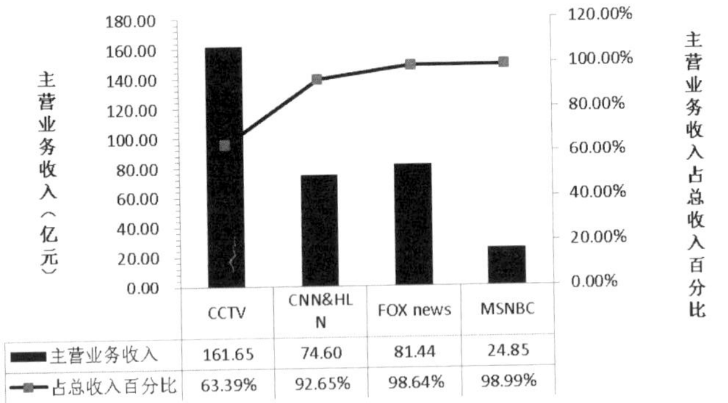

图 5-19　各新闻电视网的主营业务收入以及占总收入的比例（数额单位：亿元人民币）

四、国际传媒集团经营业绩对比分析

（一）国际传媒集团总资产回报率年度对比

总资产回报率是指企业一定期间的净利润与总资产平均占用额之间的比率。总资产报酬率越高，表明企业的资产利用效益越好，利用资产创造的利润越多，企业的获利能越强，经营管理水平越高，否则相反。

表 5-19　2007—2009 年部分国际传媒集团总资产回报率对比

	2007 年	2008 年	2009 年
新闻集团	3.89%	5.50%	9.33%
NBC	9.63%	9.36%	6.87%
BBC	0.76%	1.26%	3.36%
NHK	3.05%	4.66%	3.28%
时代华纳	3.29%	3.54%	2.75%
CBS	2.97%	– 34.68%	0.84%

2009 年，新闻集团以 9.33% 的总资产报酬率远高于其他媒体。CBS 的总资产报酬率从 2008 年的－34.68% 上升到 0.84%，呈现出较大幅度的回升。时代华纳、NHK、NBC 的总资产报酬率都出现了小幅度的下降。BBC 的总资产报酬率从 2007 年到 2009 年，始终是稳定的上升，业绩良好。

（二）国际传媒集团收入增长率年度对比

2009 年多家传媒集团均出现负增长；BBC 收入增速放缓，NHK 多年来首次出现正增长；CCTV 收入增速最快，但也出现回落的趋势。

纵观 2006—2009 年世界各大媒体的总收入增长率，CCTV 的收入增长率都是所有媒体中的前两名，尤其是 2007—2008 年，由于金融危机对传媒产业的冲击几乎所有的媒体的增速放缓，甚至有些出现负增长，但 CCTV 却继续以 40.66% 的速度迅猛增长。2009 年 CCTV 收入增速随有放缓趋势，但与其他几家媒体集团比较中，任位列首位，总收入增长率达 5.79%。

表 5-20　国际传媒集团总收入增长率对比

	2006—2007 年	2007—2008 年	2008—2009 年
CCTV	16.38%	40.66%	5.79%
BBC	5.69%	5.57%	2.78%
NHK	－1.30%	－3.37%	0.59%
时代华纳	6.39%	－42.95%	－2.76%
CBS	－1.73%	－0.87%	－6.71%
维亚康姆	18.15%	8.95%	－6.88%
新闻集团	13.14%	15.15%	－7.80%
NBC	－4.77%	10.07%	－9.03%

（三）国际传媒集团利润年度对比分析

净利润作为传媒企业四个利润层次中的最后一个层次，反映了传媒企业经营的最终成果，是衡量企业经营效益的重要指标，不仅能为管理者提供经营管理决策的依据，同时也是评价企业盈利能力、管理绩效以及偿债能力的基本指标。

1. 2007 年国际主要媒体净利润对比

2007 会计年度，国际主要媒体的净利润情况呈现三种类型特征：一是以 BBC，NHK 为代表的公营电视台，净利润规模相对较小，但是两者作为社会公共服务的提供者，任何盈余的上升或下降都不必然代表可回报投资者的“利润”，只是一个对过去与未来收支状况时间性差异的展示与记录；二是以 NBC，CBS 为代表的传媒公司和以 CNN，FOX NEWS 为代表的有线电视网，净利润规模中等；三是以时代华纳、迪士尼、新闻集团和维亚康姆为代表的传媒集团以及通用公司旗下的 NBC Universal，净利润规模较为庞大。

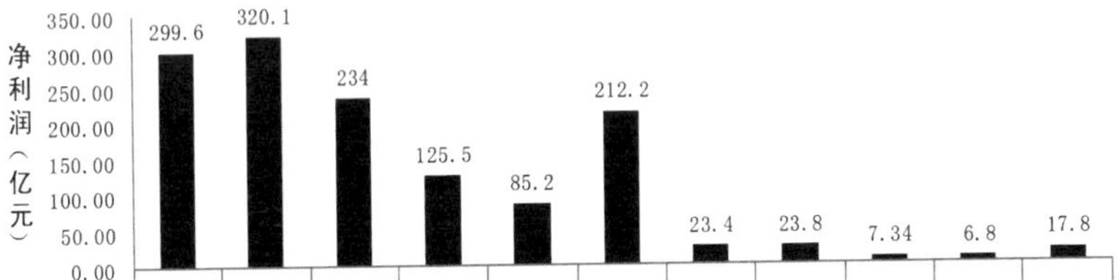

	时代华纳	迪士尼	新闻集团	维亚康姆	CBS	NBC	FOX NEWS	CNN	MSNBC	BBC	NHK
2007年	299.6	320.1	234	125.5	85.2	212.2	23.4	23.8	7.34	6.8	17.8

图 5-20　2007 年国际传媒集团主要媒体净利润对比（数额单位：亿元人民币）

2. 2008 年国际主要媒体净利润对比

受到 2008 年第四季度全球金融危机的不利影响，时代华纳和 CBS 净利润水平大幅下降，其余各国际主要媒体净利润额也出现不同程度的下滑。时代华纳作为电视网和娱乐主导型的大型传媒集团，其净利润额的下降除了和广告收入、内容收入的减少相关以外，还主要同 2008 会计年度第四季度金融危机及其他经济环境因素所造成的 AOL 价值 22.07 亿美元无形资产现存商誉价值的减损，出版部门价值 71.39 亿美元的无形资产现存商誉价值的减损以及有线电视部门价值 148.22 亿美元的有线电视特许经营权价值的减损相关；CBS 作为从事信息传播、图书杂志出版、唱片销售等多项业务的商业广播电视公司，其净利润额的下降则主要同 2008 年下半年经济状况恶化造成的电视、广播和户外媒体部门总计价值为 148.1 亿美元的无形资产现存商誉价值的减损相关。其次，作为一个广告收入占总收入结构近 3/4 的传媒公司，CBS 是外生型收入主导模式中的典型，在 2008 年受到外部经济环境变动的影响较大，这也造成了净利润水平相对较大幅度的下调。

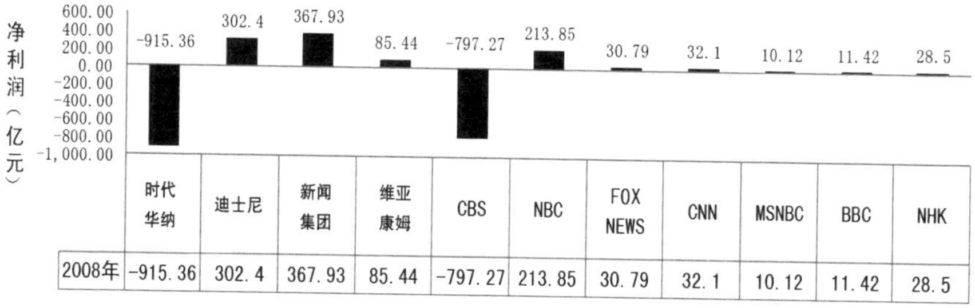

图 5-21　2008 年国际传媒集团主要媒体净利润对比（数额单位：亿元人民币）

3. 2009 年国际主要媒体净利润对比

2009 会计年度，时代华纳集团分别在 3 月 12 日和 12 月 9 日实现了对时代华纳有线电视公司和 AOL 的拆分，2009 年末总资产由上一会计年度末的 1 140.59 亿美元降为 657.30 亿美元，但其资产盈利能力却获得了提升。剔除商誉和无形资产减值因素后，2009 年净利润比 2008 年净利润实际增加 87.81 亿美元，主要得益于电视网业务和电影娱乐业务的优异表现。除迪士尼公司与 NBC 环球相比 2008 会计年度净利润水平有所下降，其余几家国际主要媒体净利润水平均有所上升。2009 会计年度，持续低迷的全球经济状况造成迪士尼公司下属五个商业部门的利润水平较 2008 年均出现下降，其中媒体网络部门因广播分部广告收入的下降、节目制作成本的增加导致了 2.16 亿美元营业利润的下滑；公园与度假胜地部门 4.79 亿美元营业利润的下降主要来自于国内迪士尼公园和巴黎迪士尼公园游客消费需求的下降所导致的收入减少；影视娱乐部门 9.11 亿美元营业利润的下滑主要来自于由 DVD 市场全面萎缩所导致的全球家庭娱乐分部和缺少质量上佳的作品导致的全球电视分销部门收入的下降；消费产品部门因商品授权和零售业务收入的下降产生了 6.09 亿美元营业利润的减少；互动媒体部门 0.37 亿美元营业收入的下降主要来自于迪士尼互动工作室业绩的下滑。而 NBC 作为 2008 会计年度为数不多的净利润规模在 30 亿美元以上的媒体公司，2009 年广播电视部门的表现尤其不尽如人意，但考虑到 2008 年 NBC 作为北京奥运会合作伙伴在黄金时段所获得的巨额收入，2009 会计年度净利润的下降并不出人意料。CBS 的利润规模在 2009 会计年度有了显著的增长，由 2008 年末的 116.7 亿美元净损失转变为 2009 年末的 2.265 亿美元净收入，这主要得益于娱乐部门电视牌照费收入和有线网络部门附属加盟费收入的大幅提升。其余各媒体（NHK 未就其净利润水平的下降在年报中做出解释）尤其是美国有线部门的净利润水平延续了近些年来较为稳定的增长趋势。

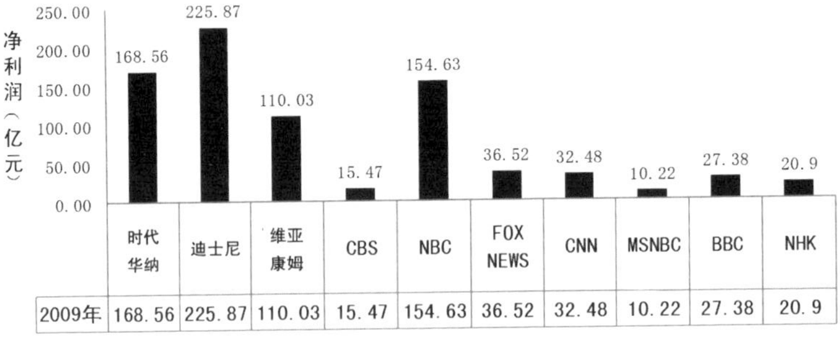

图 5-22　2009 年国际主要媒体净利润对比

表 5-21　2007—2009 年时代华纳净利润情况（数额单位：亿美元）

	2009 年	2008 年	2007 年
净利润	24.68	— 134.02	43.87
商誉和无形资产减值前净利润	26.16	— 61.65	45.86

（四）国际传媒集团利润增长率对比分析

1. 2006—2007 会计年度国际主要媒体净利润增长率对比

2007 年度同 2006 年度相比，除时代华纳及 CBS 净利润水平呈现负增长，其余各国际主要媒体净利润水平均有所提升。其中，BBC、NHK 两大公营媒体净利润增长显著，在 2007 年获得了较好的经济效益。详见图 2-14 所示。

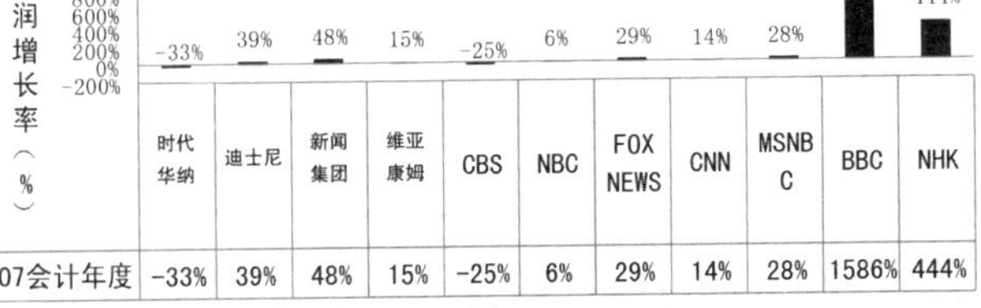

图 5-23　2006—2007 年国际主要媒体净利润增长率

2. 2007—2008 会计年度国际主要媒体净利润增长率对比

2008 会计年度，除新闻集团及其旗下的 FOX NEWS，时代华纳旗下的 CNN 的净利润水平同上一年相比有小幅提升，其余国际各主要媒体在金融危机的冲击下，盈利能力下降，净利润增长速度有所放缓。CBS 作为外向型收入媒体，受到的不利影响最为严重，再加上电视、广播和户外媒体部门总计价值为 148.1 亿美元的无形资产现存商誉价值的减损，净利润增长率达到－1036%，显示出调整自身收入结构模式的必要性。

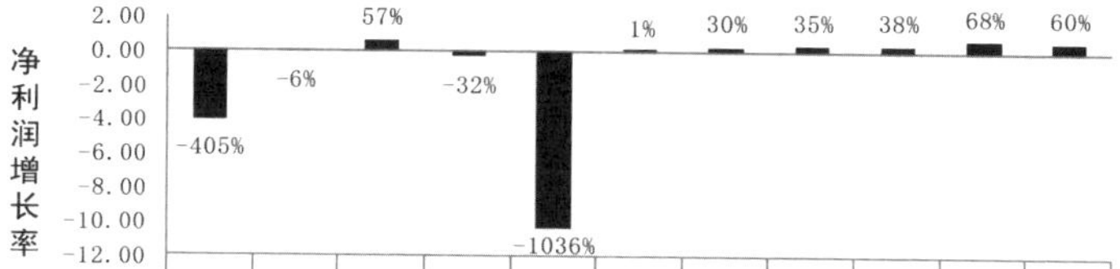

	时代华纳	迪士尼	新闻集团	维亚康姆	CBS	NBC	FOX NEWS	CNN	MSNBC	BBC	NHK
2007-2008会计年度	-405%	-6%	57%	-32%	-1036%	1%	30%	35%	38%	68%	60%

图 5-24　2007—2008 年国际主要媒体净利润增长率

3. 2008—2009 会计年度国际主要媒体净利润增长率对比

2009 会计年度，除迪士尼公司、NHK、NBC 净利润增长率为负值，其余国际各主要媒体净利润增长率为正值。迪士尼公司相对于 2008 会计年度净利润水平的下降来自于其下属五个商业部门在经济危机持续影响下各项收入的普遍减少。NBC 在 2008 年凭借转播北京奥运会在黄金时段获得了巨额收入，缺少了此项收入的广播电

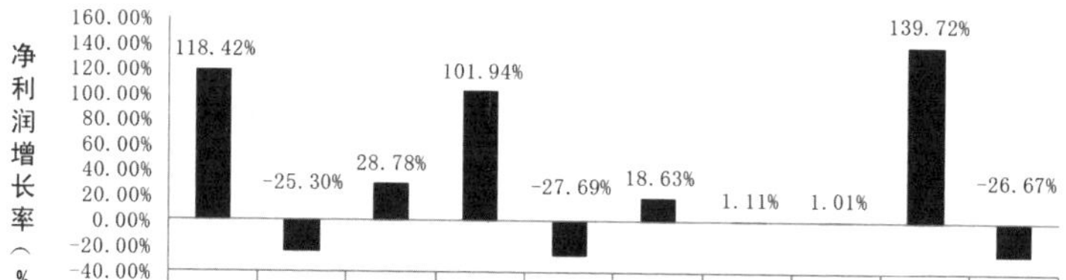

	时代华纳	迪士尼	维亚康姆	CBS	NBC	FOX NEWS	CNN	MSNBC	BBC	NHK
2008-2009会计年度	118.42%	-25.30%	28.78%	101.94%	-27.69%	18.63%	1.11%	1.01%	139.72%	-26.67%

图 5-25　2008—2009 年国际主要媒体净利润增长率

视部门在2009会计年度净利润有所下降。NHK作为一家公营媒体，净利润水平只是一个对过去与未来收支状况时间性差异的记载，故年报中未做出分析。在增长率为正值的各媒体中，BBC的表现最为优异，增长率高达139.7%，这主要来自于执照费收入的增加，但依旧不代表可回报投资者的“利润”。

（五）国际传媒集团利润结构对比分析

1. CNN、FOX NEWS、MSNBC利润结构对比分析

有线电视部门属于典型的内生—外生型收入主导模式，外部经济环境处于低迷时期，可通过提高内生经济收入能力增强自身收入稳定性。其收入来源包括广告费收入和订阅费收入，在其他媒体部门因广告收入下降导致业绩出现大幅下滑的同时，有线电视部门能够依靠订户收视费收入抵消广告收入下降带来的不利影响。但从长期来看，广告收入比订阅费收入更具发展潜力，因为吸引新订户抑或提高现有订户的收视费水平都比提升向广告主收取的费用更为困难。因此，考察三大有线新闻频道自2000年以来广告利润的表现情况能够提供一定的借鉴意义。

FOX NEWS频道近十年都保持着可观的利润增长水平；CNN自2004年以来利润水平稳步增长；MSNBC尽管在总体上落后，但逐渐显示出巨大的增长潜力。以2006年为基点，FOX NEWS频道显示出强劲的增长势头；2007年，FOX新闻频道的日间时段收视人数和黄金时段收视人数连续七年超过CNN与MSNBC，并且进一步缩小了与CNN的利润差距。MSNBC自2006年被NBC彻底接管后，仰仗于兄弟公司的丰富资源，盈利形式开始有所好转。

（1）2000—2009年CNN、FOX NEWS、MSNBC利润对比：

2006年，CNN（包括HLN）的广告利润虽然领先于FOX NEWS，但二者差距不大。2007年，FOX新闻频道广告净收益在当年所启动的FOX移动新闻网的促进下首次超过CNN（包括HLN），并在2008年蝉联冠军。MSNBC的广告市场份额最小，但自2006年开始广告利润增长势头良好。

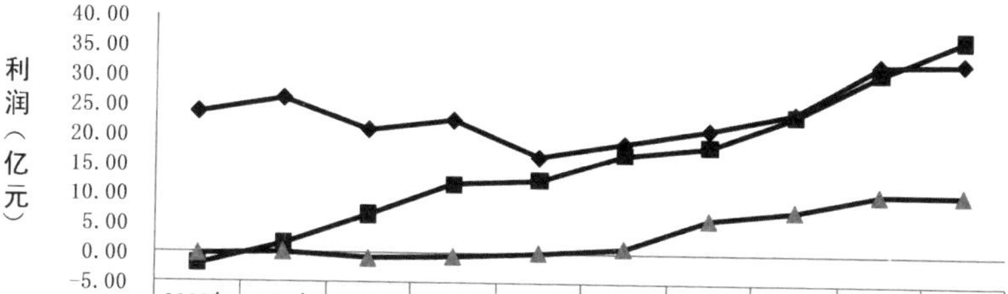

	2000年	2001年	2002年	2003年	2004年	2005年	2006年	2007年	2008年	2009年
CNN	23.70	26.02	20.77	22.42	16.27	18.59	20.97	23.84	32.12	32.48
FOX NEWS	-2.04	1.36	6.40	11.52	12.31	16.68	18.18	23.43	30.79	36.53
MSNBC	-0.34	-0.02	-1.06	-0.67	0.04	0.86	5.72	7.34	10.12	10.22

图 5-26　2000—2009 年 CNN、FOX NEWS、MSNBC 利润对比（数额单位：亿元人民币）

（2）2000—2009 年 CNN、FOX NEWS、MSNBC 广告利润对比：

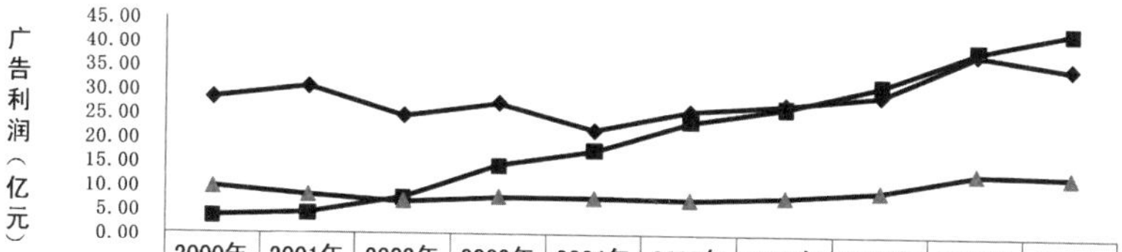

	2000年	2001年	2002年	2003年	2004年	2005年	2006年	2007年	2008年	2009年
CNN	28.19	30.45	24.57	27.27	21.68	25.67	27.25	29.20	38.00	35.07
FOX NEWS	3.50	4.09	7.50	14.25	17.55	23.58	26.52	31.36	38.77	42.54
MSNBC	9.48	7.90	6.72	7.72	7.58	7.27	7.96	9.25	13.16	12.54

图 5-27　2000—2009 年 CNN、FOX NEWS、MSNBC 广告利润对比（数额单位：亿元人民币）

三大有线电视新闻频道 2000—2009 年的利润变化趋势与广告利润变化趋势基本吻合，一方面凸显了广告利润在利润结构中的重要地位，另一方面说明来自收视费及其他部分的利润总和较为稳定。根据年报提供的统计数据，FOX NEWS 是有线部门中唯一一家在 2009 会计年度实现了广告利润增长的媒体，但增长幅度相比上一会计年度有所下降；CNN（包括 HLN）、MSNBC 广告利润均有小幅下降。由此可见导致两大广告主——汽车和金融产业遭受重创的严峻经济形势依然对有线部门造成了一定的不利影响。

2. 时代华纳、新闻集团、维亚康姆利润结构对比分析

（1）营业利润与主营业务利润对比分析：

通常情况下，主营业务利润是营业利润最重要的构成部分。可以说，主营业务

利润反映的是传媒企业主要产品和服务的盈亏情况，而营业利润反映的则是整个企业的经营盈亏情况。年报显示，2009会计年度，时代华纳、新闻集团和维亚康姆的主营业务分别集中在内容及订阅业务、电视业务、广告业务方面，与之前的业务方向保持一致。通过对时代华纳、新闻集团、维亚康姆三家传媒集团营业利润和主营业务利润的横向对比以及传媒集团自身利润的纵向对比可以看出这三家集团的相对盈利能力和盈利变动趋势。

2006—2007年，时代华纳、新闻集团和维亚康姆在营业利润方面始终保持着稳定增长，且时代华纳同后两者相比不仅业绩更胜一筹，增长速度也始终保持领先。这表明时代华纳拥有坚实的商业基础，生产经营状况良好。2008年，时代华纳集团整体营业利润亏损过千亿。

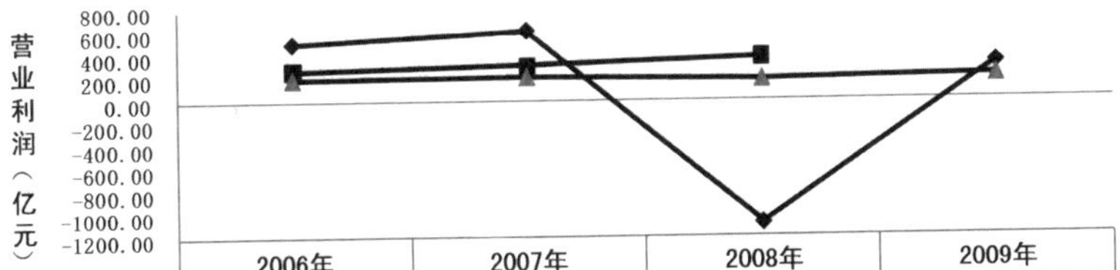

	2006年	2007年	2008年	2009年
时代华纳	502.82	611.22	−1089.86	310.42
新闻集团	264.18	304.07	367.52	
维亚康姆	188.99	200.53	172.32	198.34

图5-28　2006—2009年时代华纳、新闻集团、维亚康姆营业利润对比（数额单位：亿元人民币）

2006—2007年，时代华纳、新闻集团和维亚康姆在主营业务利润方面也保持着稳定增长，且时代华纳的增长速度保持领先。这表明时代华纳的主营业务即内容订阅业务发展状况良好。2008年，时代华纳主营业务利润大幅下降，这主要是因为时代华纳所提供的大量产品与服务属于“任意花费商品”（即消费者能够经济形势决定消费数量的商品），受到不利经济形势的影响较大。但另一方面，同营业利润的千亿损失相比，时代华纳的主营业务利润依旧保持了微弱的领先优势，这说明主营业务利润的增长幅度低于营业费用、财务费用、管理费用等各项期间费用的增长幅度，最终造成了传媒集团营业利润水平的下降。时代华纳期间费用的增长主要与2008会计年度有线电视部门价值38.06亿美元折旧费用的增长，购买用户端设备、可扩展性基础设施、延伸产品等费用的增长相关。鉴于这种情况，时代华纳自2009会计年度开始采取部门重组等积极措施以实现削减费用提升利润的目的。2009 会计年度，分拆后的时代华纳集团主营业务利润扭转了前一年度的下降趋势，其电视网和电影娱乐部门营业利润的大幅提升是主要原因。维亚康姆的主营业务利润没能延续之前的缓慢增长势头，出现了小幅下降，这主要是因为媒体网络部门广告收入和电影娱乐部门的家庭娱乐收入的下降。

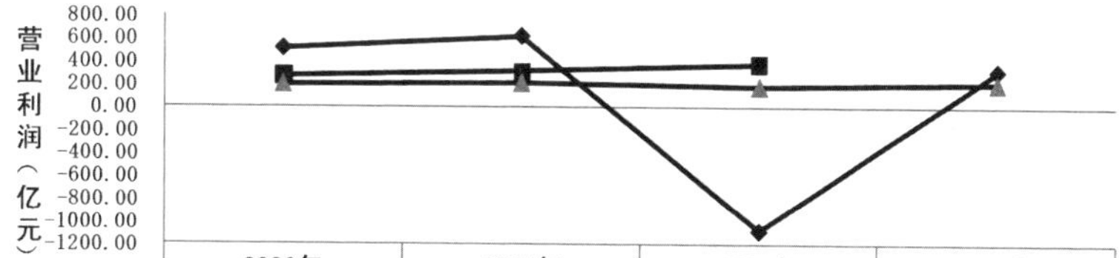

	2006年	2007年	2008年	2009年
时代华纳	502.82	611.22	-1089.86	310.42
新闻集团	264.18	304.07	367.52	
维亚康姆	188.99	200.53	172.32	198.34

图 5-29　2006—2009 年时代华纳、新闻集团、维亚康姆主营业务利润对比（数额单位：亿元人民币）

（2）主营业务利润与其他业务利润对比分析：

其他业务利润 / 主营业务利润指标是考察传媒企业利润结构的重要指标，这一指标数值越小，说明企业的主营业务越突出，利润主要依靠主营业务支持。表 5-22 显示，时代华纳和新闻集团的其他业务利润总体上对营业利润具有正面效果，且在 2006—2008 年，其他业务利润不到主营业务利润的 10%，其中时代华纳的其他业务利润不到主营业务利润的 5%，这说明这两家传媒集团的主营业务十分突出，主营业务竞争力很强，存在持续生存能力；2009 年，时代华纳的其他业务利润仅占到主营业务利润的 0.4%，说明其在分拆 AOL 和时代华纳有线电视公司之后主营业务得到了进一步突显，竞争力有所提升，削减运营费用的各项措施也卓有成效；2008 及 2009 会计年度；维亚康姆的其他业务利润对于营业利润具有负面效果，但影响较小，不足 1%，维亚康姆的利润结构也较为合理。

表 5-22 2006—2009 年时代华纳、新闻集团、维亚康姆主营业务利润与其他业务利润对比（数额单位：亿元人民币）

	2006 年	2007 年	2008 年	2009 年
时代华纳				
主营业务利润	2 948.579	3 290.831	1 650.196	1 788.367
其他业务利润	77.79	9.90	— 28.41	7.31
新闻集团				
主营业务利润	1 694.52	1 928.52	2 085.13	N/A
其他业务利润	12.16	24.52	156.61	N/A
维亚康姆				
主营业务利润	782.17	924.65	1 011.80	935.3685
其他业务利润	— 0.96	— 2.94	— 7.65	— 2.53

附录 1　新闻集团经营现状（2017）

一、业务概述

新闻集团是一个全球性的多媒体信息服务公司，专注于为英语世界的用户和商业贸易生产和传播权威而有价值的信息，同时发展在全球其他国家的业务。新闻集团的主要经营业务涉及一系列不同类型的媒体，包括：新闻和信息服务、澳大利亚的有线网络节目、数字房产服务、图书出版、澳大利亚的付费电视业务。这些业务包括了许多全球最有价值和最受尊重的品牌，例如：《华尔街日报》、道琼斯公司、《先驱太阳报》《太阳报》《时代》、哈珀·柯林斯出版社、澳大利亚福克斯体育、不动产网站等等。新闻集团对于提供高品质内容的保证也使得自身成为可信赖的新闻和信息的服务商，成为不同媒介用户的首选服务商。这些媒体有很高的用户到达率和受众投入度，使得他们成为对新闻集团广告客户拥有很强吸引力的广告承载介质。

新闻集团通过多种平台传递其主要内容产品，不仅包括传统印刷媒介和电视媒介，还包括一系列数字平台，包括互联网、平板电脑上的电子阅读器和应用以及移动设备。集团致力于运用整合策略以增加高速互联网接入的可用性，电子阅读器和与移动设备连接能使集团将其内容产品更加方便、及时、个人化地呈现给用户，并通过建立强用户关系，使广告载体更为强制性和吸引人而让增加收益成为可能，同时通过将内容信息转移到数字平台上而减少物理生产和分销的花费。

二、业务部门

集团的运营分为五个部分：①新闻和信息服务；②有线电视节目；③数字房产服务；④图书出版；⑤其他，包括：应用、公司数字教育业务（2015 财年处理出售）、公司的经营策略和创意集团。新闻集团还拥有福克斯澳讯 50% 的股票。

（一）新闻和信息服务

新闻和信息服务的业务产品包括，《华尔街日报》和《巴伦周报》的出版物，华尔街日报数字网络（WSJDN），新闻集团的信息服务业务还包括 DJX、道琼斯通讯社和道琼斯路透商业资讯等。除了 WSJ.com 和 Barrons.com 外，WSJDN 还包括 MarketWatch、AllThingsD 和相关服务。

新闻集团还拥有其他出版物：澳大利亚的《澳大利亚人》《每日电讯报》《先驱太阳报》和《快递邮报》等，英国的《泰晤士报》《星期日泰晤士报》《太阳报》和《星期日太阳报》，美国的《纽约邮报》。这部分还包括综合市场服务业务，（NEWS AMERICA MARKETING “NAM”），是一家领先的商家可以自由进入贴上优惠券的网站，能够进行产品营销和提供数字库存营销方法。“NAM”的用户中包括很多美国和加拿大产品包装广告客户。

1. 道琼斯公司

包括《华尔街日报》、Factiva 数据库、道琼斯通讯社、琼斯风险与合规、《巴伦周刊》、市场观察（网站）、道琼斯 PEVC 和 DJX 数据库。

《华尔街日报》：从 2016 年 3 月 28 到 2016 年 7 月 3 日，平均销量为 2 341 000（包括印刷和数字），其中印刷和数字订阅 2 035 000，这其中有 948 000 纯数字订阅。数字内容在截至 2016 年 6 月 30 日的 12 个月里，每月平均有 9 300 万访问。其中将近一半的访问是通过移动端。

道琼斯媒体公司：《巴伦周刊》从 2016 年 3 月 28 到 2016 年 7 月 3 日，平均销量为 438 000（包括印刷和数字），其中印刷和数字订阅 423 000，这其中有 133 000 纯数字订阅。市场观察截至 2016 年 6 月 30 日的 12 个月里，每月平均有 5 000 万访问。

华尔街日报数字网络：在多个品牌为广告客户提供机会接触道琼斯的用户，包括WSJ.com，barrons.com和marketwatch.com网站。截至2016年6月30日的12个月里，每月平均有1.43亿访问。

Factiva、道琼斯PEVC和DJX数据库：Factiva有120万活跃用户，包括机构和个人用户。

道琼斯通讯社：平均每天生产16 000条新闻。

2. 澳大利亚新闻集团

报纸超过100种，截至2016年3月31日，其日报、周末报、周报、双周报占澳大利亚报纸总发行的59%。截至2016年3月31日的一年里，周末报网络平台平均每周被400万人访问。

The Australian & The Weekend Australian（全国）：截至2016年3月31日的一年里，*The Australian*平均每天付费印刷发行102 000，*The Weekend Australian*平均每天印刷发行225 000，平均每天付费电子发行74 000。在2016年3月，*The Australian & The Weekend Australian*不可重复的印刷和数字用户总计310万。

The Daily Telegraph & The Sunday Telegraph（悉尼）：截至2016年3月31日的一年里，*The Daily Telegraph*平均每天付费印刷发行251 000，*The Sunday Telegraph*平均每天印刷发行441 000。在2016年3月，*The Daily Telegraph & The Sunday Telegraph*不可重复的印刷和数字用户总计440万。

Herald Sun & Sunday Herald Sun（墨尔本）：截至2016年3月31日的一年里，*Herald Sun*平均每天付费印刷发行339 000，*Sunday Herald Sun*平均每天印刷发行396 000。在2016年3月，*Herald Sun & Sunday Herald Sun*不可重复的印刷和数字用户总计430万。

The CourierMail & The Sunday Mail（布里斯班）：截至2016年3月31日的一年里，*The Courier-Mail*平均每天付费印刷发行156 000，*The Sunday Mail*平均每天印刷发行338 000。在2016年3月，*The Courier-Mail & The Sunday Mail*不可重复的印刷和数字用户总计310万。

The Advertiser & Sunday Mail（阿德莱德）：截至2016年3月31日的一年里，*The Advertiser*平均每天付费印刷发行134 000，Sunday Mail平均每天印刷发行204 000。在2016年3月，*The Advertiser & Sunday Mail*不可重复的印刷和数字用户总计170万。

以及 The Australian，The Weekend Australian，Herald Sun，Sunday Herald Sun，The Daily Telegraph，The Sunday Telegraph，The Courier-Mail，The Sunday Mail，The Advertiser 和 Sunday Mail 的数字付费平台。

澳大利亚新闻集团的数字资产还包括 news.com.au，在 2016 年 6 月 30 日截至的 3 个月内，平均月访问量 560 万。澳大利亚新闻集团的优质资产还有 taste.com.au（食物和菜谱）、Sports Technology Group（体育）、APN News 和 Media Limited（广播、户外媒体资产）、SEEKAsia Limited（东南亚在线求职）、Hipages Group Pty Ltd（按需家庭改进服务）。

3. 英国新闻集团

The Sun，*The Sun on Sunday*，*The Times* 和 *The Sunday Times* 这四份报纸占英国全国报纸销量的三分之一。这些报纸大多由英联邦本地印刷厂承印，还承接第三方印刷。英国新闻集团还通过数字平台分发内容，还开发线上体育博彩。

The Sun：根据截至 2016 年 3 月 31 日的半年数据，The Sun 是英国阅读量最高的报纸，其中 The Sun 4 427 000、The Sun on Sunday 3 674 000，截至 2016 年 6 月 30 日的半年数据，前者平均每天付费印刷发行 1 743 000，后者平均每天付费印刷发行 1 445 000。截至 2016 年 6 月 30 日，在线 The Sun 每月全球访客 4 200 万。

The Times：根据截至 2016 年 3 月 31 日的半年数据，The Times 阅读量 1 098 000。截至 2016 年 6 月 30 日的半年数据，平均每天付费印刷发行 426 000。截至 2016 年 6 月 30 日，付费印刷订阅 169 000、付费数字订阅 156 000。

The Sunday Times：根据截至 2016 年 3 月 31 日的半年数据，The Sunday Times 阅读量 1 718 000。截至 2016 年 6 月 30 日的半年数据，平均每天付费印刷发行 782 000。截至 2016 年 6 月 30 日，付费印刷订阅 203 000、付费数字订阅 170 000。

4. 《纽约邮报》

包括《纽约邮报》、NYPost.com、PageSix.com、Decider.com 以及相关桌面应用和社交媒体频道。截至 2016 年 6 月 30 日，平均工作日发行量（包括桌面应用）418 847。截至 2016 年 6 月 30 日的三个月中，邮报网络平台每月平均访问量 4 900 万。

5. News America Marketing

三大业务：Home-Delivered（独立广告插页家庭送达）、In-Store Advertising and

Merchandising（商店内促销）、Mobile/Digital（移动数字业务）。

（二）有线网络节目

有线网络节目部分有澳大利亚福克斯体育频道（澳大利亚领先的体育节目提供者，包含 7 个高清频道和许多互动评论应用，并拥有众多体育赛事直播权：全国橄榄球联赛、全国足球联赛、英超联赛、澳大利亚和国际板球联赛、国家橄榄球联盟的赛事）。福克斯体育频道还有 foxsports.com.au。

（三）数字房产服务

新闻集团拥有 REA 集团 61.6% 的股份（REA 是一家在澳大利亚证券交易市场上市的全球领先的数字广告公司，专注于房地产服务）。REA 集团拥有澳大利亚最大的本地物业网站，realestate.com.au，还有澳大利亚领先的商用物业网站，realcommercial.com.au。REA 集团还拥有一个市场主导型意大利物业网站，caca.it，还有其他跨欧洲和香港的物业网站和移动设备应用。2014 财年，新闻集团收购 realtor.com 等多个房地产网站的运营商 Move 公司，拥有 80% 的股权；2015 财年，新闻集团旗下的 REA 集团收购 iProperty Group，持续拓展数字地产业务。

1. REA 集团

截至 2016 年 6 月 30 日，Realestate.com.au 和 realcommercial.com.au 平均每月访问量总计为 4 500 万，与上一年相比访问量增加 81%。realestate.com.au 大部分收入来自竞价广告以及房地产开发商和经纪人的每月订阅。

2016 年 2 月，REA 集团增持 iProperty Group Limited 股权至 86.9%，iProperty 业务主要涉及马来西亚、香港、泰国等。iProperty 下的网站平均每月访问量为 740 万。REA 集团在中国还拥有买房网，在意大利和欧洲也有网站，与上一年相比，欧洲相关网站访问量增加 15%。

2. Move

Move 是美国领先的数字地产服务商。截至 2016 年 6 月 30 日的 3 个月，realtor.com 及其手机应用平均每月访问量 5 300 万，这些用户平均每月浏览 18 亿页，花费 11 亿分钟。realtor.com 的收入主要是清单广告，当然也提供非清单广告。Move 还有 Top

Producer® 和 TigerLead® 为房地产机构提供管理工具，还有 ListHub 出售专业稿件。

（四）图书出版

图书出版部分有哈珀·柯林斯出版社，这是全球最大的英语用户出版商，其在通俗小说、非小说的散文文学、儿童读物和宗教读物方面领先。哈珀·柯林斯出版社包括超过 60 个出版品牌包括雅芳、哈珀、哈珀·柯林斯儿童读物、威廉·莫罗和基督教出版商托马斯·纳尔逊。2014 年并入的禾林出版社成为哈珀·柯林斯出版社的中流砥柱。

（五）其他业务

其他业务部分主要包括公司的策略和创意集团，英国报纸事项的日常公司管理费用。2015 财年，集团将数字教育业务——Amplify 打包出售。

（六）福克斯澳讯

新闻集团与 Telstra 各拥有福克斯澳讯 50%的股权。福克斯澳讯是澳洲最大的付费电视供应商，截至 2016 年 6 月 30 日，有线、卫星、IP TV 共有 290 万家庭订阅用户。福克斯澳讯传输 200 个频道，其中拥有或运营 30 个频道。

三、经营数据

新闻集团多样化的收入基数包括经常性订阅收入、发行量收入、执照费、附属费用和直接销售收入，还有广告收入和资助收入。新闻集团目前的运营管理试图抓住机会提供跨地域跨业务的技术、实践服务和捆绑式精选市场供给品，以向用户和广告合作商提供更高的价值。集团管理层在纽约，主要经营业务在北美、澳大利亚和英国，但是集团的内容产品在全球范围内销售。

表 1　新新闻集团 2014—2016 年经营数据一览表（单位：百万美元）

	2016 年	2015 年	2014 年
总收入	8 292	8 524	8 574
增长率 %	— 3%	— 1%	—
归属于股东的净利润	179	— 147	239

续表

	2016年	2015年	2014年
增长率%	201%	–162%	—
息税折旧摊销前利润	684	945	770
增长率%	–28%	23%	—

（表中数据来自于新闻集团公司2016年报，均为调整后数据。）

四、拆分重组与21世纪福克斯

2012年12月11日，原新闻集团设立“新新闻集团”有限责任公司，用于持有母公司的新闻出版业务；2013年6月11日，转制为“新新闻集团”股份有限公司；6月28日，原新闻集团改名为21世纪福克斯，继承影视领域的主体业务。

21世纪福克斯在全球六大洲拥有有线电视网、广播、电影、付费电视和卫星设备。目前该公司运营的主要业务部门有：①有线网络节目；②电视；③电影娱乐；④其他。21世纪福克斯的主要经营范围在美国、英联邦、欧洲大陆、亚洲和拉丁美洲。2015年，21世纪福克斯出售集团的直播电视卫星业务（意大利天空卫视、德国天空电视台）给英国天空广播公司；花费7.25亿美元收购“国家地理”旗下杂志、网站等一系列媒体资产，拥有该公司73%股份。

（一）有线网络节目

21世纪福克斯制作和特许发行新闻、商业新闻、体育、普通娱乐和电影节目，发行渠道主要有：有线电视网、直播卫星运营商、电信公司和在线视频分发商。

1. FOX NEWS和FOX商业网

FOX NEWS拥有并运营FOX NEWS频道。FOX NEWS运营新闻频道，家庭订阅将近9 100万，FOX商业也有近8 400万的家庭订阅。FOX NEWS还有一档周末政治评论节目——福克斯周日新闻（FOX News Sunday），通过当地FOX电视台向全美播出。通过FOX NEWS边缘服务（FOX News Edge service），FOX NEWS授权FOX联播电台及其他订户利用国内外的当地新闻播报系统使用FOX的新闻。同时，FOX NEWS还运营FOXNews.com和FOXBusiness.com以及FOX NEWS广播网。

2. FSN（FOX 体育网）

FOX 体育网是美国最大的区域性体育节目提供商，专注于专业体育赛事的现场直播和主要的大学生体育赛事。FSN 公司的体育节目业务目前主要包括 15 家区域体育网络（RSN）和众多分区域性供应商（“FSN RSN”）和经营 FSN（“FSN”）的全国体育节目制作公司。FOX 体育网目前总订阅者为 6 200 万，FOX 体育网可直播 MLB 81 支球队中 43 支球队的比赛、NBA、全国曲棍球联赛、大学会议、众多的大学和高中运动队。

（1）Fox Sports 1

是一个多运动种类的全国视频节目网络。在 2016 日历年，Fox Sports 1 将有超过 850 场的直播，包括大学足球和篮球，欧洲冠军联赛，德甲和国际足球协会联合会（“国际足联”）的世界杯赛事，足球大联盟，全国汽车比赛协会，美国高尔夫协会（USGA）和终极格斗锦标赛，以及常规赛和季后赛的棒球比赛。除了现场活动，Fox Sports 1 还有脱口秀、原创和纪录片节目。

（2）Fox Sports 2

是一个多运动种类的全视频节目网络，从 UFC 和 NASCAR 到大学生篮球、橄榄球、澳式足球联赛，世界级的足球和赛车运动规划都有涉及。在 2016 日历年期间，预计将有超过 450 个现场直播。

（3）Fox Sports Racing

是一档 24 小时的赛车节目，节目内容有：NASCAR 比赛，事件报道和原创节目（NASCAR Sprint 的年度全明星赛、NASCAR Hall of Fame ceremonies、纳斯卡世界露营卡车赛的年度独家报道），The 24 Hours of Le Mans, AMA Supercross, Monster Jam 和 MotoGP 。

（4）福克斯大学体育频道（Fox College Sports）

福克斯大学体育频道（FCS）由三家区域性网络组成：太平洋 FCS、中部 FCS、大西洋 FCS。FCS 提供一系列大学生会议、教练秀、大学生赛事精彩瞬间秀以及来源于全美区域体育网络的日志式电视节目。

（5）福克斯足球＋（Fox Soccer Plus ）

福克斯足球＋是一家出色的有线电视网，首播于 2010 财年，独家现场直播近 700 场足球和英式橄榄球比赛。

（6）Fox Deportes

在美国传输的西班牙语体育节目服务，有超过 2 100 小时的直播和独家节目，包括足球比赛首映独家报道（如欧洲冠军联赛、足总杯、MLS、国际足联世界俱乐部杯和联赛）、UFC 的赛事、纳斯卡斯普林特杯、全国橄榄球联盟季后赛。在美国，Fox Deportes 有超过的 2 200 万有线和卫星电视家庭订阅用户，其中超过 650 万是西班牙裔。

3. Big Ten Network

公司拥有 Big Ten Network 51% 的股权，Big Ten Network 是一个关注全国高校十大联盟和十大运动、学术的 24 小时全国节目。

4. FX 网络

（1）FX

是一个完全分布式的综合娱乐视频节目网络，有一大批原创的电视节目、电视剧和电影。

（2）FXX

是主要针对年轻成年人的综合娱乐视频节目网络。FXX 最初接入美国 7 200 万户家庭，目前已接入大约 7 900 万家庭。FXX 也有独家有线传播《辛普森》596 全集的权利。

（3）FXM

凌晨 3 点至下午 3 点，播出二十世纪福克斯可免费商业使用的老电影。从下午 3 点至凌晨 3 点，播放现代票房大片。在白天部分有时也播放纪录片，探讨电影从剧本到银幕的制作过程。

5. 美国地理合作伙伴

2016 财年，公司与美国国家地理学会（NGC）成立了美国国家地理合作伙伴，公司将已有的对 NGC Network 的权益转移到美国地理合作伙伴，NGS 贡献了其出版、旅游及其他企业到美国国家地理合作伙伴。公司对美国地理合作伙伴拥有 73% 的控股权。

6. BABY TV

拥有 BABY TV 50.1% 的股权，是针对婴儿和三岁以下幼儿的 24 小时电视频道。

7. Fox Networks Group（“FNG”）International

在美国范围外的欧洲、拉丁美洲、非洲、中东和亚洲运营 the Fox+ service，Fox Channel，Fox Life，FX，Fox Crime，FOX Traveller，the Voyage Channel，Fox Sports， STAR World，National Geographic Channel，Nat Geo Wild 和 Nat Geo People。

（二）电　　视

在美国，21 世纪福克斯参与运营了广播电视台、网络广播节目，具体有以下三家：

1. 福克斯电视台（Fox Television Stations）

福克斯电视台在全美最大的十个指定市场区域中的九处拥有并运营着 28 家全资电视台，在 11 处指定市场区域中双头垄断，包括最大的三个指定市场区域：纽约、洛杉矶和芝加哥。28 家中的 18 家是 FOX 的附属电视台，另外，福克斯电视台还跟 My Network TV 共有并运营 10 家附属电视台。

2. FOX 广播公司（FOX）

FOX 旗下有 207 家附属电台（其中 17 家是 FOX 自有并运营的），这覆盖了美国近 99.9% 的家庭用户。通常来讲，FOX 每周会给这些电台提供 15 小时黄金时段的节目，周六则提供 60 分钟晚间节目。FOX 黄金时段的娱乐节目主打连续剧，比如 Empire、Last Man on Earth、Scream Queens、New Girl、Brooklyn Nine—Nine、Gotham、Lucifer and The Simpsons；脱稿秀节目如 Hell’s Kitchen、Master Chef、American Idol 以及系列剧 The X—Files、Wayward Pines 及多种多样的特别节目。另外，体育节目是 FOX 节目的一个重要组成部分，FOX 会给其附属电台提供 NFL、MLB、NSCAR 的斯普林特杯系列赛、大学生足球和篮球、UFC 及国际足球（包括 2015 年开始的 FIFA 女子世界杯）的现场报道。

福克斯的主要时间线的目的是吸引 18—49 岁的成年人的目标观众——这也是广告主寻求达到最经常的人口结构。在 2015—2016 年传统 9 月至次年 5 月播出季，在 18—34 年龄之间福克斯排名第一。在 12—17 岁的青年中，福克斯黄金时段节目排名第一。在过去 14 年中的 13 年，福克斯在 18—34 岁的成年人中排名第一；在过去 16 年中的 15 年，福克斯在 12—17 岁的青少年中排名第一。

FOX 也通过网站 FOX.com 和手机应用 FOXNOW 、 FSGo 来分销节目。也通过网站和有线电视系统、广播卫星运营商、电信公司和在线视频分销商许可式分销。

3. My Network TV

My Network TV 是节目分发服务商，周一至周五每晚分发来自 Twentieth Television 和其他第三方节目巨头的两小时的原创或离线节目给其授权播放的电视台或广播网。截至 2016 年 6 月 30 日，My Network TV 与 190 个电视台建立许可和分发协议，包括公司拥有的 10 个电视台，覆盖美国 98% 的家庭。

（三）电影娱乐

公司正在制作和购买真人和动画电影，以在全球所有娱乐媒体中以各种格式进行发行和许可，还在全球范围内进行电视节目的制作和许可。

1. 电影制作和发行

作为世界上最大的电影生产商和发行商之一，二十世纪福克斯电影公司（21 世纪福克斯的前身）通过多种渠道使其生产、收购和发行的电影遍布全世界。在 2016 财年，有 22 部电影在美国公映，例如：Maze Runner: The Scorch Trials, The Martian, Alvin and the Chipmunks: The Road Chip (together with New Regency), The Revenant, Deadpool, X—Men: Apocalypse, Independence Day: Resurgence, and Brooklyn。公司已有大概 25 部电影在 2017 财年上映，例如：Ice Age Collision Course, Miss Peregrine’s Home for Peculiar Children, Why Him?, Kingsman: The Golden Circle, 以及 The Birth of a Nation。电影的生产和发行主要是通过公司的以下部门：生产和收购大众电影的二十世纪福克斯；生产和收购非主流小片的福克斯探照灯影业；生产故事片的二十世纪福克斯动画。

根据与 MEH（公司拥有 20% 股权的 New Regency 的母公司）以及相关附属公司签订的协议，二十世纪福克斯电影公司发行 New Regency 生产的一部分电影、全部的二十世纪福克斯电影公司与New Regency合作投资电影，不包括国际电视播放权。2017 财年，二十世纪福克斯电影公司计划发行三部 New Regency 生产的电影。

公司和梦工厂动画公司达成协议，在国内外剧场、家庭媒体以及特定电视媒体上，由公司发行梦工厂制作的新动画片以及梦工厂所拥有的电影和节目。2017 财年，二十世纪福克斯电影公司计划发行三部梦工场动画公司生产的电影。

像二十世纪福克斯这样的电影公司，往往会通过多种发行渠道来寻求各种收入来源。二十世纪福克斯电影公司的收入主要依靠电影和四个基本渠道：剧场电影在美国市场、加拿大市场以及除此之外的市场（“世界市场”）的发行；在各种类型家庭媒体上播放的电影和节目的发行，包括数字发行；订阅动画和节目的发行；电影和节目在免费电视网络、广播节目、独立电视台和基础有线电视节目上的发行。

通过二十世纪福克斯家庭娱乐公司和二十世纪福克斯电影公司，公司发行二十世纪福克斯电影公司及其附属公司的电影和相关节目，包括 DVD 和蓝光光盘的销售出租。在 2016 财年， 国内家庭娱乐部分发行或再次发行 1 135 种生产或购得项目，包括 27 部二十世纪福克斯电影公司的新电影，720 个目录项目和 388 个电视和非剧场项目。在国际市场，公司直接发行或通过其他渠道发行 1 024 种，包括 28 部二十世纪福克斯电影公司的新电影，626 个目录项目和 370 个电视和非剧场项目。公司国内外发行许可协议有三种：electronic sell-through（“EST”），video-on-demand（“VOD”），pay-per-view（“PPV”）。“EST”使消费者获得节目权利永久保留。在 2016 财年，公司继续执行“MGM”家庭视频全球发行的合同，国内发行 MGM 剧场电影、目录、电视节目 446 项，国际发行 488 项。在 2016 财年，公司继续执行 Lions Gate 家庭视频美国发行的合同，国内发行 Lions Gate 剧场电影、目录、电视节目 1 295 项。在 2016 财年，公司继续执行 Anchor Bay 家庭视频美国与加拿大发行的合同，国内发行 Anchor Bay 剧场电影、目录、电视节目 587 项。2016 财年，国内家庭娱乐部分发行 462 种蓝光光盘，包括 27 部二十世纪福克斯电影公司的新电影，355 个目录项目和 80 个电视和非剧场项目。在国际市场，公司直接发行或通过其他渠道发行 391 种，包括 25 部二十世纪福克斯电影公司的新电影，308 个目录项目和 58 个电视和非剧场项目。公司还为 MGM 国内发行 187 种蓝光光盘、国外发行 138 种蓝光光盘，为 Lions Gate 国内发行 377 种蓝光光盘，为 Anchor Bay 国内发行 169 种蓝光光盘。

2. 电视节目的制作和国内联合发行

在 2016 财年，21 世纪福克斯电视台为 FOX, FX, ABC, CBS, NBC 和华纳广播网 (TBS) 生产电视节目。

（1）福克斯 21（FOX 21）

主要为美国有线电视网和在线视频网站生产电视节目。向 FX 提供 American Crime Story，The Americans，Feud!，Tyrant and Sex &Drugs &Rock & Roll；向 Netflix 提供 Dice and Homeland for Showtime；向 USA 提供 Queen of the South；向 Hulu 提供 Chance；向 National Geographic Channel 提供 Genius；向 WGN America 提供 Salem。

电视节目通常是根据合同提供的许可费生产，可能只包括预期的生产成本的一部分。因为成本的上升，许可费与生产成本之间的赤字愈发明显。因此电视剧的补充许可收入就尤为关键。美国成功的电视剧有以下特点：在国际市场上出售首轮播放权；电子流通可得；VOD, PPV 和 SVOD 许可；DVD 和光盘；非电视网播放；国际市场的未来播映。

（2）二十世纪福克斯电视公司 (Twentieth Century Fox Television)

在美国国内联合发行，把某些电视节目和电影授权给电视台和有线服务播放。主要通过非电视网、剧场、首轮播映权获得收入，并出售节目的贴片广告。二十世纪福克斯电视公司向有线和广播网络授权 Modern Family，New Girl，Last Man Standing，Archer，It's Always Sunny in Philadelphia，Burn Notice，Family Guy，Bones, How I Met Your Mother，The Cleveland Show，Bob's Burgers，Glee and The Simpsons 等许可费。此外，二十世纪福克斯电视公司也作为其他辛迪加第三方代表出售全国广告。

3. 电影和电视资源库

公司的电影和电视资源库包含了众多老电影和知名电视节目的所有权和发行权、数以千计的老电影和许多著名的电视节目，包括 The Sound of Music，Mrs. Doubtfire，Home Alone，the Star Wars series，the Die Hard series，the X-Men series，Independence Day，The Day After Tomorrow，the Ice Age series，The Planet of the Apes series，Sideways，Walk the Line，The Devil Wears Prada，Little Miss Sunshine，the Night at the Museum series，the Alvin and the Chipmunks series，Slumdog Millionaire，Juno，Life of Pi，the Taken series 和 12 Years a Slave 等。

（四）其　他

21 世纪福克斯以股权持有形式拥有的其他业务如下。

1. 英国天空广播公司

英国天空广播公司是英国领先的娱乐和通讯提供者，在英国和爱尔兰有着多渠道、多平台的付费电视服务。公司拥有英国广播公司近 39% 股权（interest）。2015 年，21 世纪福克斯以 88 亿美元出售集团的直播电视卫星业务（意大利天空卫视 100% 股份、德国天空电视台 57% 股份）给英国天空广播公司，获得 82 亿元现金和英国天空广播公司在 NGC International 的 21% 股权。

2. Hulu

Hulu 是美国的一个视频网站，其内容提供方包括福克斯、NBC 环球集团和迪士尼等。21 世纪福克斯公司拥有葫芦网接近 30% 的股份。2015 财年，时代华纳参与到对 Hulu 的投资与运营，占有股份 10%。

3. 塔塔天空（Tata Sky）

塔塔天空在印度有一个“直接到户”平台。21 世纪福克斯公司拥有塔塔天空近 30% 的股份。

4. Endemol Shine CORE Joint Venture

2014 年 12 月，21 世纪福克斯公司与阿波罗全球管理公司基金成立合资企业，公司对其注入总价值约为 8.3 亿美元的 Shine Group 股权和现金。作为全球多媒体平台内容提供商，合资公司由 Shine Group、Endemol 和 CORE Media Group 构成，尽管 Shine Group、Endemol 贡献关系牢固，在合资企业领导下，CORE Media Group 有相对独立的资金和管理结构。21 世纪福克斯公司与阿波罗全球管理公司各拥有合资公司 50% 的股权。

5. 其他投资

21 世纪福克斯公司持有一家数字媒体公司 Vice Holding. Inc 少量股权。2015 年 7 月，21 世纪福克斯公司收购获得一家在线游戏竞技公司 DraftKings, Inc 的少量股权。

（编译整理　耿晓梦）

附录 2　时代华纳经营现状（2017）

一、公司概述

时代华纳公司是一家总部位于美国特拉华州的媒体和娱乐公司，业务横跨电视、电影和出版，旗下拥有一系列在全球具有影响力的媒体品牌。

2014 年 6 月 6 日，时代华纳集团正式拆分，时代公司单独作为上市公司独立运营，但公司原名称保留。

二、业务部门

目前，时代华纳的业务主要有三部分，分别对应三家子公司，按其对营收贡献的比率，依次为华纳兄弟、特纳广播公司、HBO。

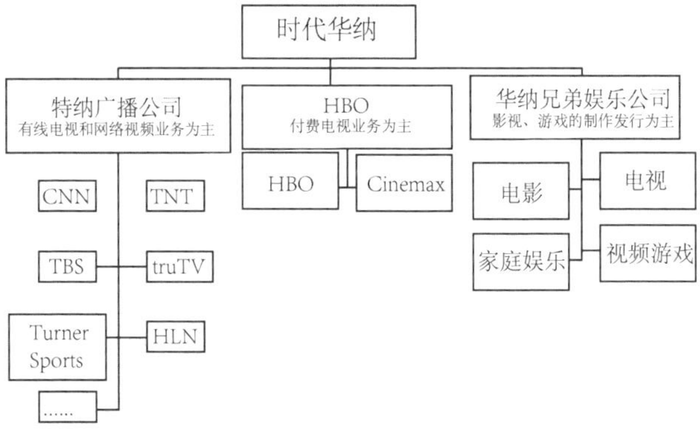

图 1　时代华纳公司的业务结构

（一）特纳广播公司

特纳广播公司是时代华纳旗下的王牌广播电视公司，在原创新闻和娱乐领域有十数家世界领先的媒体机构，如CNN、特纳电视网（TNT）、特纳广播网（TBS）、特纳经典电影网等。其中，CNN在全球的知名度最高。

CNN是特纳广播公司于1980年创立的全球首家全天候的直播新闻电视台，是年6月1日正式开播。创办人泰德·特纳声称："从今天开始，CNN与时间同在，直到世界末日。到那一天，我们将报道这个噩耗，并在'上帝与你同在'的乐曲中停止播音。"因其开创性的实践，CNN自开播之日即吸引了众多关注。1981年8月的里根遇刺事件中，CNN的报道使其在美国电视新闻网中崭露头角；而此后的美军入侵巴拿马、拆除柏林墙、莫斯科十月事件等重大事件中，CNN的表现也可圈可点。到1990年6月，年仅10岁的CNN已经超越美国其他三大电视新闻网，拥有6 000万个家庭用户，在全球拥有21个办事处，向100多个国家和地区传输电视信号。在1991年爆发的海湾战争中，CNN在电视新闻界出尽风头，高峰时全美有超过5 000万用户同时收看CNN，正是此役奠定了CNN的领先地位。此后，CNN加快了其全球化布局，积极进军欧洲、亚洲。

如今，CNN已经成为全美最大的电视新闻台之一，2016年全美数字新闻站点中，CNN的访问量排名第一。2016年美国总统大选当晚，CNN在黄金时段的有线新闻网和广播网访问排行中均位列第一。在美国本土之外，截至2016年底，CNN在200多个国家和地区拥有近300 000 000家庭用户。

CNN的成功为其母公司特纳广播公司带来了更大的影响力和收益；而对时代华纳来讲，并购特纳广播公司则是其发展历程中的一个里程碑式的事件，有力地减弱了互联网的冲击，进一步巩固了其传媒娱乐公司的领先地位。

（二）HBO

HBO与其姊妹频道Cinemax是时代华纳旗下的付费电视网，1972年开播，全天候播出电影、电视剧、音乐、纪录片、体育赛事等娱乐节目。HBO没有广告，营收主要来自影音娱乐等内容的付费订阅，订阅收入超过总收入的80%。截至2016年底，HBO与Cinemax在拉美、欧洲和亚洲的60多个国家为134 000 000用户提供付费电视和 OTT 服务。

HBO 庞大的用户基础来自其优质内容的吸引力。多年来其自制或（和）首播的《黑道家族》《欲望都市》《真爱如血》《新闻编辑室》《西部世界》《权力的游戏》等热播剧集都位列美国甚至世界范围内最受欢迎的剧集之列，以压倒性优势多次获得多项艾美奖等重量级奖项。2016 年 HBO 获得 22 项黄金时间艾美奖，15 年来任何一家电视网都无出其右；此外，尚有学院奖、金球奖、皮博迪奖等大奖入手。2016 年 10 月播出的《西部世界》刷新了 HBO 历史上首播观剧人数的新高，甚至超过了《权力的游戏》第一季首播时的盛况。《权力的游戏》第六季也创造了每集平均近 26 000 000 人次的观剧纪录，同时该剧也是历史上迄今为止获得艾美奖最多的剧集，仅 2016 年该剧就获得 12 项艾美奖。

HBO 的影响力亦来自其广泛而便捷的分发渠道。在内容分发上，时代华纳期望能够实现“内容无处不在（content everywhere）”，因此不遗余力地推动渠道建设。2011 年 8 月，时代华纳以 2 000 万美元的价格收购了跨平台应用 Zite，希望利用它来打通更多的渠道。同时，HBO 采用“有线电视频道 + 多终端服务”的渠道建设策略，先后推出了 HBO NOW、HBO GO 和 MAX GO 等服务，更高效地在全球范围内进行内容输出。在美国本土，截至 2016 年 12 月 31 日，HBO 拥有 49 000 000 付费订户，是美国最大的付费电视服务商。截至 2016 年 12 月 31 日，HBO 拥有 85 000 000 的国际付费订户，其中有 30 多个国家和地区的国际付费订户可以通过 HBO GO 接收 HBO 的内容产品和服务，2017 年 HBO 将继续推动 HBO GO 在其他国家和地区的建设。

（三）华纳兄弟

华纳兄弟娱乐公司是全球最大的影视娱乐公司之一，其业务主要包括制作、发行和授权电影、电视节目，发行电子和实体家庭娱乐产品，制作、发行视频游戏、消费者产品和品牌许可。华纳兄弟旗下子公司包括华纳兄弟影业、华纳兄弟制片厂、华纳兄弟电视公司、华纳兄弟动画制作、华纳家庭录影、华纳兄弟游戏、DC 漫画和 CW 电视台。

华纳兄弟影业最具影响力的作品有《蝙蝠侠》系列、《超人》系列、《黑客帝国》系列、《哈利 • 波特》系列、《指环王》系列、《霍比特人》系列、《乐高》系列、《盗梦空间》《星际穿越》《蝙蝠侠大战超人》等。《哈利 • 波特》系列电影是不少青少年的集体记忆，截至2016年在全球范围内票房收入近80亿美元，稳居全球最赚钱电影系列排行榜首。

三、拆分重组

时代华纳的历史可追溯至20世纪20年代，近一个世纪以来历经数次整合并购拆分等运作。

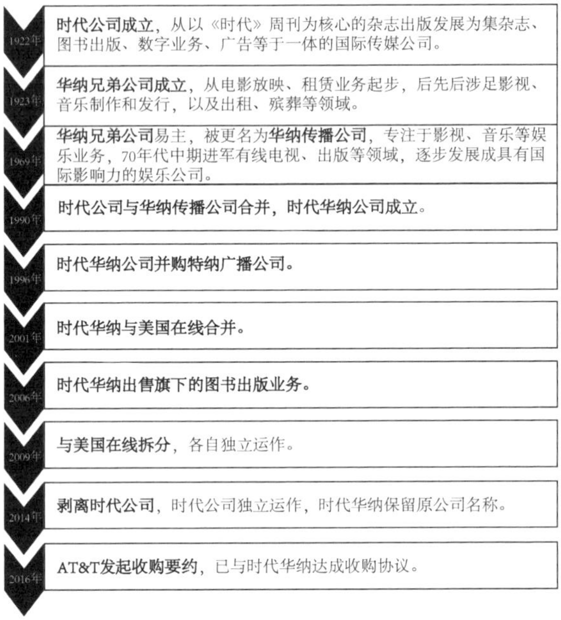

图2　时代华纳公司的发展历程

自2016年10月22日美国电信运营商美国电话电报公司（AT&T）宣布将收购时代华纳公司以来，TMT领域及资本市场都颇为关注这场规模甚巨的并购。时代华纳在2017年2月15日称其股东已通过了AT&T的收购方案，监管审查正在进行中，希望能够在2017年底之前完成并购交易。

对于监管方的反垄断审查以及总统特朗普可能的阻挠，AT&T发言人Jaquelyn M. Scharnick在接受采访时称："这是TMT领域内一个垂直的收购，纯粹而简单。时代华纳是一个生产内容的公司，而AT&T却是一个分发内容的公司。我们之所以要合并，就是为了给我们的用户带来更好的产品和更多的选择。请不要将AT&T与时代华纳此次交易与其他监管机构试图阻止的交易相混淆。监管机构最担心的是同一行业内的横向兼并，因为横向兼并的结果就是用户缺少了选择……但 AT&T 与时代华纳此次的合并是纵向合并，将为有线电视业和视频业带来更多的竞争。”

AT&T 的收购要约提出拟以现金加股票的方式，每股报价 107.50 美元收购时代华纳。如果并购完成，持有时代华纳公司股票的股东收到的每股 107.50 美元对价，将由 53.75 美元现金对价和 53.75 美元 AT&T 的股票对价构成。股票对价的部分设置了双向 Collars 机制：如果 AT&T 的股票均价在交易交割日之前一段时间里低于 37.411 美元，则股票对价部分将调整为 1.437 股；如果 AT&T 的股票均价在交易交割日之前一段时间里高于 41.349 美元，则股票对价部分将调整为 1.3 股。交易完成之后，除了现金股价部分，原时代华纳公司的股东将视 Collars 机制的结果，持有 14.4%—15.7% 区间的 AT&T 的股权。交易现金部分的融资将使用 AT&T 的自有现金和贷款——为此，AT&T 已经备好了 400 亿美元的过桥贷款承诺。

AT&T 和时代华纳对此次并购都持相当积极、乐观的态度。

AT&T 首席执行官 Randall Stephenson 表示“这是一次完美的结合，双方优势互补，将为传媒和通信行业如何更好地服务用户、内容生产方、发行方和广告方提供一种新的路径。”

时代华纳首席执行官 Jeff Bewkes 称“与 AT&T 合并将极大提升我们多平台分发优质内容的能力，同时，不断增长的视频内容的需求将会催生大量的机会，我们可以借此提升把握机会创造价值的能力。这对双方来说是天作之合……我们将把握机会，为全球用户带来更有影响力、吸引力和价值的内容。”

2017 年 11 月 8 日，美国司法部认为 AT&T 和时代华纳合并之后会拥有不合法的市场影响力，可能会对其他平台涨价，有损消费者利益，同时会抑制行业创新。司法部进而提出，AT&T 若要收购时代华纳，须先卖掉时代华纳旗下的 CNN 或者 AT&T 旗下的卫星电视 DirecTV。

四、经营数据

2014 年以来的三个财年，时代华纳集团的财务数据如下表所示。

表 1　2014—2016 年时代华纳公司经营数据（单位：百万美元）

	财务数据						变动	
	2016 年		2015 年		2014 年		2016vs 2015	2015vs 2014
	收入	占比	收入	占比	收入	占比		
特纳	11 364	37.5%	10 596	36.3%	10 396	36.7%	7%	2%
HBO	5 890	19.4%	5 615	19.2%	5 398	19.1%	5%	4%
华纳兄弟	13 037	43.0%	12 992	44.5%	12 526	44.2%	_%	4%
内部冲销	（973）		（1,085）		（961）		（10）%	13%
总收入	29 318		28 118		27 359		4%	3%

特纳广播公司三年来收入构成见下表。

表 2　2014—2016 年特纳广播公司的收入构成数据（单位：百万美元）

	2016 年		2015 年		2014 年		变动	
	收入	占比	收入	占比	收入	占比	2016vs2015	2015vs2014
订阅	5 936	52.2%	5 306	50.1%	5 263	50.6%	12%	1%
广告	4 763	41.9%	4 637	43.7%	4 568	43.9%	3%	2%
内容及其他	665	5.9%	653	6.2%	565	5.4%	2%	16%
总收入	11 364		10 596		10 396		7%	2%

HBO 三年来收入构成见下表。

表 3　2014—2016 年 HBO 的收入构成数据（单位：百万美元）

	2016 年		2015 年		2014 年		变动	
	收入	占比	收入	占比	收入	占比	2016vs2015	2015vs2014
订阅	5 003	84.9%	4 748	84.6%	4 578	84.8%	5%	4%
内容及其他	887	15.1%	867	15.4%	820	15.2%	2%	6%
总收入	5 890		5 615		5 398		5%	4%

华纳兄弟娱乐公司三年来收入构成见下表。

表 4　2014—2016 年华纳兄弟的收入构成数据（单位：百万美元）

	2016 年		2015 年		2014 年		变动	
	收入	占比	收入	占比	收入	占比	2016 vs 2015	2015 vs 2014
戏剧产品	5 612	43.1%	5 143	39.6%	5 839	46.6%	9%	（12）%
电视产品	5 819	44.6%	5 635	43.4%	5 099	40.7%	3%	11%
视频游戏及其他	1 606	12.3%	2 214	17.0%	1 588	12.7%	（27）%	39%
总收入	13 037		12 992		12 526		_%	4%

2017 年 8 月 2 日，时代华纳集团发布了 2017 年第二季度财报，各项指标均有小幅增长：营收 73 亿美元，同比增长 5%；特纳和 HBO 的订阅收入分别增长 13% 和 8%；每股盈利 1.34 美元，增长 12%，调整后该指标分别为 1.33 美元和 3%；上半年持续运营现金收入和自由现金流分别为 25 亿和 23 亿，分别增长了 25% 和 22%。从业务结构来看，特纳和 HBO 的订阅收入涨势喜人，华纳兄弟的票房收入可圈可点。

（编译整理　杨毅）

附录 3　华特迪士尼经营现状（2017）

一、业务概述

华特迪士尼公司是世界最大的传媒娱乐集团之一。1923 年华特迪士尼和哥哥罗伊迪士尼成了了迪士尼动画工作室，1928 年一部以“米老鼠”为主角的卡通片让迪士尼声名大噪，一路发展成为今天的全球性传媒集团，因此迪士尼公司也被人称为“老鼠帝国”。作为一家多元化的全球娱乐公司，迪士尼旗下拥有多家附属公司，业务涵盖媒体网络、主题公园与度假区、影视娱乐、消费产品与互动四大领域，从 2010 年起，迪士尼公司连续七年稳居全球娱乐业第一宝座。2015 年 6 月，公司宣布将消费品业务和迪士尼互动两个部分合并为一个部门。

二、业务部门

（一）媒体网络

媒体网络业务主要包括有线电视网和广播电视网，电视节目制作和分发，国内电视台和广播电台及网络。迪士尼对一些专门的电视节目制作、分发公司和提供内容管理服务的公司进行了投资，其中也包括一些电视网络。

1. 有线电视网

有线电视网业务主要由 ESPN、迪士尼频道、Freeform 构成，这三家频道通过我们的有线电视网络播出自制或者从第三方购得版权的节目。同时，迪士尼的节目通过有线电视网络可传输到世界各地的电视网络，也对SVOD（Subscription video-on-demand）服务商，诸如Netflix、Hulu和Amazon，提供内容。家庭娱乐平台，比如DVD、Blu-ray和iTunes，也可以接受迪士尼有线电视网络的内容。

（1）ESPN

ESPN (Entertainment and Sports Programming Network，即娱乐与体育节目电视网)，80%的股份由迪士尼公司持有，20%股份由赫斯特公司持有。

ESPN旗下运营着8个24小时播出的国内体育节目电视网。包括ESPN，ESPN2，ESPNU（大学生体育赛事频道），ESPNEWS, SEC Network（专门播出西南地区大学运动联盟的节目），ESPN Classic，Longhorn Network（只播出德克萨斯大学的运动赛事）和ESPN Deportes（西班牙语频道）。ESPN在海外拥有19个电视网络。ESPN拥有多个专业赛事和大学体育赛事的转播权。

ESPN所运营的业务还包括：

ESPN.com，提供综合性体育新闻、信息、网络视频。

WatchESPN，付费订阅应用，在移动设备上提供ESPN在本国播出的绝大多数直播内容；非订阅用户仅可观看部分内容。

ESPN3、SEC Network + 和ACC Network Extra，ESPN的多屏体育节目直播网络，以独播体育赛事为主要内容，用户可在WatchESPN上收看节目。

ESPN Events，拥有和运营一系列大学生体育赛事，包括保龄球、篮球比赛和季后赛节目。

ESPN Radio，北美最大的体育节目广播网之一，节目在超过500家地面电台播出，包括ESPN在纽约、拉斯维加斯、芝加哥和达拉斯的四家电台以及一些卫星和网络电台。

ESPN The Magazine，每两周发行一次的体育杂志。

（2）Disney Channels

Disney Channels拥有100多个附属频道，信号覆盖163个国家和地区，以34种语言放送。主要频道包括Disney Channel，Disney Junior，Disney XD，Disney Cinemagic，Disney Cinema和DLife。用户可以通过订阅服务以及SVOD（video-on-demand services）获取Disney Channel的节目，也可通过DisneyChannel.com，DisneyXD.com和DisneyJunior.com收看节目。迪士尼频道还经营着迪士尼广播，为

订阅用户和点播用户提供内容服务，同时也通过网站输出内容。Disney Channels 还包括 Radio Disney 和 RadioDisney.com。

（3）Freeform

Freeform，此前名为 ABC Family。它是一个以 14—34 岁群受众为服务对象的有线电视网络。Freeform 自制真人类影片，也有一些节目是从第三方购买获得。内容通过自有的电影图书馆放送。每逢重大节日，Freeform 会策划一系列假日放送活动，其中一些已经成为了品牌，例如“13 Nights of Halloween” 和 “25 Days of Christmas”，在活动期间会集中播放电视影片。Freeform 的订阅用户，可以在移动互联数字设备上进行观看内容。

（4）Hungama 、UTV / Bindass Networks

Hungama，UTV / Bindass Networks 为印度的有线电视网，也是迪士尼有线电视网业务的重要组成部分。Hungama 是一个印度的儿童综合娱乐有线电视网，综合播出动画片、印地语系列节目和游戏节目。

UTV 有两个主要频道，分别是 UTV 动作和 UTV 电影，主要播出印地语译制版的好莱坞影片、宝莱坞影片，以及当地其他地区语种的印地语译制片。Bindass 为 UTV 旗下的品牌，是以少儿娱乐为主的频道，Bindass 还包含一个音乐频道 Bindass Play。

2. 广播电视网

广播电视业务涵盖一个本国广播电视网络以及电视产品制作和分发运营。迪士尼公司拥有八家国内电视台，并在相关业务领域进行了投资。

（1）本国广播电视网络

本国的广播电视网络为 ABC 公司，ABC 与当地 242 家电视台签有附属协议，信号覆盖了美国 100% 的电视用户。ABC 的节目内容来源以自制为主，部分从第三方机构或者附属机构购买。ABC 可以通过互联网为订阅用户提供内容。ABC 的客户端和网站包含比电视内容更多的信息。ABCNews.com 的一大特色是提供深度新闻报道，同时，ABCNews 与 Yahoo！ News 签订了新闻内容供应协议。

（2）电视节目制作和分发

电视节目的制作，主要依靠 ABC 的制作资源，并向全世界范围内的广播电视网络出售。同时也向Netflix、Hulu、Amazon等SVOD服务商以及家庭娱乐系统分销内容。

（3）国内电视台

迪士尼公司拥有8家电视台，其中6家所拥有的用户数量位列北美前十位。电视的主要收入来源为广告。所有的电视台都与ABC建立了合作关系，整体上覆盖了北美23%的电视用户。每一家电视台都有三个数字频道，分别是地方频道、ABC频道和联播频道。

3. 其他投资

（1）A+E & Vice

迪士尼和赫斯特集团各持有A+E Television Networks 50%的股份，全球有150个国家可以收看到A+E的节目。

（2）BAMTech

BAMTech是一家以节目内容运营和分发为主的公司。2016财年迪士尼公司总利润的15%来自该公司。该公司同时还拥有DTC（direct-to-consumer）业务。

（3）CTV

ESPN拥有CTV 30%的股权。该公司是加拿大的一家电视公司，拥有The Sports Networks (TSN) 1-5、Le Réseau des Sports (RDS)、RDS2、RDS Info、ESPN Classic Canada、Discovery Canada和Animal Planct Canada几家电视频道。

（4）Hulu

迪士尼拥有Hulu 30%的股权。Hulu是一家同时经营电视、电影的购买和生产业务的公司，主要在互联网上进行内容分销。Hulu的核心竞争优势是背后NBC环球、FOX和ABC能为其源源不断地提供正版影视剧资源，使其成为商业化最成功的视频网站之一。

（5）Seven TV

Seven TV为迪士尼在俄罗斯的电视台。该频道为免费频带，依靠广告收入进行运营。

（二）乐园与度假村

公司控股并经营的乐园或度假项目有：佛罗里达迪士尼世界度假区，加利福尼亚迪士尼乐园，位于夏威夷的Aulani迪士尼度假村，迪士尼假日俱乐部，迪士尼游轮，以及迪士尼探险。此外，公司还掌握着巴黎迪士尼乐园 81% 的权益，香港迪士尼 47% 的权益，上海迪士尼 43% 的股份。乐园与度假村业务的主要收入来源是主题公园的授权许可费用，食品、饮料、日用品的销售费用，酒店房间的入住费，邮轮度假营业收入和度假俱乐部的销售及租赁收入。

（三）影视娱乐

影视娱乐业务主要以生产和购买实景节目、动画节目、电影内容、音乐录音以及舞台剧为主。

影视娱乐业务的收入来源于电影院线市场、家庭娱乐、电视市场、迪士尼音乐集团、迪士尼影业集团。

影视业务的开展主要在迪士尼影片公司、皮克斯、漫威、卢卡斯和试金石公司的支持下进行。

迪士尼制作和发行真人电影以及长篇动画电影一直在全球市场中占据主导地位，到 2015 年 10 月 3 号为止，公司累计在国内发行了大约 1 000 部长篇真人电影和 100 部长篇动画电影。

2009 年 8 月，迪士尼公司与梦工厂工作室签订协议，根据协议，迪士尼公司获得了一个 7 年期的，在试金石影业的旗帜下发行梦工厂制作的真人动画电影的权利。

2006 年、2009 年和 2012 年，迪士尼分别以 74 亿美元、42 亿美元和 41 亿美元收购了皮克斯动画、漫威工作室和卢卡斯电影公司，奠定了迪士尼在影视制作和发行领域的地位。

迪士尼公司还经营着音乐集团和影院集团，负责迪士尼拥有版权的歌曲的管理、版权保护以及授权事宜。影院集团享有国际百老汇音乐剧的制作特许权，并负责全球范围内的发行管理工作。

（四）消费产品和互动媒体

2015 年 6 月，公司宣布消费产品部门和互动业务部门合并为一个部门，主要业务包括迪士尼商品授权、迪士尼全球出版、迪士尼商店零售业务。迪士尼的消费产品和互动媒体板块还开发和发布手游、书籍、杂志和动漫读物。此外这一业务板块还负责网页的管理和设计以及线上视频的策划、发行。

1. 商品许可业务

商品许可业务涉及多种产品，主要包括玩具、服装、家居、家具、装饰用品、文具、健康美容、食品、鞋袜以及电子消费品。公司授权第三方公司在这些产品上使用迪士尼电影、电视剧或者其他版权作品中的形象，从中收取版权费用。

2. 出版业务

出版业务分为迪士尼全球出版（DPW）和漫威出版。迪士尼全球出版主要负责全球多个市场中的儿童类书籍、杂志和数字产品的出版、发行和授权。数字产品包括在移动设备比如e-books和APPs上阅读的内容。漫威出版的主要业务为北美市场中的动漫书籍、动漫小说合集的发行。另外漫威还授权欧洲和拉丁美洲国家出版翻译版本的书籍。

3. 零售业务

零售业务方面，公司目前拥有并经营的商店数量为：北美223家，欧洲78家，日本48家，中国1家。

4. 游　　戏

公司向第三方游戏公司进行授权。同时也自行开发、发行主要针对移动网络设备的游戏，用户可以在第三方应用市场上进行下载或者直接在网上观看。

5. 其他业务

公司其他的业务内容有Maker Studio，这是一家线上视频内容分发的领军公司，其内容主要在YouTube和一些数字平台上发布。Maker Studio也有权将迪士尼的版权和内容授权给日本的手机用户进行观看。此外，这家公司还通过Disney.com、Disney的YouTube频道、Babble.com和各个Disney旗下的应用开发、发行和分销家庭娱乐互动内容。

三、经营数据

表 1　迪士尼公司 2011—2017 年经营数据一览表（单位：百万美元）

	2017 年	2016 年	2015 年	2014 年	2013 年	2012 年	2011 年
	收益表						
收入	55 137	55 632	52 465	48 813	45 041	42 278	40 893
净收益	9 366	9 790	8 852	8 004	6 636	6 173	5 258
归属于母公司所有者的净利润	8 980	9 391	8 382	7 501	6 136	5 682	4 807
	资产负债表						
总资产	95 789	92 033	88 182	84 141	81 197	74 863	72 097
长期债务	—	24 189	19 142	18 573	17 293	17 841	17 690
股东权益	45 004	43 265	44 525	44 958	45 429	39 759	37 385
	现金流量表						
经营活动产生的现金流量净额	12 343	13 213	10 909	9 780	9 452	7 966	6 994
投资活动产生的现金流量净额	－4 111	－5 758	－4 245	－3 345	－4 676	－4 759	－3 286
筹资活动产生的现金流量净额	－8 959	－6 991	－5 514	－6 710	－4 214	－2 985	－3 233

迪士尼公司 2011—2016 年处于增长态势，无论是收入还是净收益，均保持连续增长态势，其中总收入从 2011 年的 408.93 亿美元增长至 2016 年的 556.32 亿美元，年复合增长率为 6.35%；净收益从 2011 年的 52.58 亿美元增长至 2016 年的 97.90 亿美元，年复合增长率为 13.24%，呈现出良好增长态势。由于经营状况的持续良好，使得公司的资产负债状况保持良好运转；经营活动产生的现金流量金额持续增多，为公司的投资活动和筹资活动提供足够的资金支持。

根据 2017 年 11 月 9 日发布的 2017 年财报，迪士尼公司遭遇了自 2009 年以来营业收入及净利润的首次下降。其中总收入从 2016 年的 556.32 亿美元下降至 2017 年的 551.37 亿美元，年增长率为－1%；净收益从 2016 年的 97.90 亿美元降至 93.66 亿美元，年增长率为－4%。这一结果由媒体网络、影视娱乐、消费品和互动娱乐三大业务部门业绩下滑所致。其中，媒体网络业务收入 235.1 亿美元，同比下降 1%，营业利润 69.02 亿美元，同比下降 11%，主要原因是有线电视网络收视率和广告收入下滑，以及对 BAMTech 和 Hulu 等并购资产享有的投资者权益下降。影视娱乐业务收入 83.79 亿美元，同比下降 11%，营业利润 23.55 亿美元，同比下降 13%，这主要由该年度上映的《汽车总动员 3》等几部影片票房不佳、影视制作业务收入下滑、影视业务营业成本上升所致。消费品及互动娱乐业务收入 48.33 亿美元，同比下降 13%，营业利润 17.44 亿美元，同比下降 11%，主要原因是《冰雪奇缘》《海底总动员 2》以及星战系列等影视作品的衍生品授权和销售收入下降、支付给第三方的版税开支增加。但迪士尼 2017 年的资产负债状况未受经营状况大幅影响，依然保持良好运转；经营活动产生的现金流量净较上一年度则有所下跌。

2017 年 12 月，华特 • 迪士尼宣布将以 524 亿美元收购 21 世纪福克斯的部分资产，包括电影和电视制片部门、付费电视运营商 Star TV 在印度的频道、Sky 电视台 39% 的股权、Hulu 视频网站以及一些区域体育频道的股权。

（编译整理　张皓月　白宇洁）

附录 4　英国广播公司（BBC）经营现状（2017）

一、业务概述

英国广播公司（BBC）是面向英国及全球提供电视、广播和在线网络服务的媒体公司。BBC 成立于 1922 年 10 月 18 日，由马可尼（Marconi）、英国通用电气公司（GEC）等几家无线电制造商出资建成。1927 年，BBC 获得皇家特许状（Royal Charter of Incorporation），这标志着其公营性质的确立。皇家特许状每十年更新一次，规定其节目制作以及运营范畴，并保障其独立性。2017 年 4 月 3 日起，新版皇家特许状生效，其中对 BBC 的公众目标及管理结构进行了重大调整。

按照现行皇家特许状，BBC 围绕以下五项公共目标服务。

第一，提供客观公正的新闻报道，帮助人们了解周围的世界：BBC 提供真实、客观的新闻报道、时事要闻和高质量的新闻节目，让所有观众对英国和世界范围的重要议题有全面了解。

第二，促进各年龄段人群的教育和学习：教育内容将促进英国的儿童和青少年学习，同时激励受众探索富有创新和挑战的新的学习项目和活动。

第三，呈现创意最佳、品质最优、特色最鲜明的内容和服务：BBC 通过一系列服务和平台内容提供覆盖各年龄阶段的创新内容。

第四，展现英国不同民族、宗教群体之间的差异，促进英国创意经济发展：随着民族认同和种族多样性愈加复杂，BBC 为全英国发声的重要性日益凸显。

第五，将英国的文化、价值观展示给世界：BBC 是英国最大的文化输出机构之一。随着政府投入的加大，BBC 的世界服务范围将进一步扩张。新一笔政府资金将用于

12 种语言的传播当中，BBC 在中东、非洲、俄罗斯等地的内容输出将得以加强，同时用于加强 BBC 新闻在全球范围的数字化传播。

根据新版皇家特许状规定，BBC 的管理结构由内部的执行董事会、执行委员会和外部的英国通信管理局和审计机构组成。原设有的监督内部营运的 BBC 信托（BBC Trust）被取消。各机构管理权责如下：

执行董事会负责确保 BBC 完成其营业任务及公众目标，其具体职能包括制定战略方向、确立各部门职权、制定预算和设置绩效评价体系。董事会有义务为 BBC 一切公营事业和商业活动负责。董事成员包括一位非执行董事会主席、十位非执行董事会委员及两位执行董事会委员。

执行委员会负责在董事会通过的战略框架下运营 BBC 各项业务，并全面负责公司内部的业务管理。委员会成员包括管理公司各业务领域的九位总监。

英国通信管理局是 BBC 的外部监管机构，通过确立营业框架和颁发执照的方式对 BBC 的业务经营进行监管。同时负责评估 BBC 的经营绩效、确保公平有序竞争、管理 BBC 公共活动和商业活动互不越界、监管 BBC 的播发内容。

BBC 审计工作则由第三方审计机构负责。

二、业务部门

BBC 的运营分为四部分，包括一个非营利性组织——英国公共服务广播集团（UK PSB Group）和三个营利性子公司：BBC 环球（BBC Worldwide）、BBC 全球新闻（BBC Global News）、BBC 影视（BBC Studioworks）。

（一）非营利性部分——英国公共服务广播集团（UK PSB Group）

英国公共服务广播集团的主要有三个业务板块：电视网、广播网、在线网络，上述业务在用户执照费的支撑下开展。此外，英国公共服务广播集团下的内容通过 BBC 世界服务（BBC World Service）向全球传播。

1. 电视网服务

电视网板块下设 9 家全国性电视频道，包括电视一台、电视二台、电视三台、电视四台、CBBC 儿童台、CBeebies 幼儿台、新闻频道、英国议会和阿尔巴台。内容涵盖娱乐、新闻、时政和艺术，各频道因定位不同而各自有所侧重。

随着媒介消费趋势的变化，BBC 电视网业务在进行数字化改革。2015 年，定位于青年群体的电视三台于 2015 年全面转型为在线频道，所有节目在网络端播出，频道内容也依据目标用户需求进行相应改革。此外，BBC 电视网内容通过多元化数字渠道分发。观众可通过数字电视、频道网站直播，BBC iPlayer 点播等方式收看电视网提供的内容。

目前，BBC 电视网下属频道在全英范围内享有最高收视率。截至 2017 年 3 月，BBC 电视频道的总体到达率为 78.8%。

2. 广播网服务

BBC 广播下设包括 Radio1，Radio1Xtra，Radio2，Radio3，Radio4，Radio4 extra 等 10 家全国性广播台，英格兰及海峡群岛的 40 家地方广播台，以及分处苏格兰、威尔士和北爱尔兰的 3 个国家广播台，广播节目内容涵盖新闻、音乐、娱乐等类别，发挥信息传播、教育和娱乐功能。目前，BBC 广播网收听率最高的频道是 Radio2，2016/17 年度达 28.0%。该频道由音乐节目和以喜剧、纪录片、现场表演为内容的演说节目为主，覆盖听众超过 1 400 万。

BBC 广播网开拓了相应的数字渠道，对广播内容进行二次分发，受众可在节目直播后通过 BBC iPlayer Radio 进行点播。

面临全球音频市场的激烈竞争，BBC 广播网仍长盛不衰，保有广泛影响力。截至 2017 年 3 月，BBC 广播网每周听众达 3 470 万。

3. 在线网络服务

BBC 在线网络服务涵盖了 BBC 开发的多款网络产品，包括 BBC 新闻、运动、天气以及儿童网站 CBBC 和 CBeebies、BBC 红钮，此外还包括 BBC 广播、电视内容的数字分发平台——iPlayer 和 iPlayer Radio。另外，由电视端频道全面转型为网络频道的 BBC3 也是在线网络服务的重要部分。自 2016 年转型以来，BBC3 主打年轻内容，在脸书社交平台上赢得了大量订户。面对新兴技术浪潮，BBC 在线网络服务也及时跟进。目前，BBC 联合亚马逊艾利克斯语音平台上打造 BBC 新闻 APP，同时在虚拟现实新闻传播报道上进行探索。

2016/2017 年度，BBC 在线的成年用户在全英成人中占 51.5%，上一年度为

51.4%，网站到达率持续保持位列英国前五名。另外，移动端是 BBC 在线网络服务的主要使用渠道，2016/2017 年度，BBC 移动端流量的全年平均占比为 43%。

4. BBC 世界服务（BBC World Service）

BBC 世界服务是国际化的广播电视服务，包括 BBC 世界服务电视、BBC 世界服务广播、BBC 世界服务广播网络。通过广播、电视和无线手持设备提供涵盖 30 种语言、多个地区的内容服务。根据 2016/2017 年度报告数据显示，BBC 世界服务平均每周覆盖受众达 2.68 亿。

（二）营利部分

1. BBC 环球（BBC Worldwide）

BBC 环球通过在全世界创造、购买、投资、研发媒体内容与品牌营利，以支持 BBC 的公共服务和促进企业利润最大化为营业目标。其七个地域性市场横跨三大地理区域：北美区、英国区、澳大利亚和新西兰区。业务领域分为内容、数字、品牌三大部分。2015/2016 和 2016/2017 年度，BBC 环球营收分别为 2.22 亿英镑和 2.1 亿英镑。

2. BBC 全球新闻（BBC Global News）

BBC 全球新闻下运营着 BBC 两家盈利性国际新闻服务机构：24 小时全球新闻电视频道——BBC World News 以及数字平台 bbc.com（包括 bbc.com 网页，一个新闻 APP 和一个体育 APP）。BBC 全球新闻致力于成为世界上最优秀最值得信赖的国际新闻提供商，因此在大力扩展国际新闻用户规模，积极拓展商业模式。

2016—2017 年度，BBC 全球新闻在各平台页面月平均浏览量达 12.78 亿，较上一年度增加 15%；其业务规模也持续扩张，全球用户数量达 4.5 亿户，2016/2017 年度营业利润为 200 万英镑。

3. BBC 影视（BBC Studioworks）

BBC Studioworks 是英国最大的电视录影场地及后期制作设备的提供商，是 BBC 集团 2016 年度整合的全资子公司，为 BBC 及集团外部客户等设备服务。2016 年 5 月，原 BBC Studios and Post Production 更名为 BBC Studioworks。

业务整合前，该部门经营状况一直不佳，2016—2017 年度首次扭亏为盈，营业利润及净营业利润分别为 340 万英镑、230 英镑。

三、经营数据

BBC 的总体财务目标是长期实现收支平衡，同时确保面对突发情况时，有充足的现金储蓄及借贷工具。其收入来源可分为两部分，非营利部分收入来自用户执照费，营利部分收入则为各经营主体的各类商业经营活动所得。主要开支则为各业务部门的运营支出。下面通过现金流总表、收益合并报表、资产负债合并报表一览 BBC 2015—2017 年经营数据。

表 1　2015—2017 年 BBC 现金流总表（单位：百万英镑）

	2017 年	2016 年	2015 年
经营活动现金流	301.1	179.9	147
投资活动现金流	（255.8）	（173.7）	(205)
金融活动现金流	（136.6）	(80.2)	(66)
现金及现金等价物净增（减）值	（78）	(71.5)	(124)
年初的现金及现金等价物	334.8	405.8	526
国外投资导致现金及现金等价物变化	(0.5)	(0.5)	4
年末的现金及现金等价物	256.3	334.8	407

表 2　2015—2017 年 BBC 收益合并报表（单位：百万英镑）

	2017 年	2016 年	2015 年
执照费	3 787.2	3 742.8	3 735.4
其他收益	1 166.8	1 084.2	1 069.7
总收入	4 954	4 827	4 805.1
运营成本（重组成本除外）	（4 943.7）	（4 755.7）	（4 703.2）
重组成本	49.6	(21.4)	（11.1）
总运营成本	4 993.3	（4 797.1）	（4 914.3）
集团运营盈余应得部分	（39.3）	29.9	（109.2）

续表

	2017 年	2016 年	2015 年
业务营运销售和固定资产处置所获得的收益		—	115.9
非流动资产处理所得的收益	8.3	96.7	7.9
合伙和合资成果共享	45.7	39.7	33.5
融资收入		12.7	19.8
融资成本		（119.5）	（163.1）
净融资成本	（134）	（106.8）	143.3
税前盈余	（119.3）	59.5	（95.2）
税款	（9.8）	（0.2）	（30.0）
本年盈余	（129.1）	59.3	389.1

表 3　2015—2017 年 BBC 资产负债合并报表（单位：百万英镑）

	2017 年	2016 年	2015 年
非流动资产			
无形资产（包括商誉）	238.3	291.3	275.7
财产、厂房和设备	1 076.4	1 110.6	1 227.3
投资财产	78.1	82.4	14.1
联营企业和合营企业的权益	258.5	171.8	148.9
其他应收款	90.4	92.6	28.3
可供交易的资产	7.9	7.5	4.4
衍生金融工具	490.8	10.1	8.3
递延税项资产	11.3	10.9	12.3
	2 251.7	1 777.2	1 719.3
流动资产			
与计划有关的资产及其他存货	612.9	684.7	707.7
应收账款及其他应收款	1 022.4	978	949.4
分类为持作出售资产	—	—	3.0
衍生金融工具	6.6	3.9	11.4
当期所得税资产	40	26.1	20.5

续表

	2017 年	2016 年	2015 年
现金及现金等价物	256.3	334.8	405.8
	1 938.2	2 027.5	2 098
流动负债			
贸易及其他应付款项	（1 069）	（1 006.3）	（1 054.3）
借款	（14.5）	（67.5）	（49.8）
规定	（62.5）	（64.8）	（66.2）
衍生金融工具	（34）	（19.3）	（17）
当期所得税负债	（10.5）	（6.3）	（4.7）
	（1 191.2）	（1 164.2）	（1 192）
非流动负债			
其他应付款	（48.4）	（11.6）	（10.5）
借款	（876.7）	（875）	（889.2）
准备金	（50.6）	（42.2）	（51.6）
衍生金融工具	（533.9）	（12.8）	（18.7）
递延所得税负债	（31.4）	（21.5）	（19.7）
养老金债务	（1 149.1）	（1 010.7）	（948.5）
	（2 690.1）	（1 973.8）	（1 938.2）
（负债净额）/ 资产	308.6	666.7	687.1
英国广播公司应占			
营运储备	238.7	660.8	679.8
可供出售储备	（21.3）	（13.0）	（3.0）
汇兑储备	47.9	17.5	10.3
其他储备	（2.1）	1.3	—
	308.2	666.6	687.1
非控股权益	0.4	0.1	—
总股本及储备	308.6	666.7	687.1

（编译整理　白宇洁）

附录5　哥伦比亚广播公司（CBS）经营现状（2017）

一、业务概述

CBS公司（CBS CORPORATION），简称为CBS，现总部位于纽约。CBS是一家集多种电视业务、广播电台业务、内容制作与发行业务、出版业务、唱片业务等于一体的大众传媒公司。该公司的经营业务横跨媒体和娱乐行业，其主要经营策略是生产被受众广泛接受的优质内容，并从多媒体平台的内容分发中获取广告和非广告收入。

近两年，CBS公司持续增加优质内容的投资以期获得更大的收益，主要体现在内容分发渠道的扩张上。CBS通过在包括公司自身拥有的数字视频平台以及第三方电视直播平台等多个数字平台上展示其内容来扩大国际传播和影响力，并确保与包括电缆、直播卫星（DBS）、电话公司和其他分销商在内的多渠道视频节目分销商的合作。此外，公司还力求通过测量手段来反映受众接触习惯的改变，从而生产出受众更青睐的产品来促使内容的货币化。

二、业务部门

目前，CBS主要有四个业务板块：娱乐业务、有线网络、出版业务、地方广播。

（一）娱乐业务

娱乐业务部门由CBS电视网、哥伦比亚电视演播室、CBS国际演播室和CBS电视发行公司、哥伦比亚电影公司、CBS 互动、流媒体服务中心、CBS All Access 及视频新闻频道 CBSN 组成。2016、2015、2014 年娱乐业务产生的收入分别占 CBS 主营业务收入的 67%、67%、66%，其营业利润（operating income）分别占 CBS 合并营业利润的 53%、51%、50%。

1. 电视网

CBS 电视网通过“CBS 娱乐”、“CBS 新闻”和“CBS 体育”，向全美 200 多家附属公司，包括 16 家公司拥有的和运营的电视台以及在个别美国地区拥有的附属电台，广泛发行播放新闻、公共事务、体育、娱乐节目以及电影。CBS 电视网络的主要收入来源是对其网络广播的广告销售。

2. 电视制作及辛迪加

该公司通过 CBS 电视工作室、CBS 国际工作室和 CBS 电视发行公司制作、收购和 / 或分销世界各地的节目，包括连续剧、特别节目、新闻和公共事务。这些节目主要通过首次发行的辛迪加在网络电视、基本的有线电视和付费订阅服务进行播出。首轮播映的节目先在电视上播出，不会提前通过网络或者付费订阅服务中播出。节目在电视上播出之后，会在网络、有线电视和付费订阅服务中上映（被称为“网外辛迪加”）。

3. CBS 电影

CBS 电影生产和发行涉及各种类型的电影。由 CBS 电影公司制作或购买的电影在美国和国际院线展出，紧随其后的是通过家庭娱乐（包括 DVD 和电子销售方式）、视频点播、按次收费、收费电视、免费电视和基本有线电视、数字媒体的销售，以及在某些情况下还有其他参展商，如航空公司和酒店。CBS 电影将开发其电影（包括某些配套的权利，如授权和购买）以使其可以通过世界范围内所有媒介形式上的各种相关放映窗口的直接放映，或者通过 CBS 的附属机构、多年签署第三方销售契约等方式来产生收入。

CBS 互动主要通过广告的销售以及赞助来取得收入，还有来源于搜索服务和商业伙伴的费用、许可证费用、电子商务活动、订阅费用以及其他有偿服务。像在传统媒体一样，在网上投入经费发布广告在经济情况上波动明显。此外，网络营销支出跟随消费者的行为变化而影响潮流，而消费者的行为会有季节性变化。

（二）有线网络

公司的有线广播电视网络部分主要由三部分构成：运营着 CBS 高级订阅节目的付费有限电视网 Showtime 电视网、致力于大学体育有线电视网络的 CBS 体育网，以及运营 Smithsonian 频道并提供在线音视频（流媒体）服务的 Smithsonian 网络。2016、2015、2014 年有线网络业务产生的收入分别占 CBS 主营业务收入的 16%、18%、17%，其产生营业利润分别占 CBS 合并营业利润的 33%、37%、37%。

1. Showtime 电视网

在美国拥有并经营三个非商业性质的高级订阅节目："Showtime"，播出原创剧、最新的戏剧电影、纪录片、音乐会、拳击和其他体育节目；"电影频道"，播出最近上映的戏剧故事片和其他相关节目；"Flix"，主要提供前几十年的一些戏剧电影和其他节目。截至 2016 年 12 月 31 日，在美国本土以及一些美国海外领土和百慕大拥有一共大约 7 600 万用户（2015 年底为 7 700 万）。Showtime 电视网的收入主要来源于节目内容和版权售卖。

2. CBS 体育网

CBS 体育网是一个致力于体育以及相关节目的 24 小时的有线电视节目服务网络，该网络每年提供超过 600 场现场节目，其中包括职业的、半职业的和大学体育运动项目。截至 2016 年 12 月 31 日，CBS 校园体育网拥有约 5 500 万订户。该网络的经济收入是来自订阅费和有线节目服务中的广告售卖。

3. Smithsonian 网络

Smithsonian 频道是以文化、历史、科学和教育类型的电视节目为特色的一家美国的基础有线服务电视网。Smithsonian 网络已经同时启动了 Smithsonian 频道中标清和高清的版本及特需付费版本。Showtime 电视网持有 Smithsonian 网络的大部分股份并管理着这家公司。

（三）出版业务

CBS 的出版业务来自于世界六大出版商之一的西蒙·舒斯特出版社，它在美国和世界范围内印刷发行出版物。2016、2015、2014 年出版业务产生的收入均占 CBS

合并主营业务收入的6%，其产生的营业利润均占CBS合并营业利润的4%。

西蒙·舒斯特在美国和世界范围内出版印刷和发行成人及儿童的纸质书及电子书、有声书等数字出版物。2016年，西蒙·舒斯特公司出版的图书中有277种位列纽约时报的畅销书排行榜，包括33种《纽约时报》周排行榜第一（1bestsellers）的畅销书。西蒙·舒斯特公司在2016年推出了SimonSays.com在线视频课程的门户网站，同时还推出了“童子军出版社”（Scout Press），这是画廊图书集团旗下的一个新的文学小说品牌。他们还推出了“北星之路”（North Star Way），这是一个基于平台的项目，为作者提供超越出版的服务，包括品牌管理、在线课程、赞助和商业伙伴关系。2016年，西蒙·舒斯特公司有超过1.8万本的电子书可供出售。

（四）地方广播

地方广播业务部门由CBS电视台的30个广播电视台组成。2016、2015、2014年地方广播业务产生的收入分别占CBS主营业务收入的14%、12%、13%，其营业利润（operating income）分别占CBS合并营业利润的22%、19%、20%。

CBS电视台通过地理上的多元化营销来触及更广泛的观众群。CBS的电视台制作新闻并广播当地公共事务、体育和其他节目，以此来为地方市场服务，并向CBS、CW或My Network TV（我的网络电视）等提供节目。CBS电视台的主要收入来自于它在其电视台里出售广告时段。几乎所有的电视台目前都在运作网站，这促进了电视台的节目制作、提供的新闻、信息和娱乐，以及其他服务。这些网站主要从广告销售中获得收入。

三、经营数据

CBS公司近5年来总收入总体呈上升趋势，仅2014年主营业务收入下降1.52%，2013年增长幅度最大，为10.14%。从营业利润来看，2013年增长10.27%达到26.63亿美元，之后四年基本维持不变，2016年略有下降，营业收入为26.21亿美元。公司毛利率为20%左右，资产负债率较高，2016年超过80%。CBS公司的主要收入来自于娱乐业务，近三年娱乐业务收入占公司主营业务收入的五分之三以上，出版业务占比最小，近三年的收入均仅占公司主营业务收入的6%。

表 1　CBS 公司 2012—2016 经营数据一览表（单位：百万美元）

	2016 年	2015 年	2014 年	2013 年	2012 年
总收入	13 166	12 671	12 519	12 713	11 514
增长率 /%	3.91	1.21	－1.52	10.41	——
营业利润	2 621	2 658	2 590	2 663	2 415
增长率 /%	－1.39	2.63	－2.74	10.27	——
资产总量	24 238	23 765	23 935	26 205	26 193
增长率 /%	2.00	－0.71	－9.4	0.05	——
资产负债率	84.8	76.6	70.8	——	——
毛利率 /%	19.91	20.98	20.69	——	——

表中数据来自于CBS公司年报，均为调整后数据。

近年来，全球传媒市场结构发生变革，传统的出版业务受到来自各方的挑战。在此背景下，CBS 进行了数字化布局，加强了对于数字出版业务的投入，通过数字出版业务带动出版业务板块整体运营能力的提升。此外还通过台搭建网络频道，扩大数字业务的范围，为用户提供包括体育、娱乐、文化、音乐等多方面的文字及音视频内容。如 2014 年开设的数字新闻直播频道——CBSN，用户可以在全天任何时段在网络上收看直播内容。（详见《融媒时代国际广电传媒集团的转型研究》）

四、发展历程

CBS 成立于 1927 年 2 月 18 日，最初总部设在费城。原为 16 家广播电台组成的独立广播业者联合公司，威廉•佩利在 1928 年购买该公司之后将其改名为“哥伦比亚广播公司”（Columbia Broadcasting System）。在佩利的领导下，CBS 第一个成为全美最大的广播联播网，并且也成为美国三大电视网之一。1974 年，“哥伦比亚广播公司”放弃了它的全名而使用它的缩写“CBS 公司”。

1995 年，西屋电气公司收购了 CBS。2000 年，维亚康姆收购了西屋公司。2005 年年底，维亚康姆集团宣布分拆为两个独立上市公司，一家新公司保留维亚康姆这个名字，为新维亚康姆公司；一家公司恢复使用 CBS 这个标志，组建了以 CBS 电视网为核心的 CBS 集团，就是今天的“CBS 公司”。现 CBS 公司的控股母公司是全美娱乐公司。

（编译整理　程涵阁）

附录 6　日本广播协会（NHK）经营现状（2017）

一、业务概述

日本广播协会（NHK）是日本唯一的公共广播电视机构（以下简称 NHK），总部设在 NHK 广播电视中心。NHK 依靠日本国内拥有电视机的观众缴纳的收视费来维持运营，目标是面向国内外播出公平公正、不偏不倚的高品质的节目，其内容丰富，涵盖各个领域。回顾历史，NHK 于 1950 年 6 月根据《广播法》成立，1953 年 2 月，NHK 东京演播室首次播出电视节目（即 NHK 综合电视频道开播）。

图 1　NHK 东京演播室首次播出

二、组织机构与业务部门

（一）组织机构

截至 2016 年 8 月，NHK 的组织机构包括经营委员会和监察委员会两个部分。其中，经营委员会下辖经营企划局、广播电视总局、受众总局等机构。具体如图 2 所示。

经营委员会是 NHK 的最高决策机构，负责决定与 NHK 的经营有关的基本方针以及收支预算・事业计划、有关节目编辑的基本计划等内容。委员会由 12 名委员构成，委员必须能对公众福祉做出公正的判断，并且拥有广博的知识和经验，均应经过代表国民的参众两院同意后，由内阁总理大臣任命。其中，理事会由会长、副会长以及 7—10 名理事构成。会长是 NHK 的代表，负责监督由经营委员会指定的 NHK 的业务。《广播法》和 NHK 章程规定，理事会须对应由经营委员会进行表决的事项以及须由会长提交理事会进行审议的事项进行讨论。监察委员会由经营委员会从经营委员会委员中选出并任命的 3 名以上的监察委员组成（其中一名须为专职），有权对经营委员会以及会长、副会长和各理事的职务执行情况进行监察。2016 年度，NHK 共有职工 10 273 人。

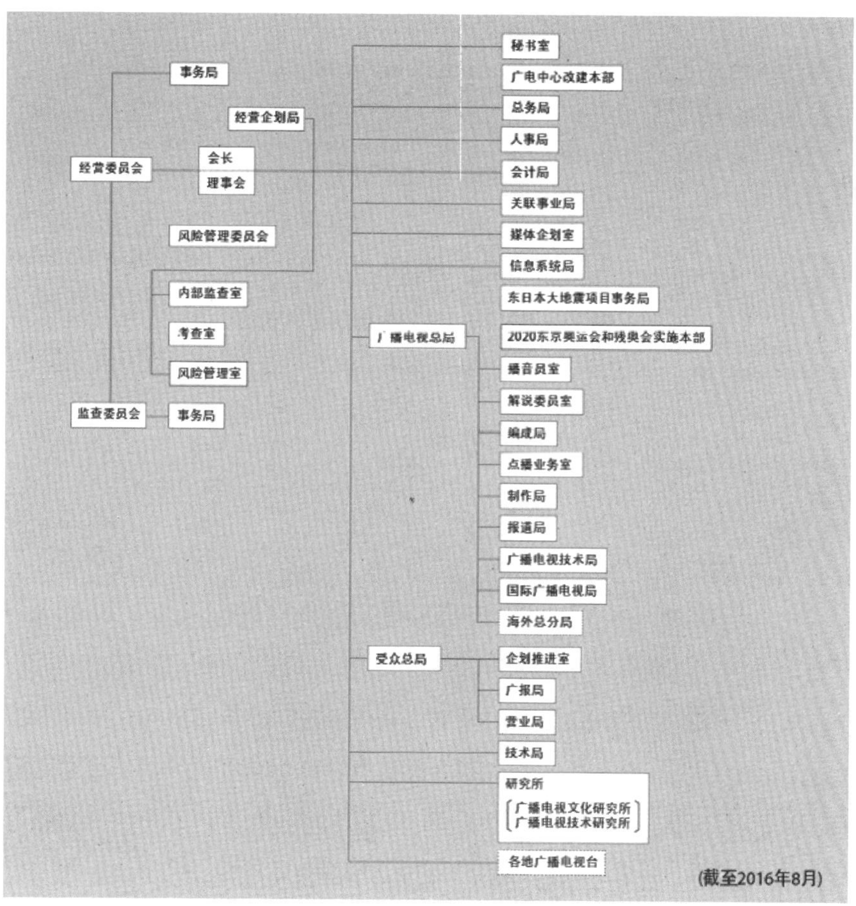

图 2　NHK 组织机构图

截至 2016 年 4 月，NHK 共有包括总部在内的 54 家国内地方分台和 30 家海外总 (分) 局。国内地方分台和海外总 (分) 局的名称和分布情况如下。

图 3　NHK 国内地方分台的分布状况

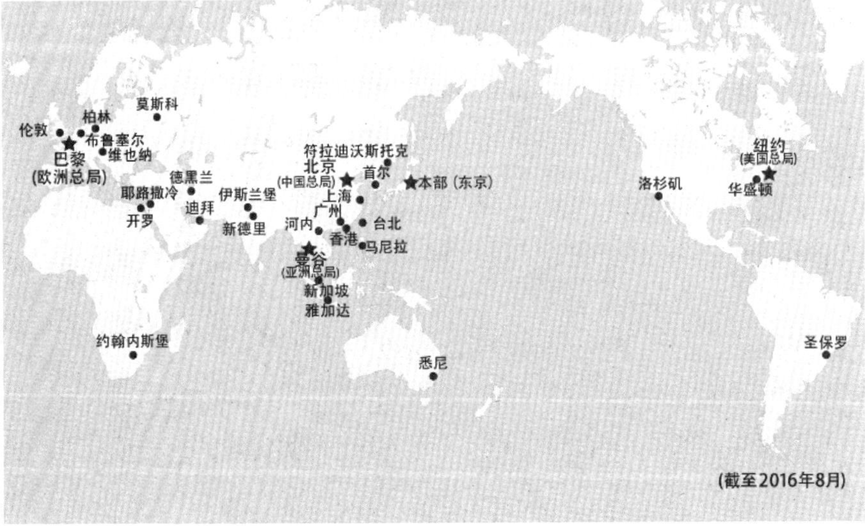

图 4　NHK 海外总 (分) 局的分布状况

（二）业务部门

目前，NHK 提供广播电视服务和互联网服务。其中，广播电视服务分为国内广播电视和国际广播电视。

1. 国内广播电视服务

国内广播电视服务包括 2 个地面电视频道——综合电视频道和 ETV(教育电视频道)，2 个卫星电视频道——BS1 和 BS Premium，3 个广播频道——第 1 套广播、第 2 套广播和调频（FM）广播。模拟电视信号的播出已于 2011 年度结束，目前 2 个地面电视频道和 2 个卫星电视频道均面向日本全国提供高清数字电视节目。每天各个时间段播出的广播电视节目，内容涵盖广泛，涉及新闻报道、教育、文教、娱乐、体育等各个领域。

地面电视频道中，综合电视频道是 NHK 的主频道，提供涵盖各个领域的电视节目，包括新闻报道类、文教类、娱乐类、教育类等节目。ETV(教育电视频道) 主要面向儿童和青少年，播放丰富多彩的教育及文教类节目。

图 5　ETV(教育电视频道)

此外，通过手机 One Seg 播放服务，用户可通过装有调谐器的手机，收看综合电视频道和教育电视频道的地面数字电视节目。

图 6　手机 One—Seg 播放服务

卫星电视频道中，BS 1 卫星频道播放世界各地的最新新闻、海外题材的纪录片以及体育转播节目等。

图 7　BS 1 卫星频道

BS Premium 卫星频道播出以音乐类、自然类、纪行类、科学类等文教娱乐节目为主的丰富多彩的高品质节目。

图 8　BS Premium 卫星频道

在 3 个广播频道中，有 2 个中波、1 个调频广播。第 1 套广播播出新闻报道和娱乐类等内容丰富，涵盖广泛领域的节目，而且大部分都是直播。第 2 套广播以语言学习等教育类节目为主，也可收听 NHK 国际广播电台播出的部分节目。调频（FM）广播提供高音质的音乐类节目。这 3 套广播以“NHK 网络广播 Radiru ★ Radiru”的名称提供网上直播服务。该服务仅限于日本国内。

2. 国际广播电视服务

NHK 以《NHK 环球广播网》之名称，通过电视、广播以及网络提供国际广播电视节目、报道日本的最新资讯。国际广播电视服务包括 2 个电视频道——NHK 环球电视（英语）和 NHK 环球广播网 · Premium（日语），以及广播服务——NHK 环球广播网 · 日本国际广播电台（18 种语言）。

在电视服务中，NHK 环球电视是英语电视频道，通过新闻和各种电视节目介绍日本社会文化以及亚洲资讯。NHK 环球电视频道自 2009 年 12 月起播出高清晰度电视节目。NHK 环球广播网 · Premium 是面向旅居海外的日本观众播送日语节目的电视频道。观众可通过闭路电视或卫星电视收看内容丰富，涵盖各个领域的电视节目。

图 9　NHK 环球电视

在广播服务中，NHK 环球广播网 · 日本国际广播电台使用 18 种语言（分别为：日语、英语、华语、韩语 · 朝鲜语、阿拉伯语、孟加拉语、缅甸语、法语、印地语、印度尼西亚语、波斯语、葡萄牙语、俄语、西班牙语、斯瓦西里语、泰语、乌尔都语、越南语）播出对外广播。

图 10　NHK 环球广播网

互联网服务方面，通过《NHK 环球广播网 · 在线》提供文字或视频新闻。18 种语言均设有网站。还可利用网络在线直播服务，收听和收看 NHK 环球电视和日本国际广播电台的新闻以及其他节目。

在研发创新方面，NHK 一直致力于开展研发活动。NHK 广播电视技术研究所是日本唯一一家专门研究广播电视相关技术的机构，致力于开发广播电视新技术，主导着日本广播电视技术的发展。面前正在进行的研究内容之一就是 8K（超高清电视）。8K 电视的像素数为现在的高清电视图像的 16 倍，将实现高画质和 22.2 多声道立体音响的统一，能够带给观众身临其境的现场体验。

三、经营数据

日本实行收视费制度，按照《广播法》与收视费制度规定，拥有可接收卫星电视节目设备的人必须缴纳收视费。只能收看地面电视时，应签订地面收视合同。之所以要求广大受众缴纳收视费，是希望受众对 NHK 广播电视整体予以支持，而不是只去关注某一个特定的节目。

日本《广播法》第 64 条规定，设置了可接收日本广播协会电视节目的接收设备，就必须与日本广播协会就收看节目签订合同。但不以接收广播电视节目为目的的接收设备或者广播节目（声音及其他音频广播，且不属于电视节目和多声道电视节目者），或者只设置了多声道电视节目接收设备者，不在此限。收视费具体标准如下，其中，卫星合同包含地面合同收视费，冲绳县的收视费与其他地区有所不同。

表 1　NHK 的收视费具体标准（含税）

种类		单月	半年预付	全年预付
地面合同	账户・信用卡	1 260 日元	7 190 日元	13 990 日元
	连续汇款等	1 310 日元	7 475 日元	14 545 日元
卫星合同	账户・信用卡	2 230 日元	12 730 日元	24 770 日元
	连续汇款等	2 280 日元	13 015 日元	25 320 日元

而与此同时，在收视费制度下，NHK 以拥有可收看 NHK 电视节目的接收设备的所有家庭和机构公平负担的收视费为财源，收视费几乎占事业收入总额的 100%，是最主要的收入来源。收视费制度保证了 NHK 的财务独立，也保证了 NHK 的编辑自由以及公平与公正。收视费制度的规定，与公共广播电视机构的职责相契合，使其节目不会受政府或特定的赞助商等的影响，进行平衡、公平、公正、不偏不倚的报道和高品质节目。这一规定，也使得 NHK 与以广告等作为主要收入来源的民营媒体相区隔，共同构成了日本广播电视业。作为公共广播电视机构，NHK 的目标是为实现公共福祉而在向日本全国提供丰富且高品质的节目的同时，开展必要业务以促进广播电视节目及其收听收视的进步与发展，并播出对外广播电视节目。根据 NHK 发布的 2017 年度预算，占事业总收入 7 118 亿的 96.8%。与此同时，节目制作播出费用，也占据 NHK 事业总支出的 80.6%（其中，国内广播电视节目制作与播出支出 5 345 亿日元，占事业总支出的 76.1%；国际广播电视节目制作与播出支出 312 亿日元，占事业总支出的 4.5%），是 NHK 最主要的支出部分。这也从一个侧面反映出 NHK 对节目质量的重视。

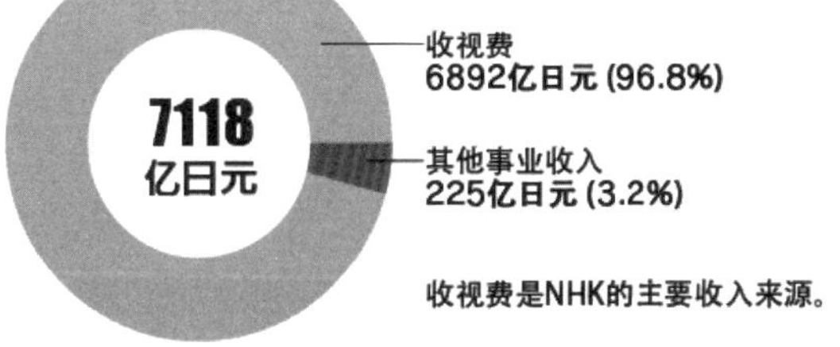

图 11　2017 年度 NHK 的收入预算图

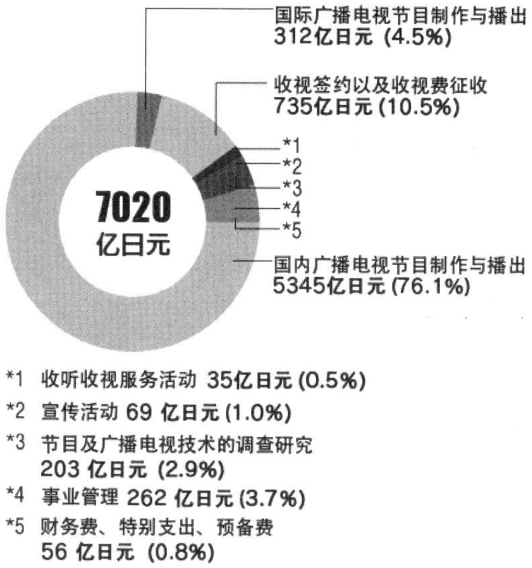

图 12　2017 年度 NHK 的支出预算图

根据 2016 年日本放送协会年度业务报告书（《平成 28 年度業務報告書》，时间跨度为 2016 年 4 月－2017 年 3 月）中发布的《资产负债表》（《資產、負債及び純資産（資本）の推移》）显示，2012—2016 年，NHK 总资产逐年增加、稳中有升，负债也呈现出总体上的增长态势，反映出 NHK 稳健扩张的发展方式。

表 2　2012—2016 年 NHK 资产负债表（单位：百万日元）

区分 \ 年度末		2012 年	2013 年	2014 年	2015 年	2016 年
资产部分	流动资产 固定资产 特定资产	（27.30）	（28.00）	（30.50）	（31.20）	（31.20）
		252 036	259 561	302 389	322 900	338 582
		（66.40）	（63.60）	（55.90）	（53.10）	（53.10）
		612 448	589 465	552 844	550 736	575 396
		（6.30）	（8.40）	（13.60）	（15.70）	（15.70）
		58 363	77 926	134 817	162 717	170 756
	资产合计	（100.00）	（100.00）	（100.00）	（100.00）	（100.00）
		922 847	926 953	990 051	1 036 354	1 084 735

续表

区分 \ 年度末		2012 年	2013 年	2014 年	2015 年	2016 年
负债与净资产部分	流动负债 固定负债	（24.70）	（23.10）	（22.50）	（21.00）	（20.80）
		227 983	214 475	223 100	217 324	225 507
		（10.20）	（10.10）	（10.90）	（12.60）	（13.20）
		94 088	93 289	107 923	131 070	143 031
	负债合计	（34.90）	（33.20）	（33.40）	（33.60）	（34.00）
		322 072	307 765	331 024	348 395	368 539
	继承资本 固定资产资本 剩余金	0.00	0.00	0.00	0.00	0.00
		163.00	163.00	163.00	163.00	163.00
		（48.20）	（47.70）	（44.90）	（43.60）	（42.10）
		444 816	442 059	443 936	451 822	456 825
		（16.90）	（19.10）	（21.70）	（22.80）	（23.90）
		155 794	176 965	214 927	235 973	259 206
	净资产合计	（65.10）	（66.80）	（66.60）	（66.40）	（66.00）
		600 775	619 188	659 027	687 959	716 195
	负债与净资产合计	（100.00）	（100.00）	（100.00）	（100.00）	（100.00）
		922 847	926 953	990 051	1 036 354	1 084 735

注：括号内的数字表示构成比例（%）。

NHK 2016 年年报的现金流量表（キャッシュ・フロー）显示，事业活动的现金流量呈现出总体上升、偶有波动的趋势；投资活动逐年增加，且历年追加投资额度稳中有升；财务活动的现金流量也逐年增加；现金及现金等价物数值稳健地逐年增加。

表 3　2012—2016 年 NHK 现金流量表（单位：百万日元）

年度末 / 区分	2012 年	2013 年	2014 年	2015 年	2016 年
I 事业活动	94 031.00	60 005.00	114 203.00	99 113.00	112 379.00
II 投资活动	123 823	37 159	149 517	119 942	159 562
III 财务活动	593	539	629	872	1 003
IV 现金及现金等价物的增减额	30 385	22 306.00	35 942	21 701	48 186
V 现金及现金等价物的期初	156 787.00	126 401.00	148 708.00	112 765.00	91 064.00
VI 现金及现金等价物的期末	126 401.00	148 708.00	112 765.00	91 064.00	42 877.00

综上可见，作为公共广播电视机构，NHK 建立了较为完备的广播电视和业务体系，面向日本国内和国际提供了较为优质的节目内容。同时，NHK 主要依靠收视费收入，以稳健扩张的发展方式，较为积极地从事事业活动、投资活动和财务活动，总资产逐年增加、稳中有升，负债也呈现出总体上的增长态势，事业活动、投资活动和财务活动进展状况较好，现金及现金等价物数值逐年稳健上升。

（编译整理　翟旭瑾）

附表 1　2009/2010 财政年度国际传媒集团经营数据一览表

媒体	迪士尼（百万美元）	时代华纳（百万美元）	新闻集团（百万美元）	CBS（百万美元）	维亚康姆（百万美元）	BBC（百万英镑）	NHK（十亿日元）
总资产	69 206	66 524	54 384	26 142.6	22 096	3 800.7	823.5
资产增长率	9.65%	0.70%	2.38%	− 3.04%	0.90%	8.68%	4.86%
流动资产	12 225	13 138	18 024	5 334.7	4 549	2 241.9	186.4
流动资产比率	17.66%	19.75%	33.14%	20.41%	20.59%	58.99%	22.59%
负债总量	29 864	33 579	28 843	16 322	12 837	4 332.9	272.9
总负债率	43.15%	50.48%	53.04%	62.43%	58.10%	114.00%	33.07%
总资产报酬率	5.73%	3.86%	6.11%	2.77%	3.86%	12.56%	3.33%
收入增长率	5.29%	5.91%	0.665%	8.03%	1.07%	2.78%	− 0.46%
运营支出	31 337	21 149	21 015	11 600.6	6 968	4 540.5	628.8
总支出	34 100	24 317	30 134	13 335.6	8 483	4 313.1	644.3
总收入	38 063	26 888	32 778	14 059.8	9 337	4 790.4	661.3
主营业务收入		26 275	31 247	13 822		3 446.8	649.4
主营收入比例		97.72%	95.33%	98.31%		71.95%	98.20%
利润	3 963	2 571	2 644	724.2	854	477.3	27.5
利润增长率	19.84%	23.37%	179.88%	219.74%	6.87%	95.01%	− 26.67%

说明：数据来源于各传媒集团发布的2010年度报告，各传媒集团对应的2010财政年度：BBC为2009年4月1日—2010年3月31日；NHK为2009年4月1日—2010年3月31日；新闻集团为2009年7月1日—2010年6月30日；迪士尼为2009年10月4日—2010年10月2日；时代华纳为2010年1月1日—2010年12月31日；维亚康姆为2010年1月1日—2010年9月30日；CBS为2010年1月1日—2010年12月31日。其中维亚康姆于2009年12月宣布将其持有的MTV巴西频道以及MTV品牌在巴西的使用权出售给Grupo Abril，调整后的年度财务报告为9个月份。

附表2　2010/2011财政年度国际传媒集团经营数据一览表

媒体	迪士尼（百万美元）	时代华纳（百万美元）	新闻集团（百万美元）	CBS（百万美元）	维亚康姆（百万美元）	BBC（百万英镑）	NHK（十亿日元）
总资产	72 124	66 707	61 980	26 197	22 801	3 999	853.3
资产增长率	4.22%	1.46%	13.97%	0.21%	3.09%	5.22%	3.62%
流动资产	13 757	13 321	21 784	5 543	5 261	2 052.4	198.7
流动资产比率	19.07%	19.97%	35.15%	21.16%	23.07%	51.32%	23.29%
负债总量	32 671	33 762	31 333	16 289	14 168	3 598	290.4
总负债率	45.30%	50.61%	50.55%	62.17%	62.14%	89.97%	34.03%
总资产报酬率	6.66%	5.87%	6.30%	4.98%	16.27%	9.73%	1.45%
收入增长率	7.44%	5.58%	1.91%	1.32%	10.45%	4.24%	0.59%
运营支出	33 112	6 507	21 058	12 940	8 022	4 789.4	562.2
总支出	36 086	21 530	28 868	436	10 872	4 510.1	646.2
总收入	40 893	26 888	33 405	14 245	14 914	4 993	665.5
主营业务收入		26 275	32 301	14 005		3 513.4	653.3
主营收入比例		97.58%	96.70%	98.32%		70.37%	98.17%
利润	4 807	2 571	2 739	1 305	1 899	482.9	12.4
利润增长率	21.91%	2.29%	7.88%	80.25%	11.64%	1.17%	－54.91%

说明：数据来源于各传媒集团发布的2011年度报告，各传媒集团对应的2011财政年度：BBC为2010年4月1日—2011年3月31日；NHK为2010年4月1日—2011年3月31日；新闻集团为2010年7月1日—2011年6月30日；迪士尼为2010年10月3日—2011年10月1日；时代华纳为2011年1月1日—2011年12月31日；维亚康姆为2010年10月1日—2011年9月30日；CBS为2011年1月1日—2011年12月31日。

附表3　2011/2012财政年度国际传媒集团经营数据一览表

媒体	BBC（百万英镑）	新闻集团（百万美元）	时代华纳（百万美元）	维亚康姆（百万美元）	CBS（百万美元）	迪士尼（百万美元）
总资产	3 988.2	56 663	67 801	22 250	26 466	74 898
资产增长率	– 0.27%	– 8.58%	1.61%	– 2.42%	0.94%	3.85%
流动资产	2 028.5	19 448	13 432	4 853	5 720	13 709
流动资产比率	51.87%	34.32%	19.81%	21.81%	21.61%	18.30%
负债总量	3 643.5	31 478	37 847	14 811	16 253	32 940
总负债率	91.36%	55.55%	55.82%	66.57%	61.41%	43.98%
总资产报酬率	9.76%	5.73%	6.44%	8.90%	7.10%	7.59%
收入增长率	1.87%	0.90%	7.20%	– 1.97%	3.31%	3.00%
运营支出	4 808.4	20 785	6 865	9 750	7 967	33 415
总支出	4 697.4	31 332	23 176	11 906	11 106	33 515
总收入	5 086.5	33 706	28 974	13 887	14 089	42 278
主营业务收入	3 606.3	33 088	28 274		13 848	
主营收入比例	70.90%	98.17%	97.58%		98.29%	
利润	389.1	1 179	2 882	1 981	1 574	5 682
利润增长率	– 19.42%	– 56.96%	10.79%	– 7.26%	20.61%	18.20%

说明：数据来源于各传媒集团发布的2012年度报告，注：各传媒集团对应的2012财政年度：BBC为2011年4月1日—2012年3月31日；新闻集团为2011年7月1日—2012年6月30日；迪士尼为2011年10月2日—2012年9月29日；时代华纳为2012年1月1日—2012年12月31日；维亚康姆为2011年10月1日—2012年9月30日；CBS为2012年1月1日—2012年12月31日。其中BBC 2012年后的总资产、总负债、净资产并不包括“养老金费用”。

附表4　2012/2013财政年度国际传媒集团经营数据一览表

媒体	BBC（百万英镑）	新闻集团（百万美元）	时代华纳（百万美元）	维亚康姆（百万美元）	CBS（百万美元）	迪士尼（百万美元）
总资产	3 949	15 643	68 304	23 829	26 387	81 241
资产增长率	− 1.00%	20.00%	0.74%	7.10%	− 0.30%	8.47%
流动资产	2 166	4 643	13 288	6 726	5 370	14 109
流动资产比率	54.85%	29.68%	19.45%	28.23%	20.35%	17.37%
负债总量	4 008.9	2 967	38 426	11 885	16 421	33 091
总负债率	101.52%	18.97%	56.26%	49.88%	62.23%	40.73%
总资产报酬率	8.31%	5.73%	4.42%	10.05%	7.12%	7.55%
收入增长率	0.31%	3.00%	− 0.85%	− 0.67%	8.48%	6.54%
运营支出	4 800.1	5 420	15 934	6 799	11 548	35 591
总支出	4 895.5	10 488	22 820	9 958	13 405	38 905
总收入	5 102.3	8 891	28 729	13 794	15 284	45 041
主营业务收入	3 656.2	8 301	27 952		15 021	
主营收入比例	71.66%	93.36%	97.29%		98.28%	
利润	328.3	506	3 019	2 395	1 879	6 136
利润增长率	− 16%	124.39%	4.61%	20.90%	19.38%	7.99%

说明：数据来源于各传媒集团发布的2013年度报告，注：各传媒集团对应的2013财政年度：BBC为2012年4月1日—2013年3月31日；新闻集团为2012年7月1日—2013年6月30日；迪士尼为2012年9月30日—2013年9月28日；时代华纳为2013年1月1日—2013年12月31日；维亚康姆为2012年10月1日—2013年9月30日；CBS为2013年1月1日—2013年12月31日。其中新闻集团于2013年6月拆分为新新闻集团和21世纪福克斯，本表格中的新闻集团数据为拆分后的新新闻集团数据。

附表5　2013/2014财政年度国际传媒集团经营数据一览表

媒体	BBC（百万英镑）	新闻集团（百万美元）	时代华纳（百万美元）	维亚康姆（百万美元）	CBS（百万美元）	迪士尼（百万美元）
总资产	3 960.2	16 489	63 259	23 117	24 072	84 186
资产增长率	0.28%	5.41%	－6.97%	－2.99%	－8.77%	3.63%
流动资产	2 258.20	5 270	13 180	5 252	5 589	15 176
流动资产比率	57.02%	31.96%	20.83%	22.72%	23.22%	18.03%
负债总量	3 651.7	13 243	38 783	12 769	17 102	36 008
总负债率	92.21%	19.72%	61.31%	55.24%	71.05%	42.77%
总资产报酬率	3.88%	1.45%	6.05%	10.34%	12.29%	8.91%
收入增长率	－0.71%	－3.57%	3.39%	－0.08%	－9.67%	8.37%
运营支出	4 721.9	5 139	15 875	6 542	8 089	26 420
总支出	4 738.4	8 476	21 848	9 701	10 910	37 513
总收入	5 066	8 574	27 359	13 783	13 806	48 813
主营业务收入	3 726.1	8 081	26 797		13 556	
主营收入比例	73.55%	94.25%	97.95%		98.19%	
利润	153.8	239	3 827	2 391	2 959	7 501
利润增长率	－2.23%	－52.77%	3.68%	－0.17%	57.48%	22.25%

说明：数据来源于各传媒集团发布的2014年度报告，各传媒集团对应的2014财政年度：BBC为2013年4月1日—2014年3月31日；新闻集团为2013年7月1日—2014年6月30日；迪士尼为2013年9月29日—2014年9月27日；时代华纳为2014年1月1日—2014年12月31日；维亚康姆为2013年10月1日—2014年9月30日；CBS为2014年1月1日—2014年12月31日。其中时代华纳集团于2014年6月正式将其旗下的新闻出版业务部分（即“时代公司”）进行拆分，本表格中的时代华纳集团数据为拆分后的集团数据，不包括时代公司的业务。

附表 6　2014/2015 财政年度国际传媒集团经营数据一览表

媒体	BBC（百万英镑）	新闻集团（百万美元）	时代华纳（百万美元）	维亚康姆（百万美元）	CBS（百万美元）	迪士尼（百万美元）
总资产	3 846	15 093	63 848	22 217	23 765	88 182
资产增长率	− 0.26%	− 8.47%	1.11%	− 3.60%	− 0.71%	4.80%
流动资产	2 096	3 975	12 513	4 658	5 757	16 758
流动资产比率	54.50%	26.34%	19.60%	20.97%	24.22%	19.00%
负债总量	3 260	2 977	40 229	18 618	18 202	39 527
总负债率	84.76%	19.72%	61.31%	55.24%	71.05%	44.82%
总资产报酬率	− 3.25%	− 0.93%	6.04%	8.49%	5.92%	9.73%
收入增长率	− 5.15%	0.69%	2.77%	− 3.74%	0.58%	7.48%
运营支出	4 903.2	5 025	16 154	6 868	8 324	28 364
总支出	4 914.3	8 766	21 252	10 156	11 608	39 294
总收入	4 805.10	8 633	28 118	13 268	13 886	52 465
主营业务收入	3 735.4	8 083	27 493		13 645	
主营收入比例	77.74%	93.63%	97.78%		98.26%	
利润	− 125.2	− 147	3 833	1 922	1 413	8 382
利润增长率	− 183.47%	− 161.51%	0.16%	− 19.62%	− 52.25%	11.75%

说明：数据来源于各传媒集团发布的2015年度报告，各传媒集团对应的2015财政年度：BBC为2014年4月1日—2015年3月31日；新闻集团为2014年7月1日—2015年6月30日；迪士尼为2014年9月28日—2015年10月3日；时代华纳为2015年1月1日—2015年12月31日；维亚康姆为2014年10月1日—2015年9月30日；CBS为2015年1月1日—2015年12月31日。

附表7　2015/2016财政年度国际传媒集团经营数据一览表

媒体	BBC（百万英镑）	新闻集团（百万美元）	时代华纳（百万美元）	维亚康姆（百万美元）	CBS（百万美元）	迪士尼（百万美元）
总资产	3 831.8	15 438	22 508	24 238	23 765	92 033
资产增长率	－0.37%	2.68%	1.65%	1.99%	－0.71%	4.37%
流动资产	2 025	3 889	4 522	6 063	5 757	16 966
流动资产比率	52.85%	25.19%	20.09%	25.01%	24.22%	18.43%
负债总量	3 280.6	3 656	18 178	20 549	18 202	44 710
总负债率	85.62%	23.68%	80.76%	84.78%	71.05%	48.58%
总资产报酬率	1.54%	1.17%	6.44%	5.25%	5.92%	10.42%
收入增长率	0.46%	－2.72%	－5.88%	3.91%	0.58%	6.04%
运营支出	4 775.7	4 728	6 684	7 956	8 324	29 993
总支出	4 797.1	8 202	9 962	10 554	11 608	41 430
总收入	4 827.00	8 292	12 488	13 166	13 886	55 632
主营业务收入	3 742.8	7 791		12 939	13 645	
主营收入比例	77.54%	93.96%		98.28%	98.26%	
利润	59.3	179	1 438	1 261	1 413	9 391
利润增长率	147.36%	221.77%	－25.18%	－10.76%	－52.25%	12.04%

说明：数据来源于各传媒集团发布的2016年度报告，注：各传媒集团对应的2016财政年度：BBC为2015年4月1日—2016年3月31日；新闻集团为2015年7月1日—2016年6月30日；迪士尼为2015年10月4日—2016年10月1日；时代华纳为2016年1月1日—2016年12月31日；维亚康姆为2015年10月1日—2016年9月30日；CBS为2016年1月1日—2016年12月31日。

后　记

感谢中国人民大学“统筹推进世界一流大学和一流学科建设”专项经费支持本书出版。

十年之前，初涉传媒经济学领域教学，深感国内对于国外传媒产业实践一线资料，尤其是经营数据和实例细节掌握之缺乏。研究国内传媒产业的发展变化，少不得向国外传媒巨头进行经验借鉴，而国内很多涉及国外传媒企业的文章在引用国外传媒企业数据时，往往是引用来自媒体新闻报道的二手数据，很多数据的解读失之片面；由此产生了基于国际传媒集团直接发布的企业报告对其进行跟踪研究的想法。过去数年间，本人陆续发表了一些关于国际传媒集团研究的文章，部分文章在经过修改之后整合入本书部分章节；本书也可算是对本人在国际传媒集团领域多年研究的一个集纳和阶段性总结。

本书进行的国际传媒集团研究，需要海量外文资料的阅读，绝非本人一人可以完成。在指导研究生的过程中，本人将国内外传媒集团持续发布的财务数据作为传媒经济学专业硕士研究生们进行传媒企业研究的练习素材，很多研究生对本书涉及的国际传媒集团原始资料整理做出了贡献。感谢王鑫、宋美、王静君、付玉婷、衣葛苗子、牛丽珍、吴梦娜、艾奎宇、薛佳、陈庭婷、张毅荣、任甜甜在项目前期做出的贡献，感谢江梦瑶、王雅婧、易新航、胡大树在项目中期做出的贡献，以及金韶博士、黄煜瑜、李华、张国航等，他们在过去十年间都参与了本人关于国际传媒集团的项目研究工作。王鑫、王军、翟旭瑾、杨毅、张皓月、耿晓梦、白宇洁、程涵阁与本人合作发表了整合入本书的部分文章，为本书做出直接贡献。翟旭瑾、杨毅、张皓月、耿晓梦、白宇洁、程涵阁为本书编译整理了附录。博士生王军作为本项目研究的重要助手，整理了本书附表部分的国际传媒集团历年经营数据表。郭玮琪、朱瑛琪、梁丹、黄丹琪等同学还在为今后的跟踪研究继续整理素材。本书也是为与学生们教学相长的十年时光做一个注脚。

感谢邢建毅博士、戴元初博士为本书研究思路提供的帮助。感谢任永雷先生、寇立研先生为本研究提供的启发和帮助。并向此前编发本人国际传媒集团研究相关论文的《现代传播》《中国出版》《青年记者》等学术期刊致敬。

从计划出版到最终完稿，拖稿数年；原本计划对国际传媒集团进行的横截面研究，变成了今天跨度十年的研究。总体来看，本书的研究还很浅薄，书中粗陋之处，恳请学界、业界及各位读者朋友批评指正。

感谢所有师长、朋友、感谢亲爱的同学们，感谢我的家人。

感谢你们的理解、爱和宽容。

韩晓宁

2017 年 11 月 12 日